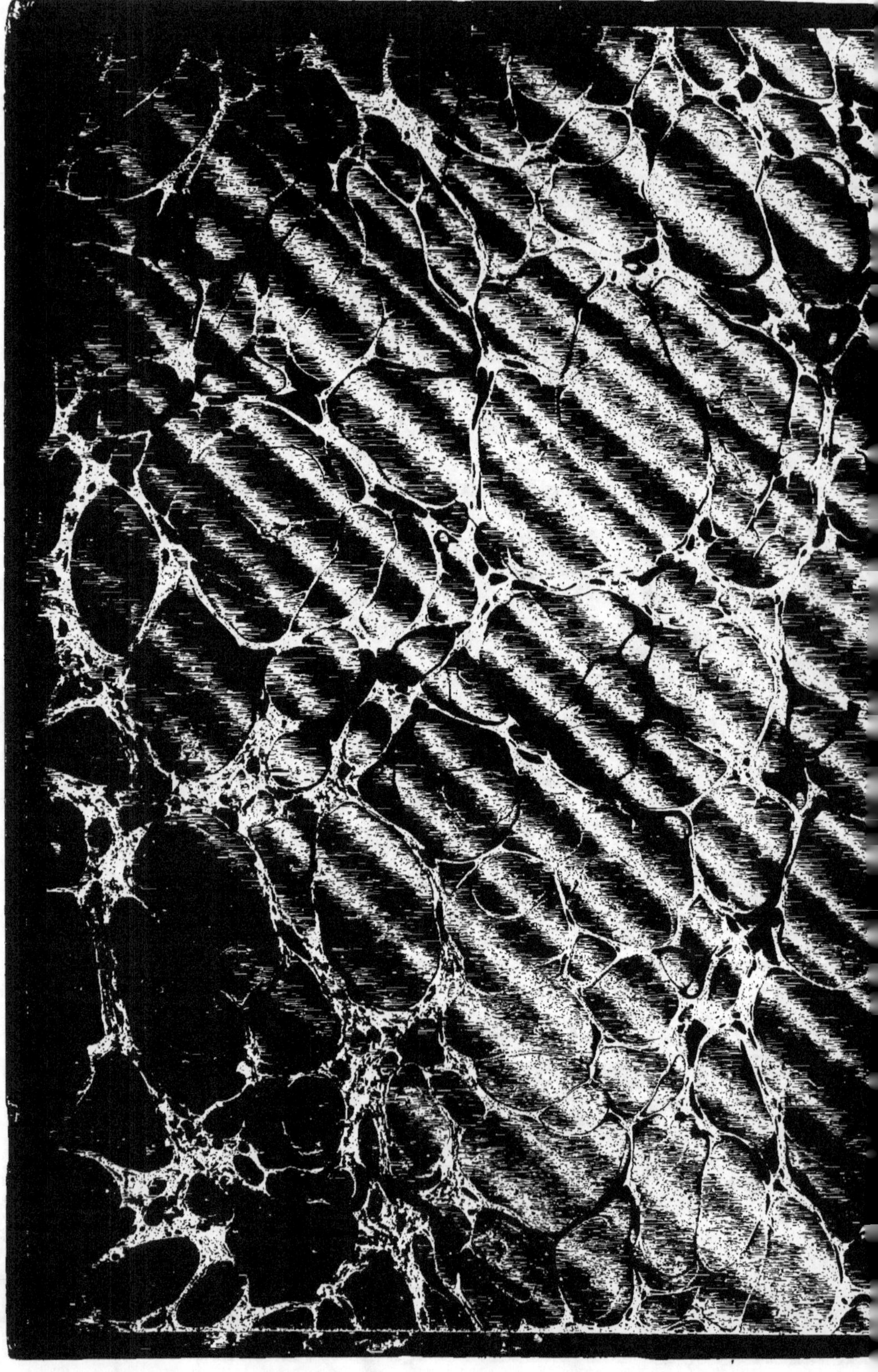

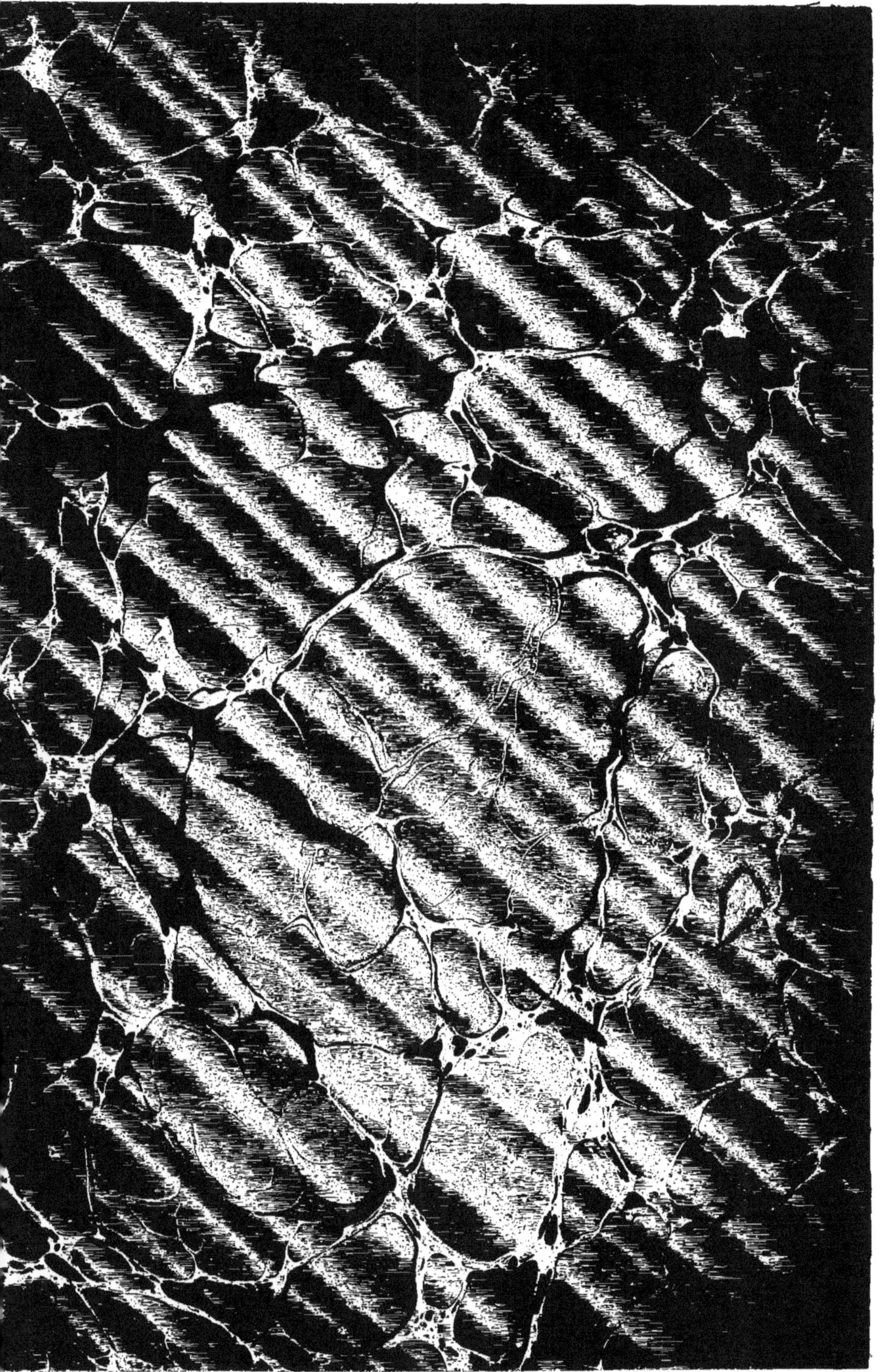

DÉCOR DE LA PIERRE

L'ART APPLIQUÉ AUX MÉTIERS

Ouvrage publié sous les auspices de la Société de l'Art appliqué aux Métiers

LISTE DES NEUF VOLUMES

QUE COMPRENDRA L'OUVRAGE

DÉCOR

DE

LA PIERRE

PAR

Lucien MAGNE

INSPECTEUR GÉNÉRAL DES MONUMENTS HISTORIQUES
PROFESSEUR A L'ÉCOLE DES BEAUX-ARTS ET AU CONSERVATOIRE DES ARTS ET MÉTIERS

OUVRAGE ILLUSTRÉ DE 140 GRAVURES

INTRODUCTION SUR L'ENSEIGNEMENT DE L'ART
ILLUSTRÉE DE 20 GRAVURES

PARIS

LIBRAIRIE RENOUARD — H. LAURENS, ÉDITEUR

6, RUE DE TOURNON, 6

1913

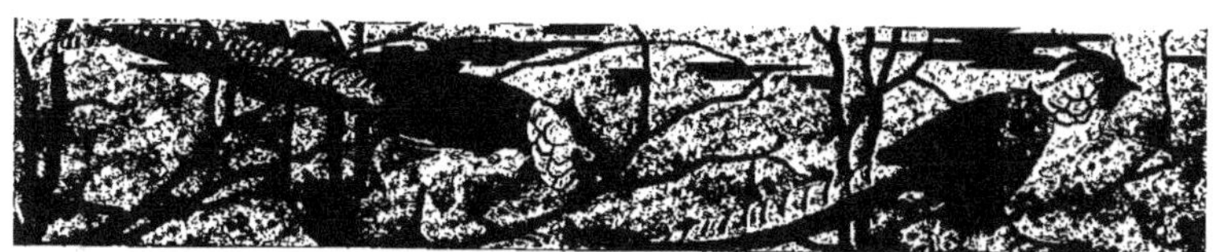

Faisans. Frise en mosaïque. Composition de Duvillier
(Cours du Conservatoire des Arts et Métiers).

INTRODUCTION

CONSIDÉRATIONS GÉNÉRALES SUR L'ENSEIGNEMENT
DE L'ART

La nature et la tradition.

L'art français jouit, depuis plus de huit siècles, d'une réputation universelle : il la doit aux qualités de goût et de mesure qui lui sont propres, et qui lui valurent une influence comparable à celle qu'eut l'art grec dans l'Antiquité.

Au Moyen Age on a construit des cathédrales en Allemagne, en Angleterre, en Espagne, en Italie ; il n'en est pas une qui puisse rivaliser avec nos cathédrales de Chartres, de Reims, de Bourges ou d'Amiens. On a édifié hors de France, du XVIIe au XVIIIe siècle, des palais et des châteaux ; il n'en est pas un qui puisse être comparé au Palais de Versailles.

Les qualités de notre architecture se retrouvent dans les différentes applications de l'art, et particulièrement dans le décor des objets mobiliers, dont la vogue en Europe a été l'une des sources de la richesse de la France. Un style succédait à un autre, sans transition brusque, caractérisant l'évolution du goût, et la tradition française s'est poursuivie sans heurts jusqu'à la Révolution. Il y eut alors interruption de cette tradition : on crut libérer le travail en l'affranchissant de la tutelle des corporations ; mais on négligea l'enseignement corporatif, et on le remplaça par un enseignement abstrait de l'art qui laissait dans l'ombre les techniques des métiers.

L'art du Premier Empire était une survivance de l'art du xviiiᵉ siècle ; peu à peu l'initiative artistique, qui n'était plus sollicitée, s'engourdit et, pendant un demi-siècle, on se contenta de reproduire, avec plus ou moins d'habileté, les ouvrages antérieurs, dont la renommée était faite.

Cependant les nations voisines, habituées à suivre notre orientation, et entraînées d'abord dans la voie de l'imitation, commencèrent, par esprit de concurrence, à produire elles-mêmes ces pastiches d'art français, qui n'exigeaient pas un sens artistique bien affiné ; puis elles s'essayèrent à créer des œuvres originales, sans que jusqu'ici l'art y ait trouvé son compte.

Un éminent Français, Viollet-le-Duc, préparé par l'étude des monuments du Moyen Age à l'appréciation juste des nécessités d'un enseignement technique, tenta d'introduire dans nos écoles d'art des leçons nouvelles, qu'il tira d'abord des œuvres anciennes. Il fallait bien, pour expliquer aux élèves la valeur artistique d'une œuvre de ferronnerie ou de plomberie, les mettre en regard de chefs-d'œuvre incontestables et préparer ainsi la formation de leur goût. On peut dire que tous les novateurs se recommandent plus ou moins des leçons de Viollet-le-Duc et que, s'il n'a pas contribué directement au renouvellement des formes dans l'art français, c'est qu'une trop longue interruption de l'enseignement traditionnel empêchait encore l'artiste de faire, dans la composition, la part qui revient à la tradition et celle qui relève de l'interprétation de la nature.

Lorsque fut fondé, au Conservatoire des Arts et Métiers, il y a quinze ans, un cours d'art appliqué, ce cours répondait à une nécessité évidente : il fallait, en renouant la chaîne interrompue, habituer l'artiste à compter, dans la composition, aussi bien avec la destination de l'œuvre, qu'avec les qualités de la matière : il fallait aussi habituer l'artisan, et surtout le fabricant, à voir dans la composition autre chose que l'adaptation plus ou moins adroite de copies de morceaux anciens ; il fallait enfin refaire l'éducation du public, que son extrême ignorance rendait incapable d'une appréciation saine des choses d'art.

La base manquait à cet enseignement : les historiens de l'art, ne pouvant analyser au point de vue technique les œuvres anciennes, se contentaient d'appréciations vagues sur ces œuvres et faisaient porter leur effort sur ce qu'il y a de moins intéressant, la généalogie des artistes. Les artistes, de leur côté, considéraient comme d'ordre inférieur les connaissances techniques, s'isolant dans la conception d'un art abstrait et supérieur, tout à fait étrangère à la réalité. Le divorce entre l'art et l'industrie devenait chaque jour plus complet et plus troublant : « L'indus- « trie, s'écriait Ingres, nous n'en voulons pas : qu'elle reste à sa « place et ne vienne pas s'établir sur les marches de notre École, « vrai temple d'Apollon, consacré aux Arts seuls de la Grèce et « de Rome. »

On eût certainement surpris l'illustre peintre, si on lui eût expliqué, comme nous tentons de le faire aujourd'hui, que l'idée de l'art, confondue avec l'idée de perfection, s'applique à toutes les œuvres humaines, sans distinction de profession, et qu'un tableau médiocre n'est pas une œuvre d'art, tandis qu'une belle serrure peut avoir tous les caractères de la perfection artistique.

Comment concilier la liberté de l'artiste avec les nécessités d'un enseignement ? C'est ce qu'un philosophe a fort bien expliqué en comparant le progrès à la marche humaine : l'homme ne peut avancer, en portant le poids du corps sur le pied déjà levé, que s'il prend, de l'autre pied, appui sur le sol. Cet appui, dans l'enseignement de l'art, c'est la *tradition* qui, découvrant à l'artiste, dans les chefs-d'œuvre anciens, les difficultés vaincues, lui fournit les armes nécessaires pour vaincre les difficultés nouvelles. La tradition, en faisant revivre l'œuvre ancienne dans son milieu, a un autre avantage ; elle nous la montre comme l'expression d'un programme différant des nôtres, nous mettant ainsi en garde contre les dangers de l'imitation servile, et nous faisant comprendre le profit à tirer, au point de vue technique, de l'étude des œuvres anciennes, en dehors des questions de formes, qui appartiennent à chaque époque et qu'on ne peut reproduire sans anachronisme.

Si la tradition est nécessaire pour fournir à l'homme les ren-

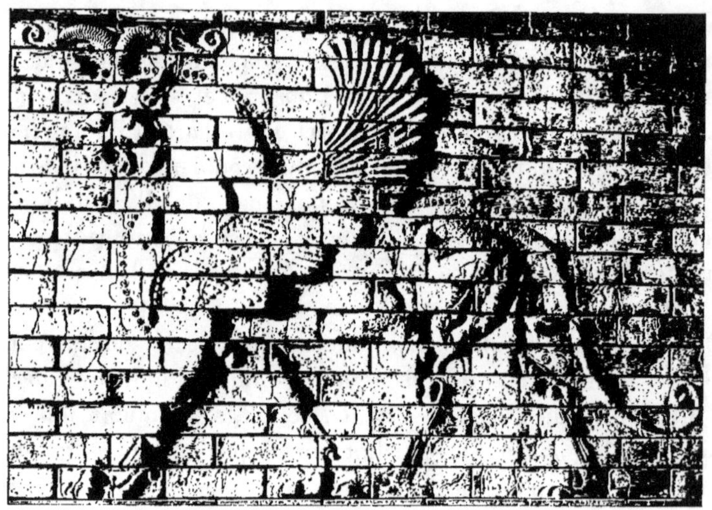

Fig. 1. — Griffon de Suse en terre cuite provenant du Palais de Darius.
Structure anatomique d'un être imaginaire. Musée du Louvre.

seignements les plus précis sur la qualité des plus belles œuvres et la raison de leur perfection, elle ne peut suffire à alimenter l'initiative artistique qui doit se renouveler constamment aux sources inépuisables de la nature : *car l'art vit de créations, non de répétitions*, et si habile que puisse être l'imitation d'une œuvre ancienne, elle ne sera jamais qu'un pastiche.

Voyons donc comment l'étude de la nature peut entrer dans l'enseignement de l'art.

La nature est soumise à des lois, lois d'évolution des êtres animés, lois de croissance des plantes, lois tirées de la géométrie ; l'artiste doit les connaître, s'il veut profiter des trésors que la nature tient en réserve pour qui veut l'étudier consciencieusement.

L'idée de l'art naît avec le besoin, pour l'artiste, de communiquer aux autres l'émotion qu'il a éprouvée à la vue des beautés que lui révèle la nature ; mais pour communiquer cette émotion aux autres, il faut qu'il l'ait lui-même vivement ressentie. Cela revient à dire que la création artistique a son siège dans la pensée, dans le cœur de l'homme, qu'elle est déterminée par une idée : cette idée, que la forme rend sensible, s'impose à la matière inerte. Si la nature vivante a fourni l'élément du décor, l'œuvre conservera les caractères de la vie.

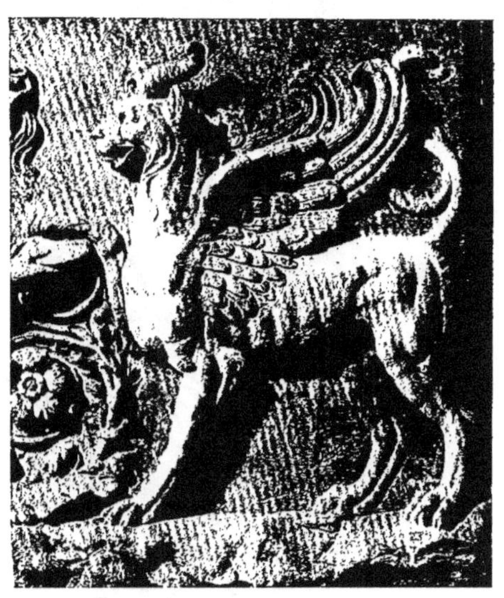

Fig. 2. — Griffon d'une frise romaine trouvée au Forum de Trajan. Imitation bâtarde du griffon oriental. Musée du Latran.

Les civilisations anciennes témoignent, aux différentes époques, de cette vérité. Ainsi le griffon, *Assyrien* ou *Persan*, œuvre d'imagination, œuvre composite, nous intéresse par une structure anatomique qui se rapproche de la réalité (fig. 1). Suivant un joli mot du statuaire Frémiet, il pourrait vivre. Lorsque, par imitations successives, ce griffon est passé d'une civilisation dans une autre, on a perdu le sens de la forme et l'animal représenté sur les frises romaines (fig. 2) n'est plus qu'un ornement sans valeur parce qu'il est sans signification.

Ainsi nous découvrons les premiers éléments d'un enseignement d'abord dans la tradition, puis dans l'étude attentive des phénomènes naturels. On peut dire que cette étude devrait commencer pour l'homme dès l'enfance, au moment où le cerveau,

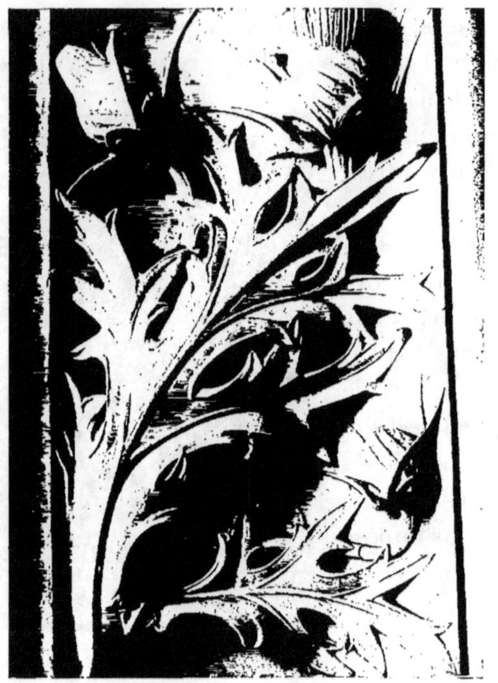

Fig. 3. — Chardon en pierre. Chambranle de porte.
Décor par relief sur un fond. Composition de L. Magne.
Exécution de P. Seguin. Musée du Conservatoire des Arts et Métiers.

comme une cire molle, est impressionné sans fatigue et peut conserver des impressions durables.

Le dessin d'imitation est naturellement le moyen d'expression nécessaire : on comprend le rôle important qu'il doit jouer dans l'éducation de l'artiste et de l'artisan ; mais l'enseignement artistique a une autre tâche à remplir, la plus importante peut-être, celle de la *formation du goût*.

Elle intéresse, en effet, non seulement les artistes, ceux qui créent les œuvres, mais tous les hommes, qui jouissent de ces œuvres. Or le goût s'appuie comme l'art lui-même sur la nature et sur la tradition : l'enseignement du goût a pour bases l'édu-

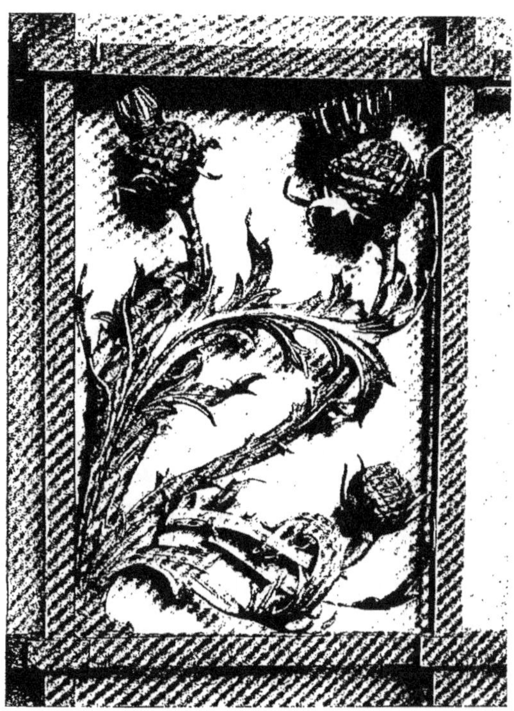

Fig. 4. — Chardon en fer forgé. Encadrement de grille.
Décor par opposition de pleins et de vides. Composition de L. Magne.
Exécution de Robert. Musée du Conservatoire des Arts et Métiers.

cation de l'œil en même temps que celle de l'esprit ; il faut en effet habituer l'homme de bonne heure à se rendre compte des choses qu'il voit et à retenir celles qui sont dignes d'être retenues.

Ainsi à l'analyse des œuvres anciennes et à l'étude consciencieuse de la nature s'ajoute, comme élément principal de l'enseignement artistique, la formation du goût.

D'autre part, pour que l'idée prenne forme, il faut qu'elle s'incorpore en une matière, et, si l'artiste est libre du choix de cette matière, il doit en connaître les qualités, sinon son œuvre serait en défaut.

Or cette matière, malléable ou cassante, translucide ou opaque, a des qualités qui, pour un même thème, donnent des interprétations différentes. Prenons comme exemple une tige de chardon (fig. 3 et 4) interprétée pour orner ici le chambranle en pierre d'une porte, là le cadre d'une grille en fer forgé, là encore la bordure d'un vitrail. Même si nous supposons les ornements à la même échelle, l'interprétation variera absolument.

Pour la pierre, matière grenue, c'est par le jeu de la lumière sur des saillies et des creux que s'établira le décor, et l'artiste conservera à la matière les épaisseurs que réclame sa constitution moléculaire.

Pour le métal, dont les feuilles sont résistantes aux épaisseurs que donne la nature, c'est par oppositions de pleins et de vides que l'effet sera obtenu.

Pour un vitrail, c'est par transparence que le passage de la lumière déterminera, suivant les contours des plombs assemblant les verres de colorations différentes, l'harmonie dont dépendra l'effet.

Tantôt c'est par la couleur que sera obtenu le décor, tantôt par le relief. Un exemple très frappant est fourni par l'emploi dans la façade de la cathédrale de Gênes, œuvre d'inspiration française, de marbres polychromes, donnant, sur un même plan, par la variété des tons, des effets analogues à ceux que nos calcaires de France donnent par des saillies de lumière et des profondeurs d'ombre.

Lorsqu'on employa la mosaïque incrustée dans le marbre en Sicile et dans l'Italie méridionale, à Salerne par exemple, les cubes d'émail de colorations différentes dessinèrent, à la surface des blocs de marbre, des ornementations variées, donnant par la couleur des effets aussi puissants que ceux obtenus dans la pierre par les reliefs (fig. 5). Une œuvre récente, le maître-autel de l'église de Bougival, rend compte des ressources que donne la mosaïque remplaçant les saillies par la couleur.

Ces exemples suffisent à démontrer la nécessité pour l'artiste

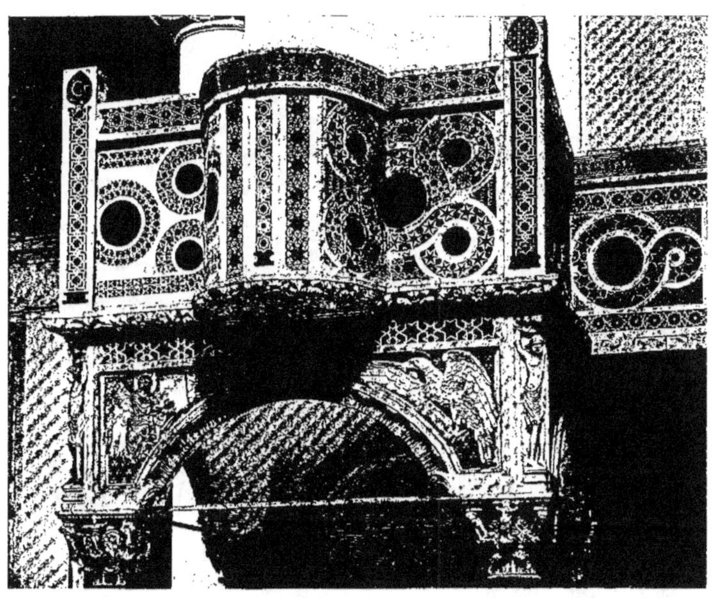

Fig. 5. — Chaire de la cathédrale de Salerne, xiie siècle.
Sculpture et mosaïque incrustée ; décor de relief et de couleur.

d'étudier la technique de chaque matière afin d'utiliser toutes ses qualités.

L'étude consciencieuse de la nature aide d'ailleurs à ces variétés d'expression pour chaque métier.

Le bourgeon de fougère, à ses différents états de développement, avait fourni aux artistes des xiie et xiiie siècles, les éléments de décoration les plus variés. Ce sont les crosses épiscopales d'ivoire ou de cuivre ; ce sont aussi les crochets robustes qui ménagent, aux angles des chapiteaux, la transition de la campane au tailloir (fig. 6) ; ce sont les folioles qui se développent dans les frises sculptées, comme elles se développent dans la nature, lorsqu'elles cessent d'être recoquillées dans le bourgeon. L'interprétation moderne peut renouveler ce mode de décor.

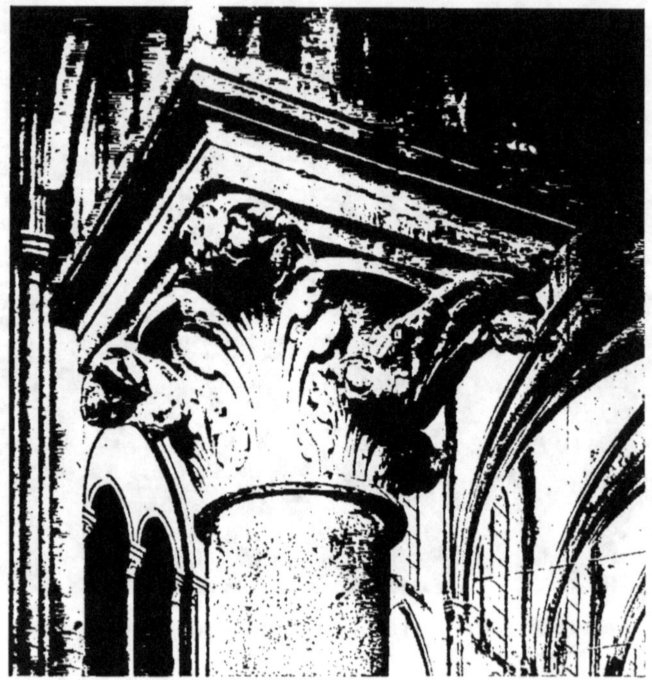

Fig. 6. — Chapiteau du xiiie siècle dans le chœur de l'église de Saint-Leu d'Esserent.
Interprétation, pour les crochets, du bourgeon de fougère.

Ainsi à la connaissance des lois physiques s'ajoute pour l'artiste l'obligation de connaître les propriétés de chaque matière et les méthodes de travail qui lui conviennent.

C'est ici qu'apparaît le rôle important de la tradition dans l'enseignement : en nous initiant à la connaissance des chefs-d'œuvre des époques anciennes, elle nous initie aux progrès de la technique qui ont concordé avec les progrès de l'outillage, et elle évite ainsi que chaque génération ne s'épuise en efforts inutiles pour résoudre des problèmes déjà résolus.

Ces considérations générales sont de nature à préciser ce que doit être l'enseignement de l'art, si on le considère, non comme une manifestation du luxe, mais comme une nécessité sociale, capable d'élever l'homme au-dessus des misères quotidiennes, et de lui procurer de pures jouissances qui appartiennent à tous, sans distinction de classe ni de fortune.

L'art n'a pas besoin d'épithètes et c'est une erreur que d'avoir voulu établir entre diverses professions des classifications qui tendraient à distinguer des arts majeurs et mineurs, ou des beaux arts et des arts industriels. Ces classifications sont factices et ne répondent à rien. *L'Art résulte en effet de la perfection de l'œuvre et non de sa destination* ; or la perfection n'est le privilège d'aucune profession.

Quant à l'originalité, elle naît sans effort de l'adaptation juste d'une composition à l'idée qui l'a fait naître : elle ne se décrète pas, et c'est une prétention singulière que de s'imaginer pouvoir renouveler par une formule les formes traditionnelles qui ont pour fondements les idées. L'étude des œuvres anciennes nous montre au contraire que les changements brusques sont extrêmement rares, parce que les modifications qui interviennent dans les idées et dans les mœurs suivent une évolution assez lente.

L'art est l'expression vive de la civilisation d'un peuple à une époque déterminée et, si parfaites que soient les formes en usage dans une civilisation antérieure, elles ne peuvent s'appliquer exactement à la nôtre. Il faut donc que l'initiative artistique s'exerce sur des données actuelles, et le seul moyen de maintenir la prééminence artistique d'un pays comme le nôtre, c'est de développer chez l'artiste et l'artisan, par un enseignement approprié, les qualités propres à notre race. Des problèmes nouveaux

sont posés : il faut les résoudre en les abordant franchement.
L'aménagement moderne d'un yacht, qui exige l'adaptation du
mobilier aux formes de résistance de la coque, ne peut-il déter-

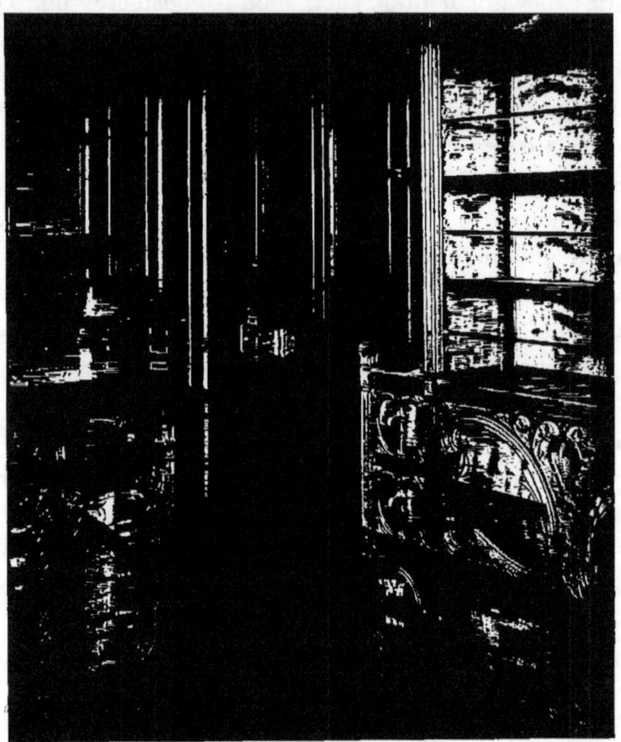

Fig. 7. — Vue d'un angle du roof du yacht Hélène. Meubles en bâtis de chêne
et panneaux plaqués de citronnier. Armatures en bronze doré. Composition de L. Magne
Exécution de Simonet, menuisier, et Robert, ferronnier.

miner des formes nouvelles aussi intéressantes que les anciennes
(fig. 7). Le décor linéaire des moulures d'un bâti ne peut-il donner naissance à une décoration florale d'un caractère absolument
moderne et ajouter ainsi à la décoration traditionnelle du bois
un nouveau moyen d'expression ?

Il faut comprendre d'ailleurs que l'enseignement oral, donné dans une école, doit être complété par des applications faites à l'atelier. Sans doute des dessins de compositions modernes, reproduits au tableau dans un cours, peuvent aider les auditeurs à suivre la genèse d'une œuvre et en même temps, si l'œuvre est belle, à former leur goût ; mais il est indispensable de contrôler par l'exécution à l'atelier la composition dessinée : c'est la pratique complétant la théorie.

Ainsi se crée le lien nécessaire entre l'artiste, auteur de la composition, et l'artisan ou le fabricant qui la réalisera. Dans quelques cas, le créateur de l'œuvre et l'exécutant seront réunis dans une seule personne ; mais le plus souvent, l'emploi de matières différentes pour un seul ouvrage exigera une collaboration : elle sera d'autant plus féconde que les collaborateurs auront une doctrine, ayant reçu le même enseignement. C'est cette doctrine qu'il conviendra de dégager des leçons concernant l'application de l'art aux métiers.

PRINCIPES DE COMPOSITION

Lois d'équilibre, de proportion, de contraste. — Décor des objets à trois dimensions. Silhouette. — Décor des surfaces. Contour. — Le relief et la couleur. Étude des valeurs.

La raison humaine intervient dans la création artistique pour guider l'imagination créatrice et corriger ses écarts. C'est la raison ou, si l'on veut, le *bon sens*, qui impose à l'artiste les lois simples de composition. On peut les réduire à trois : loi d'*équilibre*, loi de *proportion*, loi de *contraste*.

La première condition d'une œuvre, c'est sa durée. On comprend aisément que, s'il s'agit d'objets à trois dimensions, la loi d'*équilibre* ou de *stabilité* s'impose à toute œuvre construite,

dont la structure commande évidemment la décoration. Cette
construction raisonnée, qui assure l'équilibre, s'accorde nécessairement avec les qualités de chaque matière et les formes de résistance s'en déduisent. S'agit-il par exemple de soutenir un balcon ;

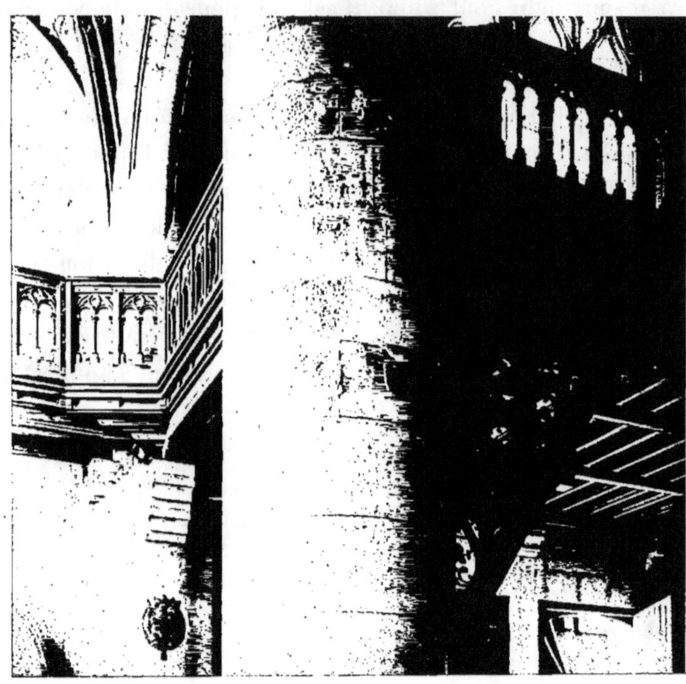

Fig. 8. — Tribune moderne de l'église de Montmorency.
Encorbellement de charpente. Composition de L. Magne.
Exécution de D. Bloche, sculpteur, et Simonet, menuisier.

si le support est en pierre, il aura sa plus grande résistance au
droit du mur, là où sont cumulées les charges, et s'allégera en
s'avançant dans le vide. Si le balcon est en bois, la forme de la
console sera celle d'une potence ajourée, ramenant sur le mur,
à l'aide d'un lien incliné, les charges qu'elle reçoit. La construction des tribunes en charpente fournit d'intéressantes applications de cette disposition (fig. 8).

Pour les surfaces, la loi d'*équilibre* devient une loi de *pondé-ration*, s'appliquant au groupement des figures ou des ornements qui constituent le décor.

La loi de *proportion* relève aussi du bon sens : les œuvres humaines, étant faites pour l'usage de l'homme, ont nécessairement des dimensions qui s'accordent avec cet usage et qui interviennent dans la composition pour l'ensemble et pour les détails. L'homme est, en quelque sorte, l'échelle de proportion, et on comprend ainsi que la proportion *relative*, celle qui admettrait le rapetissement ou le grossissement d'un ouvrage, suivant des rapports conventionnels ne peut aboutir qu'à une erreur de proportions.

Une œuvre d'art est faite pour une échelle déterminée et le *changement d'échelle entraine le changement de composition*.

La loi d'*opposition* ou de *contraste* s'appuie encore sur le bon sens. Un objet ne brille par le relief ou la couleur, que s'il est entouré de surfaces nues ou de tonalités neutres. L'exagération de la richesse du décor, qui ne laisserait pour l'œil aucun repos, confinerait à la pauvreté.

Il suffira de citer, s'il s'agit de la couleur, le parti décoratif que les Orientaux ont tiré de colorations franches ayant des *valeurs*, c'est-à-dire des intensités différentes, pour le décor de la céramique. Les monuments de Samarkand en font foi (fig. 9). La même observation peut être faite sur les vitraux français du xii° au xvi° siècle.

Quant à la richesse des reliefs opposés aux nus, on l'appréciera sur deux œuvres modernes, le Chant du Départ de Rude à l'Arc de Triomphe de l'Étoile, ou le groupe de la Danse de Carpeaux à l'Opéra de Paris.

Ces lois d'*équilibre*, de *proportion* et de *contraste* sont applicables à toutes les œuvres, et l'artiste ne devra jamais les perdre de vue.

La décoration, suivant qu'elle s'applique aux objets à trois dimensions, ou aux surfaces, a des moyens d'expression différents.

Si l'objet est isolé dans l'espace et constitue par lui-même une
œuvre complète, c'est par son contour apparent qu'il frappe les
regards ; c'est sa *silhouette* qui détermine son caractère de déli-

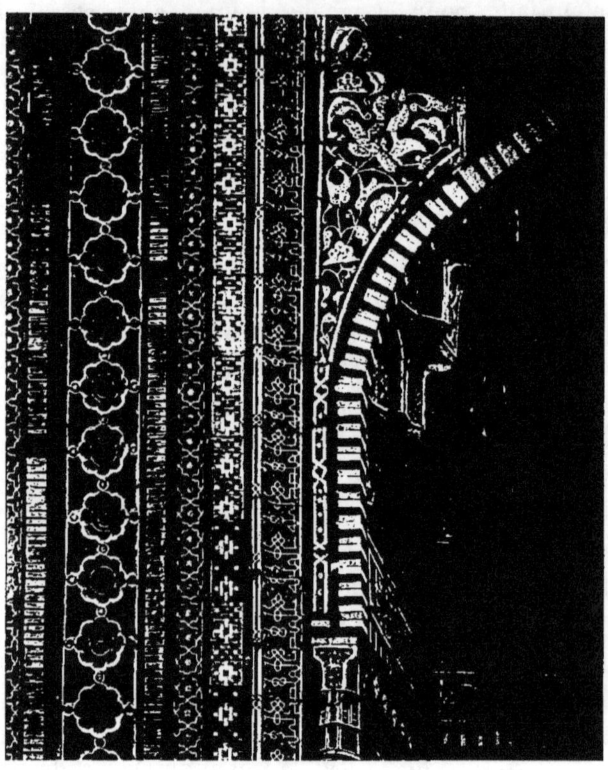

Fig. 9. —Entrée d'un sanctuaire de la mosquée de Chah Sindeh à Samarkand.
Mosaïque de pièces de céramique en revêtement. Décor par opposition de couleurs.

catesse ou de force. C'est par le *relief* que s'établit l'opposition
de plans, sans laquelle l'effet décoratif serait en défaut.

Si le décor s'applique à une surface, ce n'est plus la silhouette,
mais la projection de cette silhouette sur la surface, le *contour*,
qui détermine la forme et, pour mieux accuser ce contour, on

le cerne par un trait, clair ou foncé ; c'est le *serti*, usité dans la
peinture murale, la mosaïque ou la tapisserie ; c'est la mise en
plomb d'un vitrail, dessinant par un trait opaque les contours des
figures ou des ornements, en évitant le rayonnement des couleurs
juxtaposées ; c'est encore le trait incisé du potier.

Pour le décor des surfaces, la couleur réalise le plus souvent
l'opposition de valeurs ; mais le noir et le blanc peuvent donner
cette opposition tandis que l'égalité de valeurs sur une surface
multicolore ne donnerait qu'une tonalité grise.

Parfois le relief a été employé pour le décor des surfaces ; c'est
le *bas-relief* admettant une réduction proportionnelle des saillies
et définissant encore la composition par le contour.

Le décor des surfaces admet donc certaines *conventions* qui
sont la conséquence nécessaire de la projection sur une surface
plane ou courbe des objets de l'espace réduits à leur silhouette,
et dont l'interprétation rend compte des formes et des modelés.

Les médailles, les monnaies admettent la convention du bas-
relief, suivant laquelle un contour saillant dessine la figure,
l'animal ou la plante, dont les modelés sont interprétés, à l'intérieur de ce contour, par une réduction proportionnelle des
saillies.

Le bas-relief, tel qu'il a été imaginé dans l'ancienne Égypte,
admet la simplification des formes, dans un contour qui est tantôt saillant, tantôt gravé en creux, la profondeur du trait gravé
correspondant aux saillies réduites de la sculpture. La convention
du bas-relief invitait l'artiste à employer la couleur pour distinguer les nus des draperies ou rendre visibles certains détails du
costume.

Les Grecs ont, comme les Égyptiens, reconnu la nécessité de
colorer, au moins partiellement, les bas-reliefs : les tons employés,
le bleu, le rouge, le vert, sont très intenses et toujours conventionnels. Il ne s'agissait pas d'imiter fidèlement la nature, mais
plutôt de distinguer par une gamme de colorations simples, les

plans différents, qui, par suite de la réduction des saillies, auraient pu se confondre.

L'usage de la couleur ne fut pas restreint dans l'Antiquité, au décor des surfaces ; la polychromie, soit qu'elle fût obtenue par la coloration des matériaux, soit qu'elle résultât des applications de la peinture sur des matières non colorées, fut très usitée. La couleur animait les figures et les Grecs s'en servirent aussi, quoique discrètement, pour accuser certains détails de leur architecture, même après que le marbre eut remplacé le calcaire grossier.

La *silhouette* des objets à trois dimensions dépend dans une certaine mesure de la loi d'équilibre. Le choix de la matière influe aussi sur la silhouette ; car suivant la constitution fibreuse ou grenue de la matière, suivant sa ductilité ou sa malléabilité, c'est par le relief fournissant des ombres ou des lumières ou par l'ajourage, créant des oppositions de pleins et de vides, que sera obtenu l'effet. Quant à la couleur, on peut juger de son importance sur les moulages qui ont été faits, en plâtre blanc, de pièces originales de métal ou de bois : l'effet en est complètement inversé.

Cette influence de la matière sur la silhouette est très apparente dans le mobilier : la stabilité d'un meuble est la conséquence de son tracé et de la combinaison de ses assemblages. Sa silhouette dépend donc des qualités du bois, dont les fibres se prêteraient mal à des formes compliquées ou à des évidements qui rompraient l'équilibre. La préoccupation de l'équilibre devrait toujours s'imposer aux créateurs de meubles modernes.

L'éclairage joue encore un rôle important dans la décoration : il est à remarquer que, dans l'art grec, où les finesses d'exécution ont été poussées à l'extrême, les ornements colorés sont généralement ceux qui occupent les surfaces horizontales éclairées par reflets, par exemple, dans les monuments de l'Acropole, les dessous des plafonds de marbre ou, au trésor de Cnide à

Delphes, la sous-face d'un larmier. A Delphes, l'ornement composé de fleurs de lotus et de palmettes alternées est en relief sur un fond galbé : ainsi est rendue sensible, par la différence des plans, l'alternance des motifs, qu'accentue d'ailleurs l'emploi du bleu foncé dans les fonds.

A défaut de relief, l'ornement est accusé par la couleur : ainsi sont décorés les chêneaux de terre cuite provenant des mêmes fouilles. Ne disposant que de trois tons, le jaune orangé pour le fond, le rouge et le noir pour les ornements, le céramiste s'est servi alternativement du rouge et du noir pour les feuilles et les fleurs, isolant chaque pétale par le ton local du fond et réservant les attaches.

Le mode d'éclairage peut se prêter à une variété d'interprétations dont l'art grec fournit de nombreux exemples. Sur des fragments d'un édifice ionien découvert à Delphes, la feuille dérivée du lotus est évidée de cannelures profondes de part et d'autre d'une côte saillante, tandis que, dans la corniche de l'Érechthéion, le même ornement comprend toute la feuille en relief : il est vrai que dans le monument athénien, l'ornement est d'échelle moitié moindre.

L'association de matériaux différents, en vue de la richesse du décor, remonte à la plus haute antiquité. Parmi les œuvres de la statuaire en Égypte, les plus anciennes sont celles qui conservent le mieux le caractère de la vie. L'artiste construisait l'œil de sa statue comme un œil humain, enveloppant d'un capsule de bronze l'émail, qui figurait la cornée, et la prunelle de cristal imitant le cristallin : il donnait même, à l'aide d'un clou d'argent placé au fond de la cavité, l'éclair de la pupille (fig. 10).

Les matériaux colorés, pâte de verre, bronze doré, intervenaient sûrement dans le décor des édifices ioniens : les alvéoles qui subsistent, à l'Érechthéion, dans les bases de colonnes, dans les volutes des chapiteaux, les évidements pratiqués dans les rosaces du chambranle de la porte et dans les caissons des plafonds ne laissent aucun doute sur l'existence de ce décor poly-chrome.

L'orfèvrerie utilisa aussi de bonne heure les pierres fines ou les pâtes de verre, serties dans de hautes cloisons d'or, et les bijoux égyptiens, ceux entre autres qui figurent des éperviers aux ailes éployées, sont des chefs-d'œuvre de composition (fig. 11).

Dans le décor des surfaces, *ce n'est pas par la décoloration qu'il faut chercher l'harmonie* ; c'est au contraire par l'opposition de tons francs, et cela est vrai aussi bien pour un vitrail, que la lumière traverse, que pour une mosaïque, sur laquelle elle se reflète. Dans tout décor de surface, l'artiste se pré-occupera de bien occuper la surface par son décor ; il réduira la perspec-tive aux nécessités de l'expression, évitant, dans la mesure où cela est possible, la répartition des figures sur des plans différents et par consé-quent à des échelles réduites.

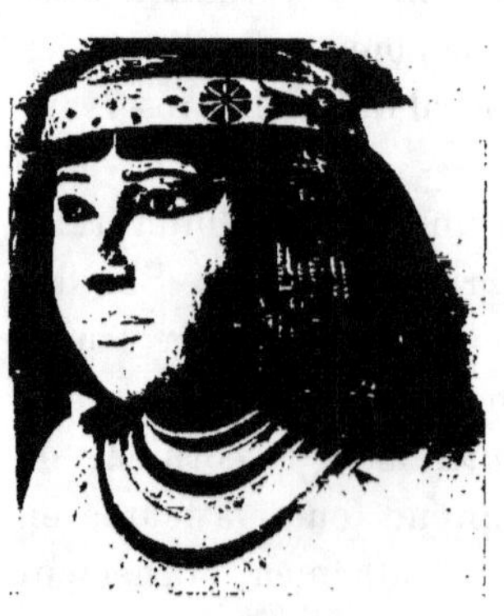

Fig. 10. — Tête de la princesse Néfert, femme de Ra-Hotep. Con-struction des yeux à l'imitation de l'œil humain. Égypte, IIIe dynas-tie. Musée du Caire.

Si l'on considère une mosaïque du transept à Saint-Marc de Venise, une fresque du palais Riccardi à Florence, ou encore une belle tapisserie française du xve siècle, on constate que les méthodes de composition sont les mêmes, que la surface est occupée par les personnages de premier plan, bien étagés, et que, si le fond uni des mosaïques et des tapisseries anciennes est garni au xve siècle par des fleurs ou des animaux, leur inter-prétation les fixe sur la surface.

C'est une erreur que de confondre le décor d'une surface avec un *tableau* qui, fait pour un point de vue déterminé, usant de toutes les ressources de la perspective, tend à reproduire, jusqu'à donner l'illusion de la nature, un paysage ou une scène. Tout autre est le but d'un décor de surface, qui doit remplir son office quel que soit le point de vue du spectateur.

Sans doute les qualités de chaque matière imposent des moyens d'expression différents. Dans une mosaïque ce sont les lignes de construction, déterminant les coupes de l'émail, qui donnent le caractère du dessin : elles remplacent les teintes

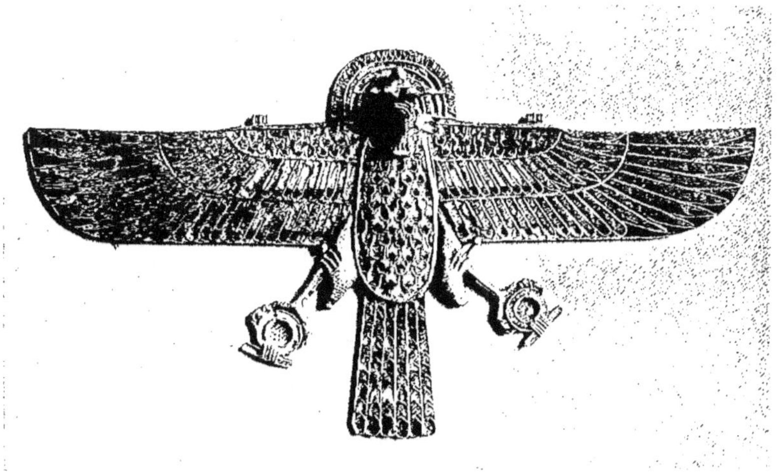

Fig. 11. — Pectoral égyptien en or à hautes cloisons sertissant des émaux taillés. Bijou dédié par Kha-em-uas, un des fils de Ramsès II. Musée du Louvre.

fondues qui ne peuvent exister puisque les éléments de la mosaïque sont de petits cubes ayant chacun sa coloration.

Pour un tissu, le croisement des fils de chaîne et de trame établit pour ainsi dire point par point la décoration dans chaque rangée, exigeant un nombre limité de fils colorés pour conserver sa souplesse à l'étoffe.

Le décor à teintes plates, qui convient à toutes les surfaces, est indispensable pour un tapis sur lequel on marche. C'est un contre-sens que d'y simuler des reliefs par des modelés et des ombres. Les Orientaux, qui sont nos maîtres pour la couleur,

ont donné à leurs tapis toute leur richesse en exaltant, par opposition franche, les valeurs de certains tons.

Le décor des surfaces, réalisé par le contraste des couleurs,
n'admet le relief que s'il ne détruit pas la forme. Ainsi sont
ornés dans le sens de la forme les vases grecs les plus anciens,
sur lesquels le relief a précédé la couleur. Le céramiste ne disposant que de quelques tons, le noir, l'orangé, le rouge, le vio-
let et le blanc, a tiré de ces couleurs simples, par l'entente de
la composition décorative et la perfection du dessin, les plus
brillants effets.

Ainsi, bien que très différentes en apparence, suivant qu'elles
résultent du relief et de la couleur, les oppositions de valeurs
donnent des effets analogues et l'artiste connaissant la nécessité
des contrastes saura tirer parti des qualités de chaque matière
en demandant à chacune d'elles ce qu'elle peut donner.

GENÈSE D'UNE ŒUVRE

*Accord de la forme avec la destination. — Influence de la
destination sur le choix de la matière.*

Toute œuvre d'art étant l'expression d'une idée. a nécessairement une destination, qu'il ne faut pas interpréter dans le sens
utilitaire. L'art, lorsqu'il consacre ou perpétue quelque action
éclatante, quelque manifestation du génie humain, a bien une
destination, et la plus haute, puisqu'il contribue à l'éducation
morale du peuple.

Peut-on trouver, au moyen âge, un livre d'éducation plus
parfait qu'un de ces porches de cathédrales, associant, pour la
glorification de Dieu, le monde physique et le monde moral,
suivant la composition la mieux ordonnée, et la plus propre à
frapper l'imagination populaire. N'est-ce pas le même souci de
l'éducation qui inspirait aux sculpteurs, aux mosaïstes et aux

peintres verriers, les compositions expressives et magnifiques,
où se développaient, comme les manifestations vivantes de la foi,
les mystères et les légendes.

De nos jours, comment ne pas admirer la haute portée

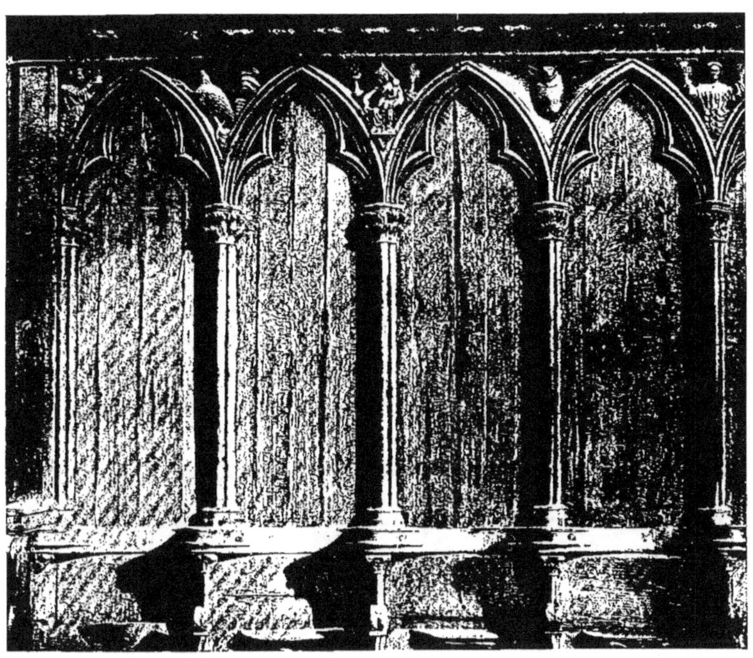

Fig. 12. — Stalles en bois massif de la cathédrale de Poitiers, fin du xiiie siècle.

morale du bas-relief de Rude, caractérisant, par une œuvre
immortelle, la France armée pour la défense de son sol.

Ainsi la sculpture et la peinture ne tendent pas seulement à
réaliser une décoration qui charme les yeux par le relief ou la
couleur ; elles peuvent servir à l'expression d'idées qui justifient
l'existence de l'œuvre en lui donnant une valeur morale.

La destination d'un objet mobilier, quoique plus modeste,
n'en est pas moins claire, et elle influe nécessairement sur la

forme. C'est l'accommodation à l'usage de l'homme, et à son bien-être, qui, par transitions insensibles, a modifié la hauteur et la largeur d'un siège, l'inclinaison de son dossier, l'écartement de ses bras et la forme s'est adaptée de plus en plus étroitement à la destination.

Il est évident que la destination influe aussi sur le choix de la matière. S'il s'agit des meubles, la légèreté du bois, et sa résistance, résultant de sa constitution fibreuse, sont des qualités qu'aucune autre matière ne pourrait fournir.

L'accord de la décoration avec la destination d'un meuble doit limiter les reliefs aux parties qui ne sont pas en contact avec le corps humain : en outre les combinaisons d'assemblages exigent que chaque pièce de bois contienne son décor, sans chevauchement de l'ornement d'une pièce sur l'autre; on évite ainsi les mauvais raccords de joints. Dès la fin du XIIIe siècle on adossait les stalles en bois de chêne de la cathédrale de Poitiers (fig. 12) à une clôture formé de bâtis et de panneaux de remplissage et la décoration, qui se développe sur les bâtis formés de colonnettes et d'arcatures évidées et sculptées à plein bois est tout entière comprise dans le volume du bâti.

Ce sont des vérités de tous les temps et nous en avons fait l'application à des meubles modernes en indiquant le parti à tirer, pour la résistance comme pour le décor, des bois de colorations différentes.

Lorsque, à la fin du XVe siècle, on imagina d'assembler sur un fond des feuillets de bois d'essences et de couleurs variées, découpés suivant les contours d'une figure ou d'un ornement, on utilisa, comme on le voit sur les stalles provenant de la chapelle du château de Gaillon, ce décor de marqueterie pour le dossier des stalles, et on réserva les saillies de sculpture aux bâtis de séparation, ou aux culs-de-lampe des miséricordes, qui étaient en dehors de la portée du corps (fig. 13).

Pour le même motif on évitera dans la composition des grilles

ou des balcons en fer forgé, les saillies décoratives qui risque-
raient de blesser les personnes ou de déchirer les vêtements, et
l'œuvre n'aura pas à souffrir de cette concession à des nécessités
d'usage.

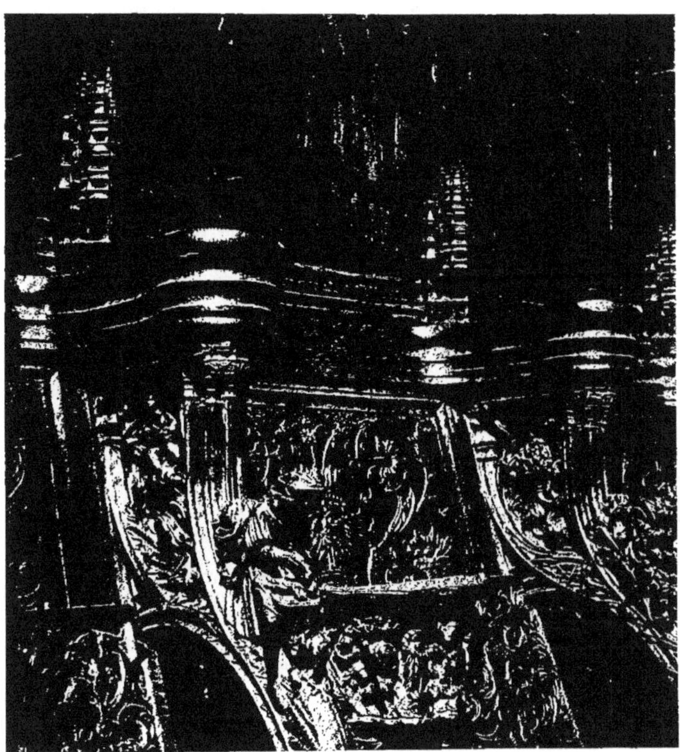

Fig. 13. — Stalles provenant de la chapelle du château de Gaillon, xvɪᵉ siècle. Église
abbatiale de Saint-Denis. Emploi de la marqueterie pour les dossiers.

L'accord de la forme et de la destination est particulièrement
important pour les ouvrages de pierre dont chaque assise doit
contenir son décor. Nous vérifierons cet accord.

Les objets usuels doivent satisfaire aussi à des obligations du
même ordre : par exemple la silhouette d'un vase de verre ou de

terre cuite varie absolument suivant que ce vase doit contenir des objets lourds, des fruits par exemple, ou renfermer un liquide. Dans le premier cas le pied est court et suffisamment évasé pour assurer la stabilité de la corbeille ajourée qu'il soutient (fig. 14). Dans le second cas le vase se développe en hauteur et son col est muni d'une anse et d'un bec commandés par l'usage.

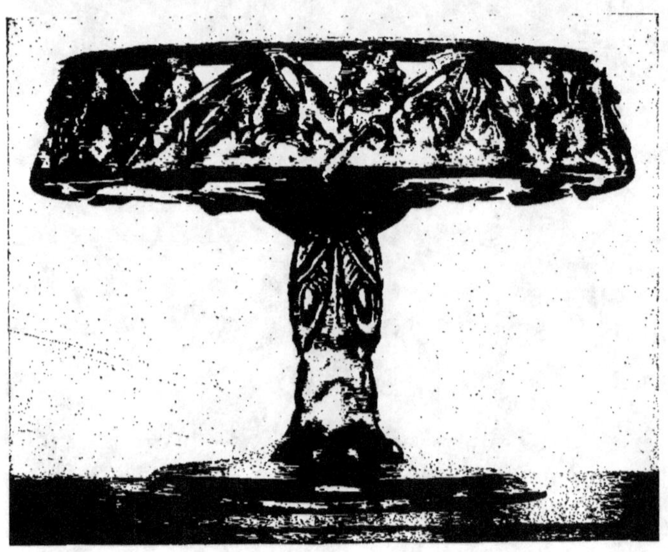

Fig. 14. — Coupe à fruits moderne en grès. Composition de M. Fellion sur programme de L. Magne. Exécution de Bigot. Musée du Conservatoire des Arts et Métiers.

La capacité du vase conduira aussi nécessairement à des différences de formes, suivant qu'il pourra être exécuté au tour ou que, vu sa dimension, il devra être façonné à la main à l'aide de « colombins » assemblés suivant une forme.

Le volume d'un vase tourné ne peut dépasser la masse de terre que le potier le plus robuste peut élever de ses mains sur le tour, donnant, suivant la destination, la prépondérance à la panse ou au col.

La quantité de verre qu'un verrier peut souffler au bout d'une canne creuse limite de même la dimension des objets créés par soufflage. Comme il n'est possible d'enrichir l'ouvrage que par application à chaud de cordons ou de rubans de verre coloré, le verrier est mis en garde contre l'adjonction de saillies inutiles.

La technique intervient donc nécessairement dans la décoration. Pour une matière telle que la terre, le degré de cuisson modifie absolument le mode de décor.

Les vases grecs, cuits à une température basse, pouvaient admettre, pour le décor peint à la surface, l'emploi des argiles colorées ou « engobes » qui, à une température plus élevée, se confondraient avec le ton gris de la poterie. Lorsque les potiers orientaux, et après eux les potiers d'Occident, ont poussé plus loin la cuisson des terres plastiques, qui donnent le grès, le décor a dû se modifier, et ce sont les oxydes métalliques fondus dans la couverte qui en ont fourni les précieux éléments.

Un seul métal, le cuivre, a donné pour ce nouveau genre de décor la palette la plus riche et la plus variée.

La technique de chaque métier peut modifier la forme et même la composition sans que la destination soit changée. Ainsi le cuivre laminé et le bronze fondu se prêtent à des genres de composition très différents, suivant que la feuille de métal laminé et martelé est décorée au repoussé ou que les reliefs sont obtenus par la fonte du métal et avivés par la ciselure. Le travail au « repoussé », qui est celui de l'orfèvre, fait naître l'ornement sur la surface, donnant au départ de cet ornement un adoucissement de la forme, tandis que, pour le bronze fondu, le ciseau dégage des saillies, qui peuvent être à vives arêtes, et produisent un effet tout différent.

La destination a pour conséquence *la construction*, à laquelle est subordonnée la forme et qui satisfait aussi à la loi d'équilibre.

Prenons comme exemple ce qu'on appelait autrefois la *modé-*

nature, c'est-à-dire le tracé des moulures qui servent à enrichir les éléments de construction. Si ces moulures ont un rôle important en accentuant une forme, par la répétition de lignes parallèles ou concentriques, si elles rendent sensibles les parties de la construction auxquelles elles s'appliquent, elles ne doivent pas. par l'exagération des évidements, faire échec à la stabilité. La lumière intervient d'ailleurs dans le tracé de ces moulures qui, suivant qu'elles sont sous un ciel lumineux ou brumeux, exigent des profils différents.

La moulure n'était pas un besoin pour l'artiste égyptien parce que la moindre saillie d'un tore, le moindre évidement d'une gorge suffisaient à accuser l'encadrement d'une porte ou le couronnement d'un mur.

En Grèce les profils sont plus délicats et la moulure dite « en bec de corbin » tend à faire naître, suivant l'incidence des rayons solaires, des accents d'ombre et de lumière.

D'ailleurs la logique de l'art grec vise à distinguer par les moulures les éléments de construction.

Un listel sépare l'architrave de la frise et la grande saillie du larmier explique le rôle de la corniche dans l'entablement.

Les saillies sont généralement faibles parce que la lumière, même reflétée, est très intense. Dans nos pays occidentaux on a senti au contraire la nécessité de faire sur les moulures des appels de lumière en accentuant par des arêtes vives les moulures arrondies et en créant par la profondeur des gorges des oppositions d'ombre et de lumière. Lorsque l'on étudie de près les profils de l'architecture française du moyen âge, on suit une progression raisonnée des méthodes qui avaient pour objet de tirer de la pierre ou du bois les plus brillants effets, sans nuire à l'équilibre. Souvent la sculpture intervient dans les moulures sous forme de crochets de feuillages ou de fleurs épanouies qui interrompent les noirs et enrichissent la forme par des points lumineux.

La partie supérieure des tours à la cathédrale de Paris (fig.
15) offre de magnifiques exemples de ces crochets qui brillent,
à intervalles réguliers, dans les arcs et piédroits des baies ou dans
les corniches, sous les balustrades.

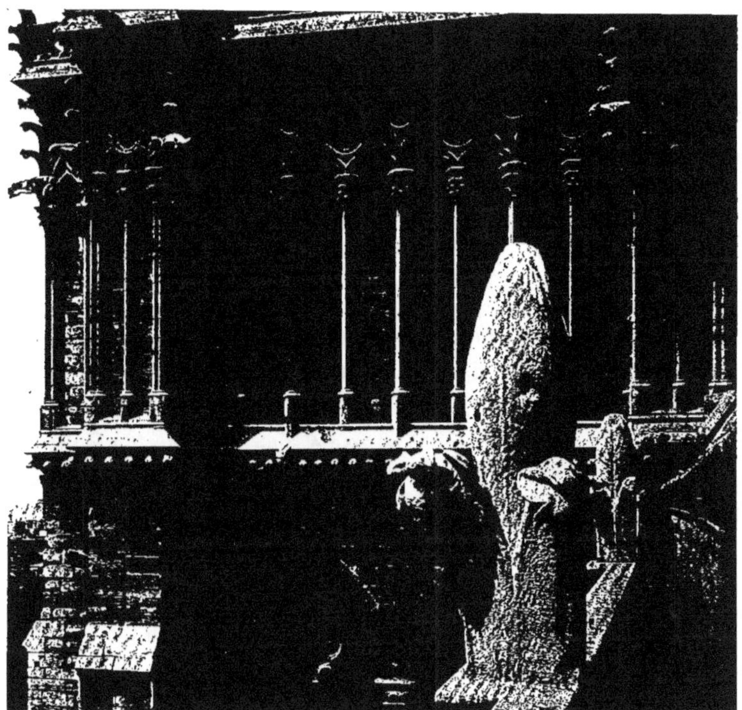

Fig. 15. — Corniche de la tour sud à la cathédrale de Paris, xiiie-xive siècles.
Exemple de profils et de décorations étudiées pour des appels de lumière.

La superposition des étages s'est accusée de même par l'emploi d'assises moulurées indiquant l'emplacement des planchers
ou des appuis et celui des entablements couronnant les façades
et soutenant les toitures.

Pendant toute la période du moyen âge les moulures s'accordent de la manière la plus précise avec les éléments de con-

struction et lors même que l'introduction dans le décor des ordonnances à l'antique modifie la disposition décorative des façades, chaque étage est accusé par une ordonnance et les entablements qui séparent ces ordonnances n'ont rien des proportions antiques. Comme on le voit au château de Blois, par exemple, l'architrave est réduite à une petite assise dont la hauteur concorde avec celle du plancher; la frise, très développée, reçoit une décoration sculptée en bas-relief de rinceaux ou de médaillons et la corniche se réduit à une moulure d'appui.

Au contraire une corniche très importante inspirée des dispositions des corbeaux et mâchicoulis, qui sont remplacés par des modillons et des arcatures, forme un couronnement à la façade tout entière (fig. 16).

Ce n'est pas en France qu'on eût imaginé les ordonnances colossales comprenant dans la hauteur d'un pilastre ou d'une colonne plusieurs étages. L'erreur, qui nous vient d'Italie, a été d'ailleurs de courte durée et les essais, tels que ceux de Bullant dans la cour du château d'Écouen, n'ont pas exercé d'influence décisive sur l'art français.

La destination qui intervient constamment dans le choix des formes doit aussi s'accorder avec la loi de proportion pour donner à chaque détail sa place dans l'ensemble; car l'*échelle* des ornements varie avec leur destination.

Certains éléments de hauteur fixe, par exemple les marches, les balustrades, sont, en architecture, des repères pour l'appréciation des dimensions réelles et, dans une même région, les lits d'assises des pierres, suivant qu'ils s'appliquent aux colonnes de l'église rurale ou aux colonnes de la cathédrale, rendent exactement compte, par leur nombre, de la grandeur réelle. A l'église Saint-Pierre de Rome dont les éléments sont uniformément grossis, ces repères n'existent pas et l'œuvre apparaît moins grande qu'elle ne l'est réellement.

C'est la conséquence de l'abandon de l'*échelle humaine*.

Un changement d'échelle doit être motivé : ainsi l'artiste qui a composé dans la cathédrale de Poitiers le vitrail de la Passion a donné au Christ des dimensions doubles de celles des figures

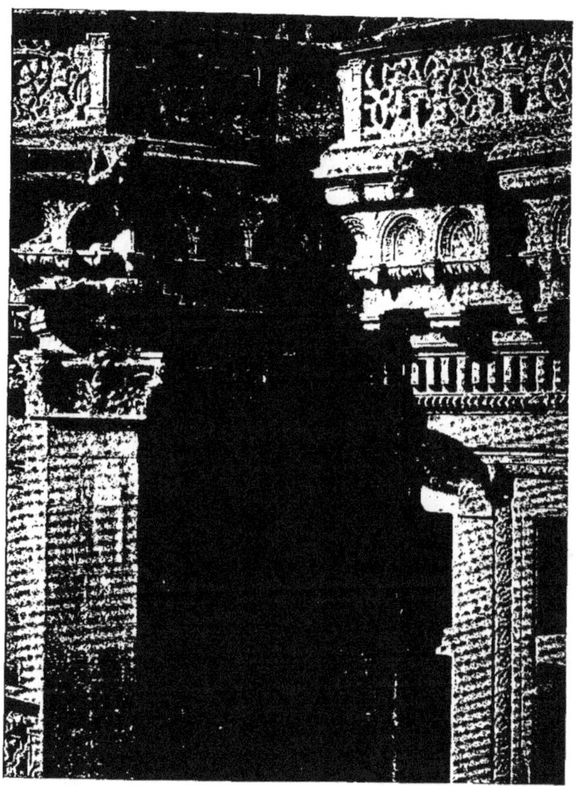

Fig. 16. — Corniche du château de Blois couronnant un bâtiment à plusieurs étages, XVIᵉ siècle. Application du décor à la construction.

qui l'entourent, parce qu'il voulait faire apparaître le personnage divin.

Mais on détruirait les proportions d'un édifice en exagérant sans motif, suivant les hauteurs, les dimensions du décor. Ce qui est nécessaire c'est de faire la simplification à distance des formes et des modelés.

N'est-il pas évident d'ailleurs que l'interprétation d'une figure change avec son échelle. Une statue, faite à une échelle déterminée, ne peut être réduite ou grandie, même exactement, sans que l'angle visuel change et avec lui la silhouette, c'est-à-dire l'effet décoratif.

La modification est plus importante encore si au changement d'échelle s'ajoute un changement de matière. On commet donc une erreur lorsqu'on reproduit, en bronze, à échelle réduite, une statue de marbre. Il faudrait en ce cas demander au statuaire un nouveau modèle.

L'homme et la nature, dans laquelle il vit, se prêtent si bien à l'idée de proportions, de rapports harmoniques que si, dans une œuvre de décoration, tapis ou mosaïque, une fleur est interprétée à une échelle triple ou quadruple de sa dimension réelle, notre œil en est choqué et la surface nous paraît mal occupée.

La variété du décor s'appliquant à des masses similaires est une idée relativement moderne et française; sauf dans l'art grec d'Asie Mineure, où le temple de Didymes fournit un exemple d'ornements variés dans les bases et chapiteaux des colonnes, les mêmes formes étaient revêtues du même décor.

Sans doute la répétition d'un motif peut contribuer à un effet de grandeur et surtout d'unité; mais l'unité peut résulter de la pondération des masses sans exiger l'uniformité des détails. C'est là un caractère spécial de l'art français. Nous le constatons sur les sculptures de nos cathédrales, où la variété des détails nous retient et nous charme sans que jamais soit altérée l'unité de l'ensemble. Cela tient sans doute à l'interprétation d'éléments décoratifs empruntés tous à notre sol.

N'avons-nous pas là le moyen de renouveler à notre tour, par une interprétation personnelle, les éléments de décoration que la nature offre à nos regards, et que nous avons négligés, en annihilant depuis un siècle notre personnalité, pour copier les interprétations de formes? N'est-ce pas le vrai moyen, pour nous, de reconstituer un style?

LE STYLE

*Influence du milieu. — La personnalité de l'artiste
dans la création.*

Le Style est l'interprétation, particulière à chaque époque,
des éléments de décoration que l'artiste prend dans la nature. La
personnalité de l'artiste s'accuse dans la création, mais il subit
inconsciemment l'influence du milieu où il vit et son œuvre en
garde l'empreinte.

Cela est vrai à toutes les époques, et il a fallu une déviation
du goût, due à l'absence d'enseignement, pour que, dans le cours
du siècle dernier, la création artistique ait fait place à la copie de
formes anciennes. *On ne crée rien avec une forme*, puisque la
forme est l'expression d'une idée, et, comme les idées se renou-
vellent d'âge en âge, les formes doivent se renouveler avec elles.

L'interprétation, nécessaire à toute création artistique, est
la conséquence de dons naturels, sans lesquels elle ne pourrait
s'exercer ; mais nous avons reconnu qu'elle ne peut s'exercer
utilement sans études préparatoires, fournissant à l'artiste la
somme indispensable de connaissances et lui donnant ainsi le
moyen d'utiliser les trésors que la nature met à sa portée.

Nous avons constaté aussi que, en dehors de l'obligation de
satisfaire aux lois physiques, la raison impose à l'artiste, comme
une nécessité, la subordination de la forme à la destination de
l'œuvre, aussi bien que l'observation des lois d'équilibre, de
proportion et de contraste, sans lesquelles la perfection artistique
ne pourrait être atteinte.

Si la composition est soumise à ces règles, l'originalité de
l'œuvre s'en suivra, parce que, correspondant à des idées ou à
des besoins actuels, elle se distinguera sûrement, lors même que
les thèmes décoratifs paraîtraient voisins, des interprétations

faites antérieurement, aucun peuple n'ayant eu, à deux époques différentes, les mêmes idées ni la même manière de voir et de sentir.

C'est donc une erreur que d'attribuer dans la composition une importance excessive à la forme, et une erreur plus grande encore de faire de la forme la base d'un enseignement. La forme n'est que l'enveloppe décorative d'une ossature à laquelle elle tient, suivant l'expression de Viollet-le-Duc, « comme la peau tient au corps ». On ne peut donc l'isoler ni de la structure qui dépend de la destination et de la loi d'équilibre, ni de la matière dont les qualités influent sur la silhouette et sur le contour. Les qualités de cette matière peuvent même suggérer à l'artiste des effets originaux, en aidant au renouvellement des formes décoratives, et par suite à la création d'un style.

Ce style, d'ailleurs, existe même aux époques où l'on croit reproduire le plus exactement les formes d'arts antérieurs, parce que personne ne peut se soustraire à l'influence du milieu ni se mettre absolument en opposition avec la civilisation contemporaine. Lors même qu'on a cru, suivant les préférences de la mode, reproduire les formes de l'art italien du xvie siècle, ou celles de l'art français du xviie ou du xviiie siècle, on n'a pu faire revivre ni les idées des civilisations mortes, ni l'organisation des corps de métiers, ni les méthodes d'exécution, et les pastiches, qui font peu d'honneur à l'initiative de leurs auteurs, garderont, quoi qu'on ait pu dire, comme un air de famille, leur assignant une place, peu enviable assurément, parmi les ouvrages contemporains.

L'influence du milieu s'accuse dans les œuvres de chaque époque et, ainsi qu'il est aisé de le constater sur toutes les œuvres humaines, les changements de style se font en général par transitions insensibles.

Si la formation d'un style à notre époque a paru plus lente, si l'effort à faire a été plus grand, c'est que, par une aberration

singulière, unique dans l'histoire de l'art, et qui n'est explicable
que par un défaut d'enseignement, une passion mal raisonnée
pour les styles anciens a faussé les idées et entravé l'initiative des
artistes transformés en imitateurs.

Si les œuvres anciennes avaient été étudiées et analysées dans
leur milieu reconstitué, l'art n'aurait rien eu à redouter de cette
étude, qui relève de la tradition et est indispensable ; mais au
lieu d'entrer au fond des choses, on s'est arrêté aux apparences,
aux formes, et l'initiative créatrice a sombré dans cet enseignement abstrait et superficiel. On a prétendu faire de nos jours des
compositions dans les styles anciens. Ces compositions ont été
faites aux époques anciennes : elles ne sont plus à faire, et s'il
s'agit d'une œuvre de style, mieux vaut la refaire d'après une
œuvre originale.

Aujourd'hui, par esprit de réaction, on prétend faire dépendre
l'originalité de l'ignorance intégrale de l'artiste, comme si cette
ignorance ne l'exposait pas à perdre en perpétuels recommence-
ments le temps que, fortifié par la tradition, il emploierait à
développer utilement son initiative et à créer des œuvres.

Une idée ancienne peut toujours être renouvelée par une
interprétation nouvelle, sans qu'il soit nécessaire de rompre avec
la tradition, et il ne faut pas confondre l'originalité avec l'excen-
tricité. Il est trop commode d'être original en manquant de sens
commun, et l'originalité baroque tend très vite à se cantonner
dans des formules qui sont en opposition directe avec l'art.

Il ne faut pas violenter la nature sous prétexte de nouveauté ;
*on ne crée pas plus de toutes pièces un art nouveau qu'on ne
change au commandement les mœurs et les idées d'un peuple.*

Sait-on d'ailleurs comment se transmettent les formes d'une
civilisation à une autre. Ce sont les graines que le vent emporte,
qui germent là où elles trouvent un peu de terre pour s'accro-
cher.

Les civilisations anciennes en fournissent de frappants

exemples. Pendant une suite de siècles, les Égyptiens ont tiré de la flore et de la faune de l'Égypte tous les éléments décoratifs de leur architecture et de leur mobilier. L'observation attentive des fleurs de lotus ou de papyrus leur a inspiré des œuvres d'autant plus séduisantes qu'elles sont plus près de la nature observée.

Or, par un phénomène de transmission, cette décoration florale de l'Égypte est devenue dans l'art grec une décoration linéaire. L'artiste grec, qui n'avait pas sous les yeux les fleurs du Nil, a transformé en ornements symétriques les boutons et fleurs de lotus, les combinant avec des palmettes et des entrelacs pour constituer une ornementation typique qui diffère complètement de l'ornementation originelle.

Cette transformation s'est faite lentement ; on peut en suivre la trace en Assyrie sur les seuils des palais traités comme des tapis d'albâtre, sur les plats rhodiens qui témoignent d'une première adaptation du décor floral au décor linéaire, sur les ornements de marbre des monuments ioniens, tels que le trésor de Cnide à Delphes ou l'Érechthéion à Athènes.

Récemment j'ai fait l'expérience de l'influence que peut avoir l'enseignement traditionnel sur la création artistique. J'avais fait à l'École des Beaux-Arts une leçon sur les admirables chapiteaux des antes du Didyméion qui sont conservés au Louvre, insistant sur le caractère artistique des fonds de sculpture qui ne sont pas sur un plan, mais s'élèvent ou s'abaissent pour fournir appui aux feuilles de la touffe d'acanthe qui enrichit le chapiteau et s'accorde avec le tracé de ses volutes.

Ayant à faire exécuter sur mes dessins le décor d'un meuble, et prenant comme thème de décoration sur les rives du bâti la fleur de fraisier, dont les tigelles formaient les moulures, je fus surpris des valeurs que le sculpteur avait trouvées en abaissant les fonds du bâti pour faciliter, dans un relief très faible, le passage des fruits sur les feuilles et des feuilles sur les tiges (fig. 17).

Questionné par moi, il me rappela la leçon que j'avais faite sur les sculptures des chapiteaux du Didyméion, leçon dont il avait tiré profit.

Si je cite cet exemple, c'est que je le trouve très concluant en

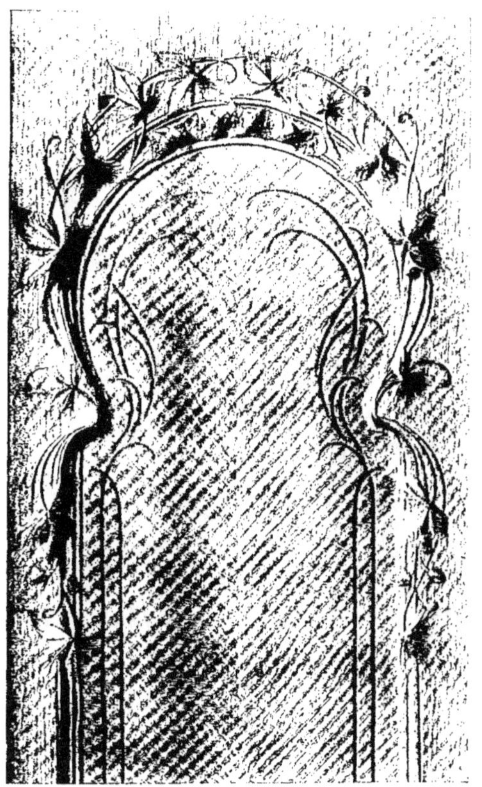

Fig. 17. — Panneau d'un piano moderne sur le yacht Hélène.
Olivier frisé dans un bâti chêne.
Composition de L. Magne. Exécution de Fauroux, sculpteur, et Simonet, menuisier.

faveur de l'enseignement traditionnel, qui ne doit pas fournir des formes à copier, mais des idées à appliquer.

Les programmes des œuvres sont variables d'âge en âge, mais la technique change peu, et si l'on osait aborder de front les programmes modernes, si l'on cherchait à résoudre les difficultés au lieu de les esquiver, on aurait bien vite fait de rajeunir les formes en les interprétant dans le goût moderne.

Prenons comme exemple les poignées de portes ou de grilles dont les artisans du xviiie siècle nous ont laissé de si beaux spécimens appropriés au goût de leur temps.

S'il s'agit d'une grille, il y a lieu évidemment de développer

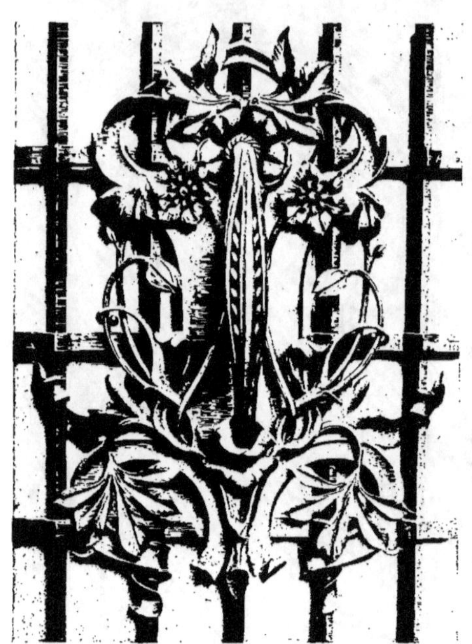

Fig. 18. — Poignée moderne d'une grille en fer forgé. Composition de A. Bruneau sur programme de L. Magne.
Exécution de Robert. Musée du Conservatoire des Arts et Métiers.

les attaches de la poignée sur les barreaux qui, assemblés à trous renflés, forment le gril de soutien, et il est évident que, par application des lois de composition, la poignée ne devra pas comporter de saillies gênantes pour la prise de la main et devra, par ses dimensions comme par son décor, satisfaire à sa destination (fig. 18).

Si la poignée prend appui sur une porte cochère, la menuiserie de la porte sera combinée pour lui fournir le soutien nécessaire sur le bâti, de préférence au panneau (fig. 19).

En vue de ce programme, j'avais fait étudier à l'atelier par plusieurs de mes élèves la rose de Noël qui était alors la fleur de

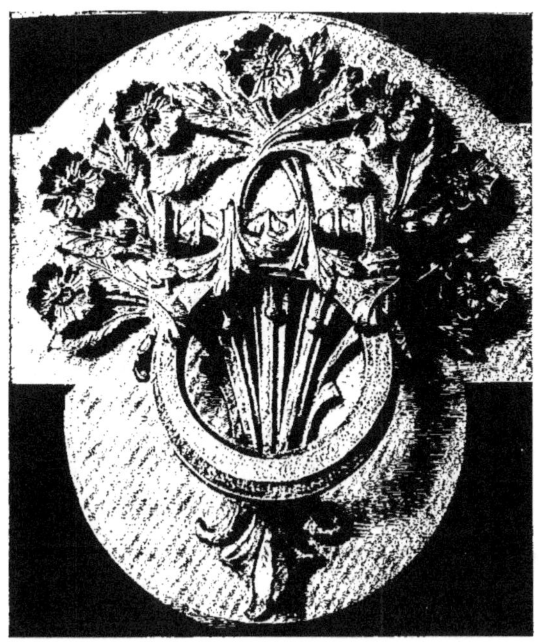

Fig. 19. — Poignée de tirage en fer forgé d'une porte. Composition de M. Fellion
sur programme de L. Magne.
Exécution de Robert. Musée du Conservatoire des Arts et Métiers.

saison ; ils en ont fait l'application à des compositions faites en vue de l'exécution et deux de ces poignées ont été exécutées dans un atelier parisien ; elles forment aujourd'hui deux pièces intéressantes de notre musée. Ce sont des œuvres originales, répondant bien chacune à son programme, et dont l'exécution a tous les caractères de maîtrise qui distinguent les plus belles pièces de nos musées d'art ancien.

La démonstration est donc faite, nos artistes ont les qualités qu'avaient leurs devanciers, ils sont capables de continuer les traditions de goût et de mesure des œuvres françaises ; mais pour cela il *faut que leur initiative s'exerce sur des idées et ne soit pas annihilée par des copies de formes.*

Un exemple tiré de vitraux modernes exécutés dans un monument ancien, dans l'église de Bougival, nous rendra bien compte du rajeunissement possible des thèmes anciens et du charme résultant de leur interprétation moderne.

L'Apocalypse de saint Jean qui a été au cours des siècles le sujet de décorations importantes, qu'on trouve notamment interprétée par le tapissier parisien Nicolas Bataille sur l'admirable suite de tapisseries commandées pour la cathédrale d'Angers par Louis Ier et Louis II d'Anjou, et qui se développe en une série de peintures très remarquables dans l'ancien couvent des Jacobins à Toulouse, a été traitée sur les dix verrières de la haute nef à l'église de Bougival, dans un sentiment absolument moderne : l'art y a gagné la création d'œuvres originales qui caractériseront une des manifestations les plus intéressantes de la renaissance du vitrail en France (fig. 20).

On peut en rapprocher une verrière de transept exécutée sur les cartons du même artiste à la basilique de Montmartre et qui représente la Vierge Mère au milieu du chœur des Anges : cette partie du vitrail, qui est tout en lumière, se distingue par des colorations bleues et jaunes nuancées, formant opposition aux tonalités très soutenues des légendes des saints, patrons de l'agriculture, qui occupent la base de la verrière.

Ces observations sont encore plus caractéristiques s'il s'agit de la mosaïque d'émail qui n'avait pas jusqu'ici été très employée en France et qui est en train de s'y implanter victorieusement. Là, tout était à créer depuis l'atelier de fabrication des émaux jusqu'à l'organisation d'un atelier d'exécution groupant les artisans capables de bien interpréter un carton.

Mais ce carton lui-même exigeait de la part du peintre la connaissance d'une technique assez délicate puisque, par suite de la coloration uniforme des cubes d'émail, on ne peut obtenir de teintes continues et que les modelés s'accusent par les lignes de construction qui sont en même temps les lignes de coupe des émaux.

Si l'on doutait des facultés d'assimilation de nos artistes, on

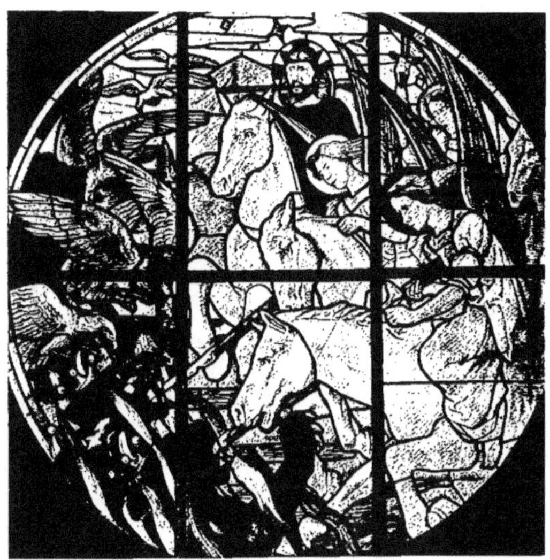

Fig. 20. — Vitrail moderne représentant l'une des visions de l'Apocalypse de saint Jean dans une rose de la nef à l'église de Bougival. Carton de Marcel Magne.

aurait la preuve de ces facultés dans l'extraordinaire développement qu'a pris en quelques années dans notre pays une application d'art qui y était presque ignorée.

Non seulement nous avons fait en France d'importantes applications des mosaïques au revêtement des murs et des voûtes ; mais suivant un procédé usité en Sicile et dans l'Italie Méridionale, nous avons utilisé la mosaïque d'émail en l'incrustant dans le marbre et constitué ainsi, par une interprétation toute moderne des décorations d'une extraordinaire richesse. Cela suffirait, je crois, à démontrer la vitalité de l'art français.

Une dernière étape est à franchir, celle qui rapprochera définitivement l'artiste du fabricant et le but d'un cours comme le nôtre est de faciliter ce rapprochement. Il est indispensable, si l'on veut maintenir à l'art français sa prééminence, que l'art ait sa place dans tous les métiers, mais pour cela il faut que l'artiste compte avec les techniques et y soit complètement initié. Si l'on veut réaliser des progrès dans le décor des étoffes par exemple, il n'est pas douteux que la composition d'une étoffe moderne, qui soit digne des étoffes anciennes, exige l'intervention d'un artiste ayant le sens très affiné de la forme et de la couleur ; mais il est indispensable que cet artiste, connaissant bien les combinaisons de trames et de chaînes, se rende compte des effets à demander soit à la décoration en relief des velours, soit au décor des trames lattées, soit encore au brochage et n'alourdisse pas l'étoffe par un abus inutile du nombre des fils de colorations différentes.

Tout se tient dans le décor des objets mobiliers, l'échelle des ornements, la valeur des colorations, et l'harmonie résulte naturellement de l'adaptation des détails à un ensemble. Les étoffes doivent s'accorder avec les lambris et les meubles, la quincaillerie ne peut s'isoler de la menuiserie : la composition d'une cheminée, d'une glace est subordonnée à l'ensemble décoratif d'une pièce.

Il est donc indispensable que l'enseignement s'applique à tous les métiers, puisque, le plus souvent, l'un dépend de l'autre.

Ainsi, depuis la division du travail, qui est une des conditions de la production économique, on a perdu de vue l'accord nécessaire entre le bois et le métal pour la ferrure ou la fermeture d'une porte. On fabrique en Picardie des serrures de bonne qualité mais dont les différentes pièces sont exécutées séparément par des spécialistes, de telle sorte qu'aucun d'eux ne peut raisonner ni de la serrure en elle-même, ni de son ajustement sur la porte.

Or nous voyons que pour soutenir le foliot ou la clef on a cru nécessaire de fixer sur le fond de la serrure des rondelles qu'il faut entailler dans la porte au droit des assemblages, au risque d'endommager la menuiserie, alors qu'il serait bien simple d'abaisser le « foncet » pour trouver, sans entailler la porte, la surépaisseur nécessaire.

Le menuisier, peu au courant de la quincaillerie, donne une hauteur insuffisante à sa traverse, ce qui empêche le serrurier de trouver pour sa serrure des points d'attache ou des plaques de soutien qui pourraient concourir à un effet décoratif.

Les études faites sous notre direction ont demontré le grand intérêt que pourrait avoir pour le renouvellement du décor intérieur cet accord des ouvrages de menuiserie et de quincaillerie qui existait autrefois et dont l'absence se fait cruellement sentir dans les appartements modernes, encombrés d'objets de pacotille généralement disparates et auxquels on ne peut s'attacher.

Nous avons contribué à la création d'objets mobiliers qui, par la faute du public autant que par la faute des fabricants, n'ont pas encore conquis leur place. On ne les connaît pas suffisamment et il semble qu'on ait peur de se singulariser en sortant des banalités.

Cependant le temps a marché et les fabricants commencent à comprendre qu'ils ont intérêt à s'adresser à des artistes qualifiés pour renouveler les formes des objets mobiliers et gagner dans ce renouvellement la faveur du public, en France et hors de France.

On peut donc bien augurer des efforts qui ont été faits depuis vingt années et qui, s'ils sont continués, aboutiront certainement à la renaissance d'un style français.

Constatons seulement que le style ne saurait s'accommoder de formules conventionnelles : n'oublions pas qu'il est lié à une étude absolument sincère de la nature, de ses volumes, de ses lignes et de leurs harmonieux rapports, à l'exclusion des arrangements trop faciles, dont on dissimule la prétentieuse faiblesse sous un mot barbare, la *stylisation*. La chose est plus barbare encore que le mot : la nature n'a pas besoin d'être arrangée et ce n'est pas en la *dénaturant* qu'on y trouvera les beautés qu'elle contient. Ces beautés échappent nécessairement aux observateurs superficiels, grands amateurs de formules, qui n'étudient pas ce qu'ils ont sous les yeux et sont incapables de faire l'effort nécessaire à la création. Gardons-nous de la *stylisation* si nous voulons contribuer à la reconstitution d'un *style*.

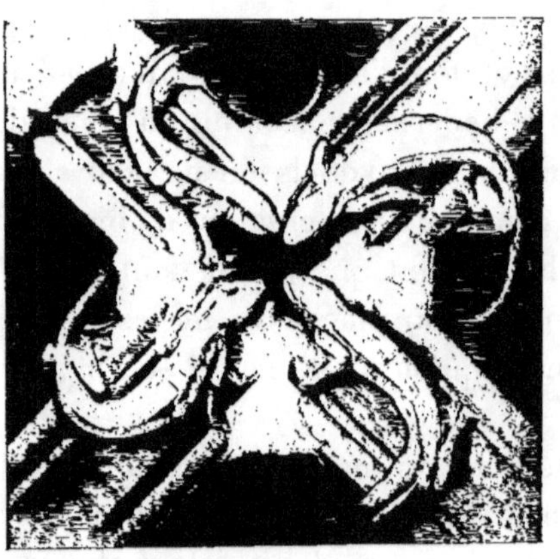

Clef de voûte aux lézards par P. Lorrette
(Cours du Conservatoire des Arts et Métiers).

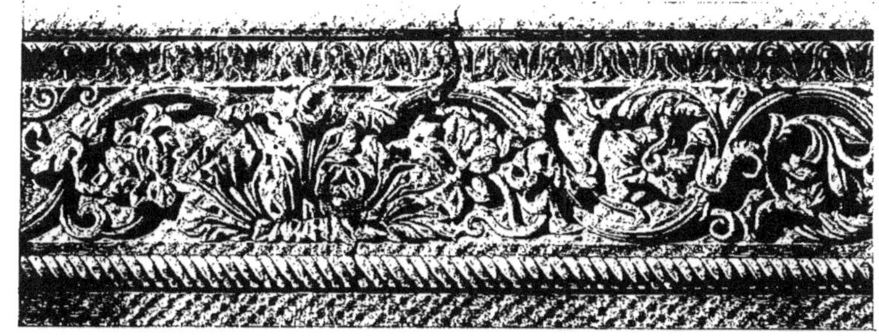

Frise d'une base du Didyméion d'après un relevé de L. Magne.

DÉCOR DE LA PIERRE

APPLICATION AUX ÉLÉMENTS DE CONSTRUCTION

I

MURS, PILIERS, COLONNES

1° **Supports chargés verticalement sans poussée (Antiquité).**

La pierre, bien employée, caractérise l'adaptation parfaite du décor à la structure, parce que les matériaux lapidaires doivent satisfaire, par des formes rationnelles, aux conditions de stabilité, de telle sorte qu'ils puissent résister aux pressions verticales ou obliques qu'ils doivent subir. Si la charge est verticale, il faut que la surface d'appui, c'est-à-dire la « section horizontale », soit suffisante. Si les pressions sont obliques, il faut qu'elles soient annulées par des contreforts de butée ou par des pressions en sens contraire.

La formation des calcaires par couches stratifiées justifie leur emploi par assises, chacune de ces assises comprenant nécessairement les saillies décoratives qui peuvent être prévues. Les pierres sont donc superposées, suivant leur formation naturelle,

par lits de pose, correspondant aux lits de carrière. Exceptionnellement certaines pierres compactes peuvent, comme les
marbres, être utilisées « en délit », c'est-à-dire sans tenir
compte des lits de carrière. C'est le cas de « meneaux » formant les divisions d'une baie, d' « appuis », de « glacis » et en
général de tous les éléments de construction qui ne sont pas
lourdement chargés. (Dans les édifices de briques, c'est à ces
éléments de construction qu'est limité l'emploi de la pierre.)

C'est le cas aussi de monolithes, posés horizontalement sur
deux appuis et résistant à la flexion. Les architraves des temples
grecs, formées de monolithes juxtaposés, étaient toujours placées en délit.

A toute belle époque, où l'art est intervenu dans la création
des formes, il y a concordance parfaite entre la structure et la
décoration des matériaux lapidaires. Chaque assise a la forme qui
correspond à sa fonction : par exemple, le chapiteau couronnant un support isolé, pile quadrangulaire ou colonne, s'évase
en encorbellement pour soutenir le linteau monolithe, ou l'arc
appareillé, qui repose sur deux supports consécutifs et qui soutient la charge d'un mur, d'un plancher ou d'un comble.

Si le support a une base, transmettant au sol la pression
qu'elle reçoit, cette base élargit sur le sol, moins résistant que le
support, la surface d'appui, évitant ainsi tout danger de tassement. A défaut de base, l'augmentation du diamètre du fût
tronconique répond en même temps à un sentiment d'esthétique
et à une nécessité de construction.

Cette concordance entre la forme et la structure est absolument nécessaire : à l'époque où les Byzantins, substituant l'arc
à la plate-bande, cherchaient (en conservant pour l'église la
triple nef du naos antique) à espacer les colonnes et à diminuer
leur diamètre, pour ne pas masquer l'autel vu des basses nefs,
l'archivolte, qui remplace l'architrave, est décorée de même,
comme pour mieux marquer la substitution à la plate-bande de

l'arc appareillé, reportant, comme elle, la charge sur les points d'appui.

Si l'on prend la peine de réfléchir, on comprend que l'artiste ait, dès l'origine, réservé les richesses de la sculpture aux parties de la construction qui n'ont pas de fonctions essentielles dans la résistance.

Ainsi, dans un temple grec, au Parthénon, le décor des colonnes et de l'entablement est réduit à des éléments simples, tels que les cannelures des colonnes, symbolisant le faisceau de tiges qui caractérise à l'origine la colonne égyptienne, prototype de la colonne dorienne, ou la face saillante au sommet de l'architrave, soutenant les cannelures des triglyphes, qui forment les supports de la corniche dans la hauteur de la frise.

Pour donner plus d'assiette à cette architrave, formée de trois monolithes, le chapiteau s'élargit et son profil d'échine est un profil d' « égale résistance », éliminant toute matière inutile.

La construction de marbre, qui procède, pour les assemblages d'onglet des moulures, de la construction de bois, approprie les divisions de la frise, à l'ajustement sur les triglyphes, qui forment les supports, de métopes, glissées comme des panneaux dans les rainures des triglyphes et sur lesquelles sont réservées des masses pour la sculpture de bas-reliefs.

Ces bas-reliefs sont protégés contre la pluie par la saillie de la corniche, dont la moulure droite porte un larmier, obligeant l'eau pluviale à tomber sur le sol.

Sur le pignon servant d'appui au comble, une corniche rampante, de profil différent, décorée d'ornements peints, dérivés du lotus, abrite les sculptures réparties avec un art infini dans le fronton triangulaire.

C'est à la même pensée de protection pour la sculpture, qu'obéissaient les architectes de nos cathédrales, en réservant au développement de leurs poèmes sculptés dans la pierre les tympans des portes, soutenus sur des linteaux et abrités par la forte saillie des archivoltes, véritables arcs de décharge, décorés claveau par claveau.

C'est une erreur que d'exposer, sous un ciel pluvieux, des groupes de sculptures aux injures du temps. Les trophées, qui surmontaient à Versailles les piédestaux de la balustrade de couronnement, n'existaient plus après un siècle et demi et ont tous été refaits de nos jours. Ceux qui occupent les frontons des bâtiments de Gabriel, sur la place de la Concorde, n'ont pas résisté plus longtemps et ont dû être partiellement refaits.

Les matériaux calcaires, pierre ou marbre, sont généralement faciles à travailler et se prêtent à des finesses d'exécution qui caractérisent l'architecture de certaines régions, par exemple l'Ile-de-France, la Champagne, l'Anjou, la Bourgogne, la Toscane. Ces finesses ne peuvent être obtenues dans des matériaux plus durs et moins homogènes, tels que le granit, les laves ou les trachytes.

Si les reliefs de la sculpture conviennent bien au décor des calcaires, c'est par opposition de couleurs qu'il faut décorer les édifices construits en matériaux volcaniques ; les monuments d'Auvergne en offrent de précieux exemples.

En Bretagne, le granit a exigé des simplifications de formes, d'autant plus apparentes que les monuments élevés au xve siècle dans cette province ont une décoration robuste qui, malgré l'emploi de formes analogues, diffère complètement de celle des monuments de la Touraine ou de la Picardie. Enfin il faut tenir compte des différences de climat qui influent absolument, par suite des différences d'intensité de la lumière, sur l'importance à donner aux reliefs. Telle saillie de filet, à laquelle un centimètre suffit sous le ciel de Grèce, exige, pour produire le même effet, une saillie double ou triple sous le ciel de France.

L'artiste devra donc toujours étudier, pour le tracé de ses profils, la matière qu'il emploie et tenir compte de la qualité

de la lumière. Les architectes français du Moyen Age avaient
parfaitement compris cette nécessité en imaginant des moulures
très évidées, séparées par des arêtes vives, pour faire des appels
de lumière, et créer des oppositions, qu'on pouvait produire en
Grèce et en Italie par d'autres moyens.

C'est en étudiant séparément les éléments de composition exi-

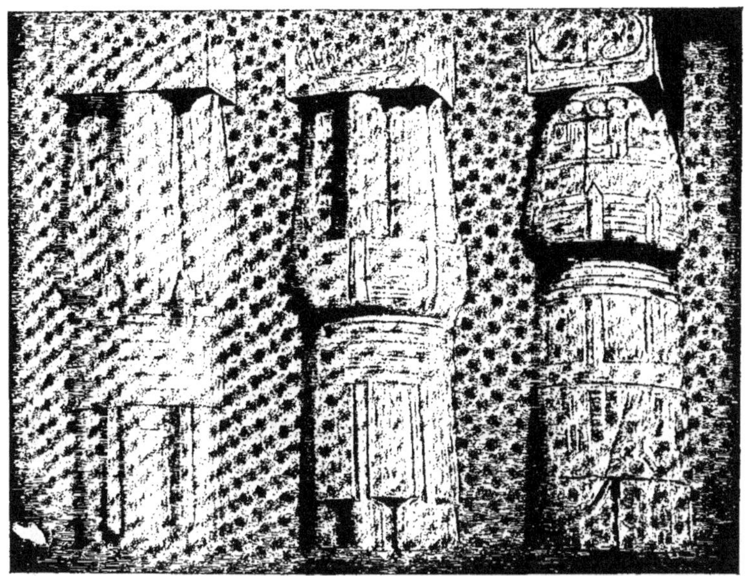

Fig. 21. — Comparaison entre les chapiteaux égyptiens d'un tombeau d'Abousir, du
péristyle d'Aménophis III à Louqsor et du péristyle du temple de Khons à Karnak.
Décor floral simplifié et transformé en décor linéaire.

geant l'harmonie de la structure et du décor, qu'on se rend bien
compte de l'obligation pour l'artiste d'approprier toutes les parties de son œuvre à leur destination et de tirer parti des qualités
de la matière.

Considérons par exemple le support isolé, pile ou colonne,
et voyons comment, dès l'antiquité la plus reculée, on en a
compris la décoration.

Il semble bien qu'à l'origine ce soit le tronc cylindrique de l'arbre ou la tige de la plante qui ait servi de type. En Égypte, le chapiteau lotiforme de calcaire, découvert dans un tombeau de la Ve dynastie, celui de Ptah-Shepsès, est formé de tiges de lotus liées, au-dessous des boutons à fleurs, par une corde et, pour rendre sensible le serrage, l'artiste a garni les interstices entre les tiges par des tigettes, dont les boutons émergent au-dessus des ligatures (fig. 21).

Ainsi, en remontant aux origines, on comprend mieux la raison des formes décoratives, parce que l'interprétation de la nature est sincère et n'est faussée par aucune convention. Si nous ne possédions pas le type primitif du chapiteau lotiforme, il nous serait difficile, sinon impossible, de comprendre la forme des chapiteaux qui, procédant du même type, au temps des dynasties thébaines, n'en conservaient en quelque sorte qu'un tracé schématique, maintenu par la tradition.

Dans le temple funéraire de Gournah, dans la cour péristyle d'Amenophis III à Louqsor (fig. 21), ou dans la partie du temple de Karnak due à Thoutmès III, si la colonne garde, pour le fût et le chapiteau, le principe d'un groupement de tiges serrées sous le chapiteau, que surmonte une abaque quadrangulaire, les annelets de la corde ne sont plus que des traits gravés : il en est de même des tigettes destinées à remplir les vides. Ce n'est plus qu'un souvenir de la décoration florale que l'artiste memphite interprétait si exactement, indiquant jusqu'aux nervures des pétales.

A la salle hypostyle de Karnak, comme au temple de Medinet-Abou ou au temple de Khons (fig. 21), le chapiteau n'a plus qu'une forme conventionnelle, le fût de la colonne ne conservant qu'un dessin gravé pour rappeler le groupement des tiges.

L'autre type de chapiteau égyptien, celui qui s'étale et s'épanouit en forme de campane, est probablement aussi l'interprétation conventionnelle d'un type primitif, sur lequel les pétales et

les cépales, aussi bien que les annelets, devaient être indiqués
par des reliefs, au lieu d'être simplement gravés et peints.

Il est même curieux de constater qu'à l'époque ptolémaïque
et plus tard, sous la domination romaine, le chapiteau campani-
forme abâtardi reprend un décor de tiges et de fleurs en relief.

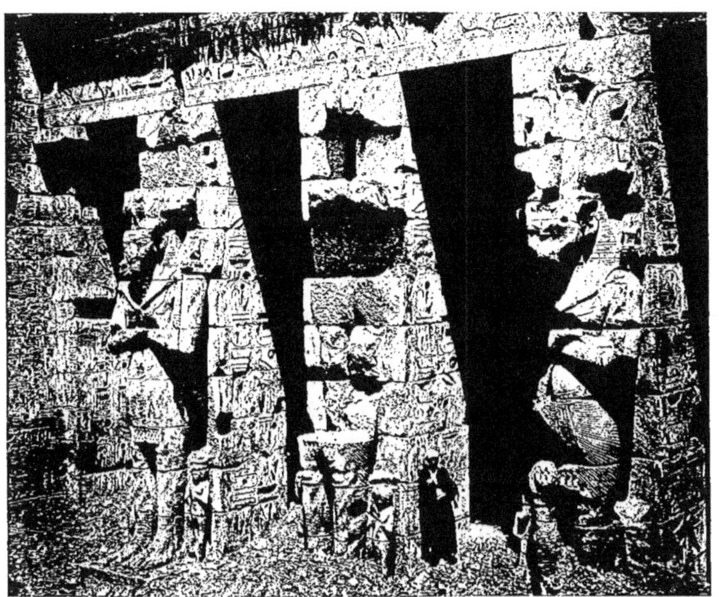

Fig. 22. — Piliers osiriaques et ante dans le temple de Ramsès III à Medinet Abou.

Si l'on veut faire à l'art égyptien la part qui lui revient dans
les arts dont il a été l'initiateur, il faut reconnaître dans les cannelures creuses de certaines colonnes égyptiennes, soit à Beni-
Hassan, soit à Kalabcheh, une interprétation du faisceau de
tiges qui fut adoptée plus tard par les artistes doriens.

D'ailleurs tout est raisonné dans l'art égyptien ; c'est en
Égypte qu'on trouve la première application des figures adossées à des piliers (piliers osiriaques de la cour péristyle de Médi-

net-Abou) et aussi le décor de l'ante (fig. 22), c'est-à-dire de la tête de mur, saillante en face d'une file de colonnes ou de piliers, et dont la décoration est distincte de celle des supports isolés. Il a fallu la barbarie de l'art romain pour traiter un chapiteau de pilastre comme un chapiteau de colonne, dont on aurait aplati les feuilles.

Si de l'Égypte on se transporte à Pœstum, on constate sur les ruines du monument le plus ancien, la Basilique, certains détails qui évoquent le souvenir de l'art égyptien, notamment le grand profil en gorge de l'ante et les cannelures des colonnes dont le galbe rappelle un peu le galbe des colonnes égyptiennes (fig. 23).

L'art grec est un art de mise au point, qui n'arriva pas du premier coup à la perfection. Il est à remarquer que, dans les chapiteaux doriens les plus anciens, le profil de l'échine est très lourd et que la saillie en est mal utilisée. Ainsi sont tracés les profils des chapiteaux du temple de Corinthe, du plus ancien des temples de Sélinonte et du temple de Neptune, à Pœstum.

Dans un art de tradition comme l'art dorien, c'est par des nuances que s'accusent les progrès de l'art. Dès la fin du vi^e siècle, la forme de l'échine accuse la fonction de support en encorbellement que remplit le tailloir et qui justifie la saillie de l'architrave sur le fût de la colonne.

Comment ne pas reconnaître, d'ailleurs, l'influence de l'architecture égyptienne dans le faisceau des cannelures du fût et dans les annelets figurant, sous le chapiteau, les ligatures des tiges ?

L'école attique, exagérant peut-être les nuances, serre de plus près encore le profil de l'échine. A voir sur l'Acropole l'admirable chapiteau du Parthénon, dont le marbre transparent fait mieux saisir encore la beauté, on comprend que le ve siècle correspond à l'apogée d'un art dont la pureté confine presque à la sécheresse et présage une décadence (fig. 24).

D'ailleurs l'artiste grec ne néglige rien de ce qui doit contribuer à la perfection de son œuvre. Pour éviter l'effet du fléchissement des lignes horizontales dans l'espace, il établit ses points

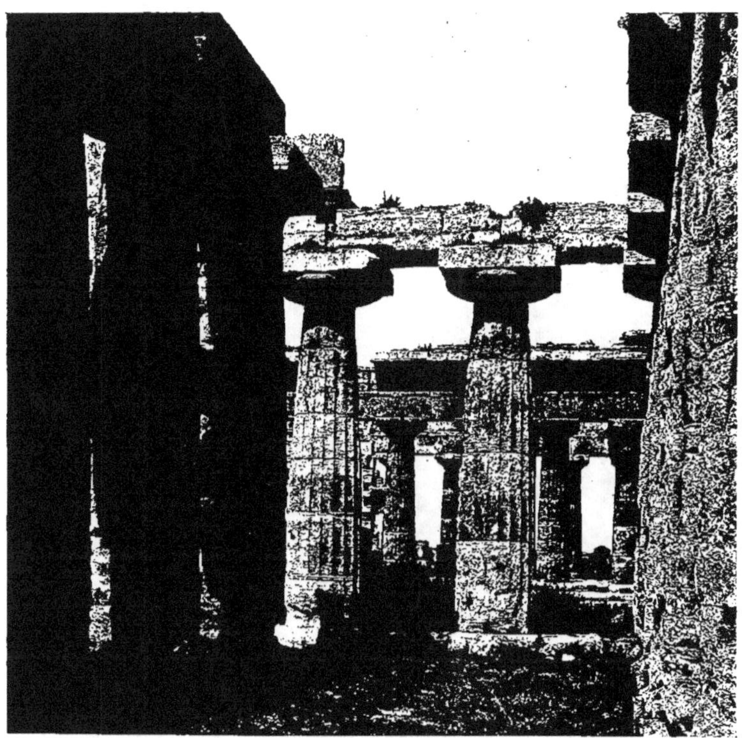

Fig. 23. — Chapiteaux de colonnes et ante du monument dit la Basilique à Pœstum. Profil d'ante en forme de gorge égyptienne. Décor linéaire de la colonne dorienne, interprétant par les cannelures un faisceau de tiges et par les annelets les ligatures de ce faisceau.

d'appui sur un plateau légèrement convexe, donnant la même inflexion à toutes les lignes de l'entablement et, comme il est un technicien émérite, il réalise, très simplement, le problème le plus compliqué en apparence. Il resserre, aux angles, les colonnes, augmentant légèrement le diamètre de la colonne d'angle pour éviter la diminution apparente du fût dans l'air ambiant ; il incline légèrement l'axe des colonnes du portique vers l'intérieur pour rendre plus sensible la stabilité de l'édifice. L'exécution est si parfaite et les lits d'assises taillés avec tant de soin que les joints sont à peine visibles (fig. 25).

L'artiste grec sait si bien approprier le décor à chaque élément

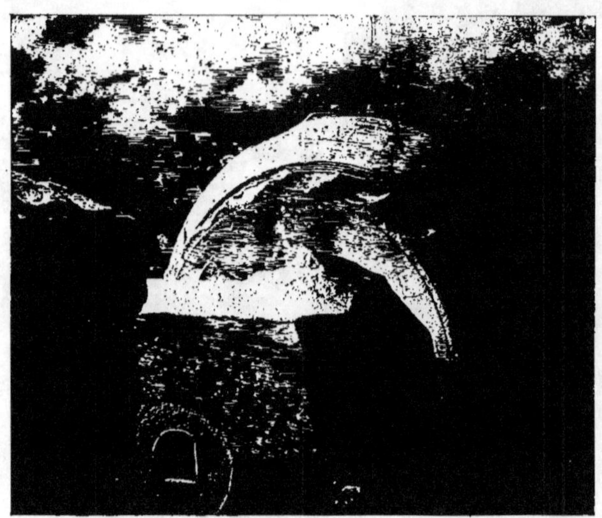

Fig. 24. — Chapiteau d'une colonne du Parthénon.
Échine à profil d'égale résistance.

de construction qu'il a grand soin de couronner différemment la colonne isolée et la tête saillante, l'ante qui marque simplement l'arrêt du mur et dont la saillie prépare la portée de l'architrave.

D'ailleurs le système de construction, qui est le système égyptien, n'impose aux supports que des charges verticales transmises par l'intermédiaire de pièces horizontales, linteaux ou architraves, généralement posées en délit pour mieux résister à la flexion.

L'analyse de la construction de l'entablement du Parthénon rend compte de la concordance de la structure et du décor des monuments doriens. L'architrave, formée de trois monolithes juxtaposés, représente l'élément horizontal de transmis-

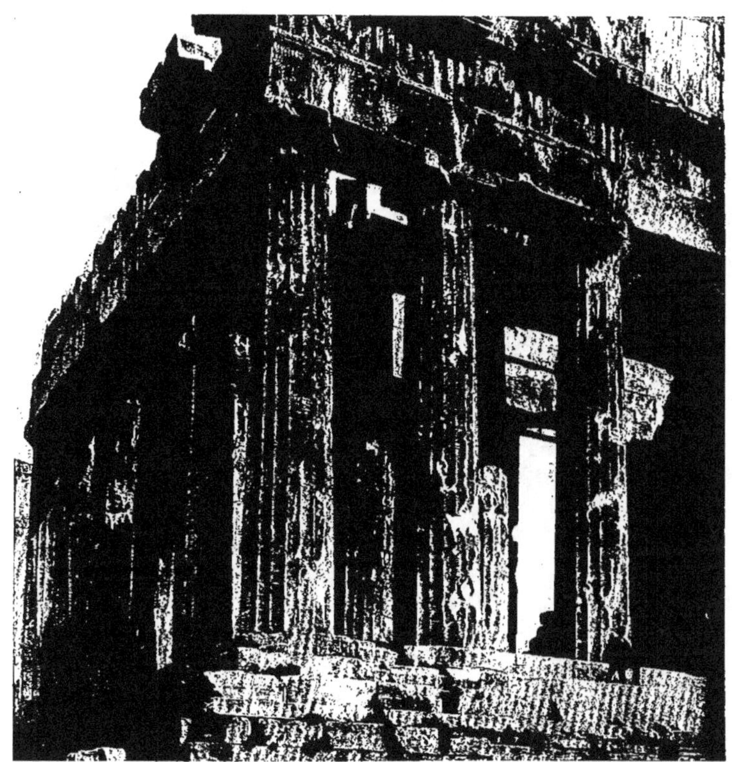

Fig. 25. — Le Parthénon vu sur l'angle nord-ouest.

sion des charges. L'assise, qui la surmonte, n'est formée que de deux parements, en vue sans doute de diminuer le poids par suppression de la matière inutile. La corniche, posée transversalement, réunit les deux parements, intérieur et extérieur, de la frise et, sur le parement intérieur, est encastrée, dans un évidement, une petite assise continue, sorte de lambourde à profil orné de peintures, sur laquelle prennent appui les cadres et poutrelles de marbre des plafonds.

Le plafond conservé du Théséion, à Athènes, permet d'étudier

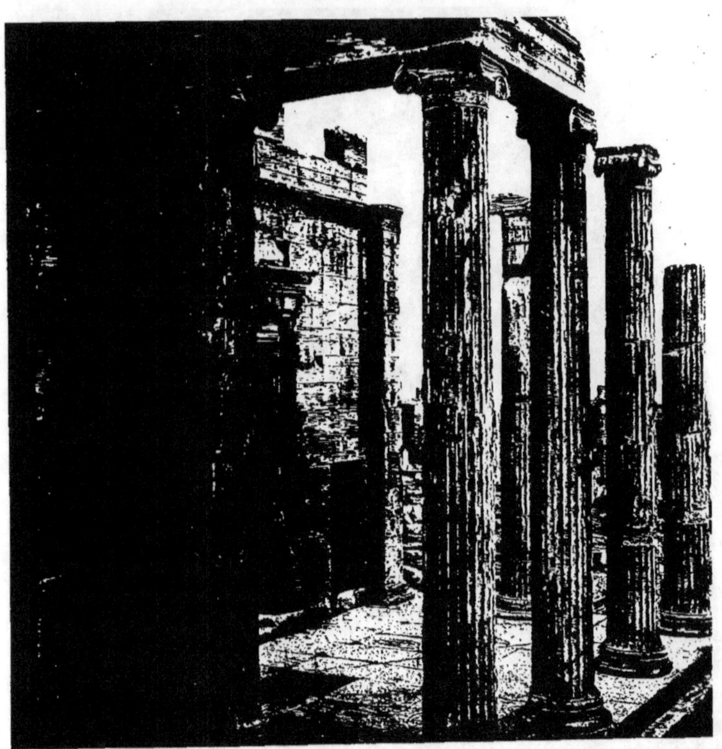

Fig. 26. — Portique nord de l'Erechthéion.
Chapiteau ionien de forme rectangulaire. Décoration polychrome.

complètement ce mode de construction, dans lequel les remplissages entre les poutres des péristyles de l'Est et de l'Ouest sont des dalles évidées formant caissons dont le centre est occupé, au Théséion, par une rosace rapportée. Au Parthénon, les caissons sont entièrement pris dans les dalles, sans pièces de rapport.

Un temple inachevé, celui des Ségeste, fait apprécier les délicatesses de construction et aussi les méthodes d'exécution mises
en œuvre. Ceux qui n'ont pas suffisamment étudié les monuments
grecs ont imaginé l'exécution au tour des assises formant le fût

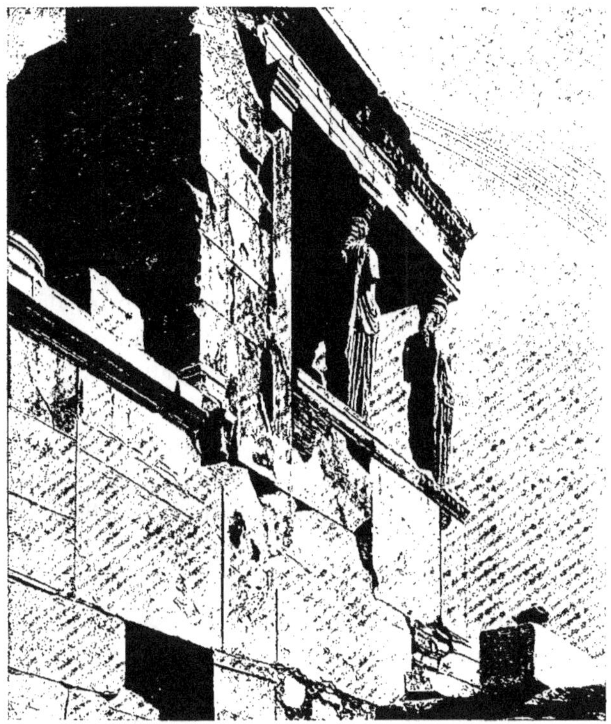

Fig. 27. — Tribune de l'Erechthéion. Jeunes vierges soutenant allègrement la corniche
architravée et le plafond à caissons. Vue prise du Cecropion.

des colonnes ; ils n'ont pas réfléchi à l'inclinaison de l'axe qui
ne permettait pas d'obtenir sur le tambour de la colonne une
surface de révolution : les cannelures, dont le tracé était amorcé
sur le stylobate du péristyle, comme sur le lit de dessous du chapiteau, ne pouvaient être exécutées que sur place. C'est ce qui

semble résulter de l'aspect des épannelages des colonnes au temple de Ségeste.

D'ailleurs les traits gravés, déterminant, en plan, la position des cannelures des colonnes, sont encore visibles sur le dallage du Parthénon.

L'art ionien, art asiatique, qui a plus d'affinités avec l'art assyrien qu'avec l'art égyptien, donne différemment la solution artistique de la superposition d'une architrave quadrangulaire à une colonne circulaire. Le chapiteau n'est plus établi sur plan carré ; il s'élargit dans le sens de la portée de l'architrave par deux volutes et cette disposition est très apparente sur les chapiteaux les plus anciens ; par exemple sur ceux de la colonne votive offerte par les Naxiens au sanctuaire de Delphes, ou sur le chapiteau de la colonne en marbre polychromé qui fut découvert dans les fouilles de l'Acropole, il y a vingt-six ans.

La colonne ionienne a une base ; mais cette base circulaire ne comporte pas de plinthe quadrangulaire comme plus tard la colonne romaine : c'est simplement un élargissement du fût ayant pour objet une meilleure répartition des charges. Le chapiteau ancien découvert à l'Acropole a des volutes très saillantes sur le fût et le raccord est obtenu à l'aide d'une moulure en gorge très accentuée. Celui de l'Érechthéion s'appuie sur un tambour très orné ménageant la transition entre le fût cannelé et le chapiteau (fig. 26).

D'ailleurs l'art grec d'Asie admettait la polychromie obtenue soit par la peinture, soit par l'insertion de matériaux colorés dans le marbre. Les alvéoles apparentes dans le chambranle de la porte et dans les chapiteaux, très richement ornés, de l'Érechthéion semblent bien indiquer l'existence d'ornements polychromes composés de pièces de rapport.

L'art ionien, qui a peut-être précédé l'art dorien, a toujours été beaucoup plus libre et beaucoup moins attaché aux formes traditionnelles. L'Artémision d'Éphèse offre un intéressant exemple de bas-reliefs distribués autour du fût de la colonne.

A l'Érechthéion, les supports sont d'élégantes figures de
femmes, admirablement étudiées pour soutenir, sans fatigue apparente, la charge d'un entablement allégé par la suppression de la
frise (fig. 27). L'inflexion donnée à la jambe, favorisant l'inclinai-

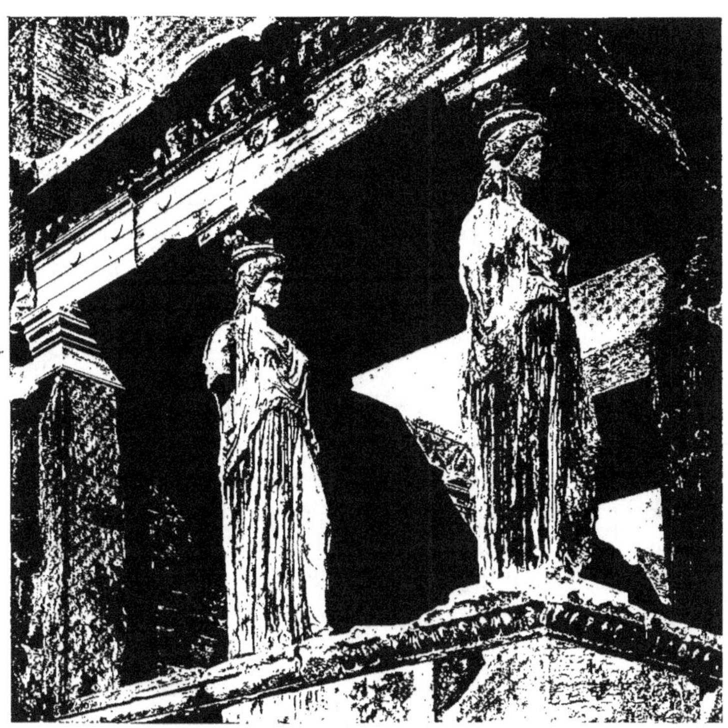

Fig. 28. — Vue de la tribune de l'Erechthéion prise à l'angle sud-ouest.

son du corps pour mieux assurer la portée du fardeau, témoigne
d'une observation attentive de la nature qui a permis à l'artiste
de traiter comme de véritables supports ces figures féminines et
de les couronner par un chapiteau en corbeille, qui s'ajuste admirablement sur la coiffure des cariatides. Les cheveux et les bras
sont collés au corps, sans qu'aucun vide vienne diminuer l'impression de stabilité du support (fig. 28).

Il existe à Rome, au musée Pio Clémentino, une réplique de la cariatide de l'Érechthéion ; autant la figure grecque, élégante et forte, parait bien d'aplomb, autant la figure romaine, par suite de l'évidement des cheveux et des bras et de l'indécision du mouvement des jambes, semble peu faite pour porter une charge.

Le développement de l'art grec s'est poursuivi en Asie, après l'époque alexandrine, et la décoration des supports est devenue de plus en plus libre. Au Didymeion de Milet, les bases des colonnes ioniennes du grand péristyle, précédant le sanctuaire découvert ou « adyton », sont les unes circulaires, les autres polygonales, et leurs ornements diffèrent d'une colonne à l'autre. C'est un exemple, assez rare dans l'art antique, de la variété du décor dans l'unité des masses. Les chapiteaux d'antes ou de pilastres dans l'adyton sont aussi très libres, associant les touffes d'acanthe ou les griffons aux volutes ioniennes (fig. 29).

D'ailleurs, dès l'époque macédonnienne, l'art grec avait adopté pour le couronnement de la colonne, une forme nouvelle, celle d'une corbeille ou d'une campane sur laquelle s'appuient des feuilles d'acanthe. On en a deux remarquables exemples, au temple circulaire ou tholos d'Épidaure et, à Athènes, au monument choragique de Lysicrate. Le tailloir quadrangulaire s'évide comme si l'artiste voulait supprimer la matière inutile, mais il s'affine si bien que, pour en prévenir l'écrasement, il faut réserver au-dessus du chapiteau, une saillie de marbre de même section que le fût.

Ce défaut de robustesse du tailloir est apparent sur les chapiteaux grecs du premier siècle avant notre ère, notamment sur ceux de la tour des Vents et sur ceux conservés au théâtre du Dionysos à Athènes (fig. 30). Cette forme du chapiteau jouit d'une grande vogue ; car on la retrouve dans l'art grec chrétien, sur les façades latérales de Saint-Marc de Venise aussi bien qu'à l'intérieur d'une des églises de Mistra.

Lorsque la conquête de la Grèce par les Romains eut pour conséquence l'érection de monuments importants en Italie, ce n'est pas l'art de Périclès qui conquit l'Italie, mais l'art grec d'Asie dont le luxe apparent séduisait les vainqueurs.

L'ordonnance la plus fréquemment usitée en Italie, durant le

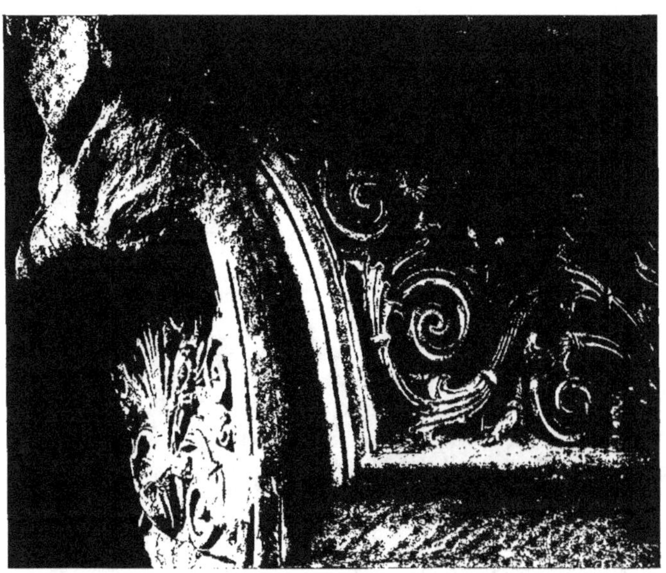

Fig. 29. — Chapiteau d'ante à volutes,
et touffes d'acanthe du Didymeion de Milet.

dernier siècle de la République et le premier de l'Empire, est l'ordonnance corinthienne. Elle a été employée à la tholos de Tivoli aussi bien qu'au temple de Mars Ultor ou au Panthéon de Rome.

A la tholos de Tivoli et au temple de Mars Ultor, la décoration de l'ordonnance s'accorde avec les éléments de construction ; mais, au Panthéon de Rome, les tailloirs des chapiteaux, trop minces, sont presque tous brisés et le même défaut est apparent dans les architraves, de hauteur réduite, qui ne sont plus des linteaux transmettant la charge aux colonnes, et qu'il a fallu décharger ou incorporer dans une seule assise avec la frise, pour leur donner plus de résistance et en éviter la rupture.

En Asie Mineure et dans la Syrie centrale où l'art grec continuait son évolution, ces défauts de concordance entre la structure et le décor n'existent pas. Cependant au temple du Soleil de

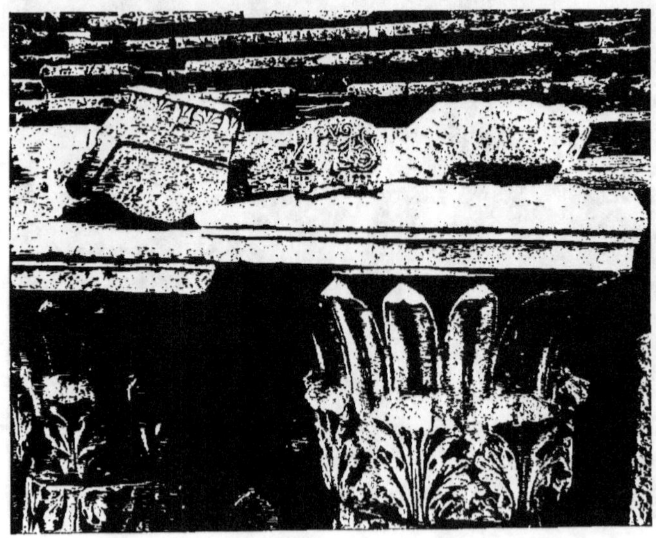

Fig. 30. — Type de chapiteau à double rangée de feuilles,
datant du premier siècle avant l'ère chrétienne et adopté par les Byzantins.

Baalbek, l'architrave et la frise ne forment qu'une assise. Partout ailleurs dans les monuments de Baalbek l'appareil s'accorde avec la décoration. A l'intérieur du naos du temple de Jupiter, les saillies décoratives couronnant des niches interviennent dans le décor des murs ; elles sont, elles aussi, prises dans une assise (fig. 31). Cette préoccupation de concordance entre la construction et la forme décorative, s'accuse dans l'arrangement des plafonds du péristyle, dont la structure ne diffère pas sensiblement de celle des plafonds du Théséion ou du Parthénon.

Il en fut tout autrement à Rome sous l'Empire. Les Romains n'ont vu, dans les ordonnances grecques, que des motifs de décoration servant de revêtement, comme on le constate aux thermes

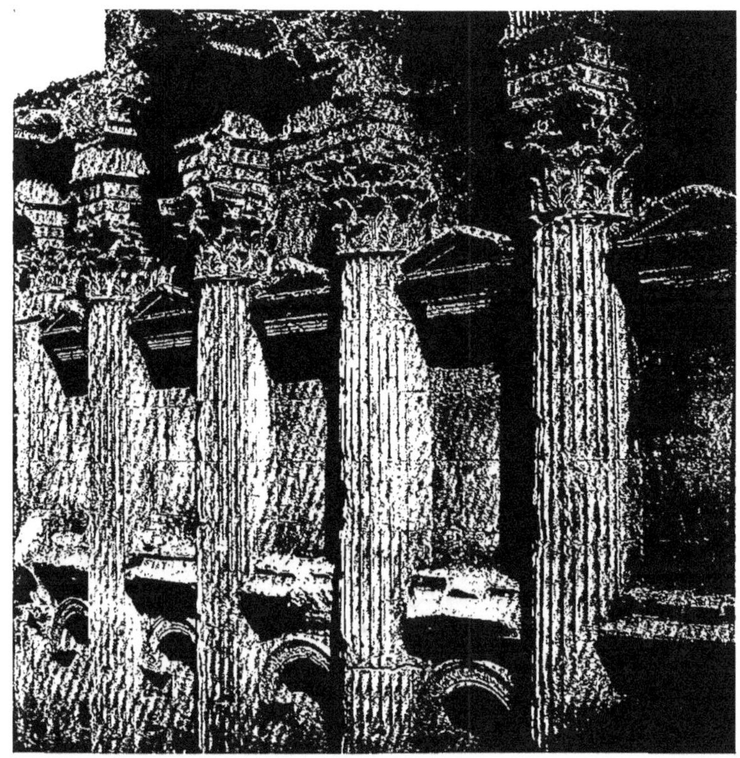

Fig. 31. — Vue intérieure du temple de Jupiter à Baalbek.
Ordonnance corinthienne. Emploi de monolithes pour les frontons des niches.

de Caracalla, par exemple, à des maçonneries grossières de matériaux agglomérés, noyés dans le mortier et consolidés par des chaînes de briques, s'entrecroisant et formant des cellules, dans lesquelles s'incorporaient les masses des remplissages. C'est donc un ordre d'idées tout différent, qui distingue essentiellement l'art romain, art d'imitation, de l'art grec.

On peut dire que l'antiquité n'a connu d'autre mode de construction que celui qui procède par charges verticales sans poussées. Les voûtes les plus anciennes que nous connaissions, celle
d'un sanctuaire d'Abydos, en Égypte, et celle du tombeau dit
trésor d'Atrée, à Mycènes, sont construites par encorbellement,
et ce système n'a jamais cessé d'être pratiqué en Asie, à toutes
les époques, et quels que soient les matériaux employés.

Dans les régions montagneuses, où le bois était abondant,
l'emploi du bois, pour les plafonds des salles soutenant des terrasses, détermina l'usage de supports isolés plus sveltes et plus
espacés. C'est le cas des colonnes de Persépolis ou de Suse (fig. 32),
et la fonction des poutres reposant sur la colonne explique la
forme d'enfourchement donnée au chapiteau, forme qui s'est
transmise de proche en proche, et qu'on trouve employée dans
l'Inde à l'époque moderne.

Les colonnes très élancées, à multiples cannelures, ont encore
l'aspect de faisceaux de tiges, et cet aspect est conservé, dans
l'Asie centrale, même pour des monuments souterrains comme
le temple d'Elephanta. Les figures colossales de ces temples
monolithes, et les moulures même des portes, éveillent le souvenir des monuments de l'Égypte et de la Perse. L'emploi de
chevaux cabrés comme supports au temple de Sriringam (Inde),
montre suffisamment les déformations contraires à l'art, et les
fautes de goût, pour ne pas dire de bon sens, coutumières à
l'art hindou.

D'ailleurs les monuments anciens de l'Asie centrale caractérisent, par la forme des supports surmontés de semelles, le système de construction de bois dont ils dérivent, et dont les édifices de la Chine et du Japon offrent encore de très remarquables exemples.

Il en est tout autrement des supports continus ou isolés recevant la poussée d'arcs appareillés. La substitution de l'arc à la
plate-bande, dont les premières applications importantes appa-

raissent dans les églises chrétiennes de Syrie, modifiait complètement le rôle de la colonne et du chapiteau qui la surmonte.
Pendant toute la période du Moyen Age, dans l'art byzantin, dans

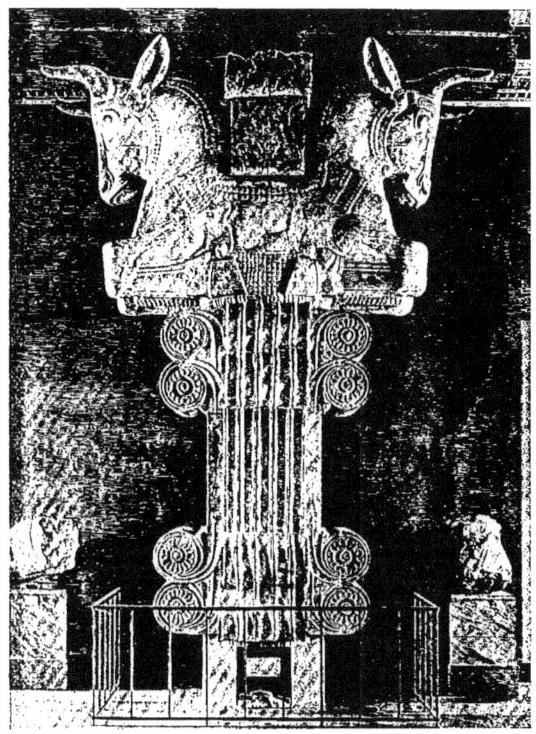

Fig. 32. — Colonne du palais d'Artaxerxès Mnémon à Suse.
Chapiteau bicéphale à enfourchement correspondant au soutien d'un plafond de bois.

l'art arabe, dans l'art français et dans les arts occidentaux qui
en dérivent, cette substitution de l'arc appareillé au linteau
monolithe a eu des conséquences décisives pour l'architecture,
et l'influence de l'arc s'est exercée à la fois sur la construction et
le décor.

2° Supports soutenant des arcs appareillés
(Moyen Age et temps modernes).

Le sentiment artistique, qui fait défaut aux pastiches romains d'architecture grecque (à ce point que dans les monuments de Pompéi les supports, dont le noyau est la brique, ont leurs chapiteaux en stuc, c'est-à-dire en simili-pierre), se maintenait en Grèce et en Asie Mineure. Dans l'art grec renouvelé par le christianisme, le chapiteau, qui transmet à la colonne des charges d'autant plus lourdes que les colonnes sont plus fines et plus espacées, reprend la forme d'encorbellement du chapiteau grec antique : le tailloir soutient en saillie le sommier de l'arc qui a remplacé l'architrave et, durant tout le Moyen Age, dans les monuments contemporains de Justinien, comme dans ceux construits en Morée pendant l'occupation franque, du xiie au xve siècle, le chapiteau à feuilles d'eau, dont le prototype est à Athènes, est en usage, mais surmonté d'un tailloir assez épais qui forme désormais un élément de construction.

La même observation peut être faite sur un des monuments les plus anciens de Ravenne, le Baptistère des Orthodoxes, édifice du ve siècle, dans lequel ont été utilisés des chapiteaux de style composite romain, qu'on a couronnés par des tailloirs sur lesquels s'appuient les sommiers d'arcs (fig. 33).

Les églises chrétiennes de Syrie, et en particulier les sanctuaires célèbres de Siméon le Stylite offrent d'intéressants exemples des transformations que subirent les ordonnances grecques, lorsque l'arc y remplaça la plate-bande (fig. 34).

Dans les monuments byzantins, comme dans les monuments arabes qui en sont issus, le chapiteau de la colonne, surmonté d'un tailloir résistant, reçoit directement la retombée de l'arc dont le centre est le plus souvent surhaussé, afin de donner à l'archivolte un sommier de départ bien accusé à face verticale.

Les exemples abondent soit dans les premières mosquées du
Caire, soit dans les églises les plus anciennes de la Venétie et de
l'Exarchat de Ravenne. A Torcello, les colonnes du chœur de la
cathédrale et celles du péristyle de l'église octogonale de Santa-

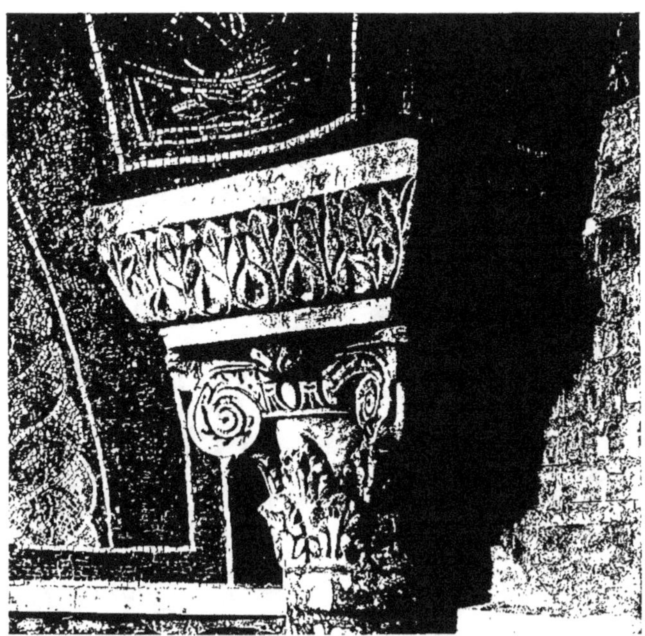

Fig. 33. — Chapiteau composite romain utilisé au v° siècle pour soutenir le sommier
d'un arc revêtu de mosaïque au Baptistère des Orthodoxes de Ravenne. Introduction
d'un nouvel élément de construction : le tailloir.

Fosca, rendent bien compte des dispositions nouvelles de structure et de décoration.

A Ravenne, soit à l'église Saint-Vital dérivée des édifices à
coupoles, soit à l'église Saint-Apollinaire dérivée de la basilique,
les tailloirs des chapiteaux sont des assises de la construction, et
la décoration même de la campane a le caractère d'une broderie
(fig. 35) ; on sent que l'artiste craint d'affaiblir par des évide-

ments trop profonds le chapiteau qui reçoit l'arc. La fine astragale du chapiteau antique devient un gros bourrelet faisant partie du fût, et à l'église Sainte-Sophie de Constantinople, des bagues de métal enrichissent la partie haute de la colonne, ayant

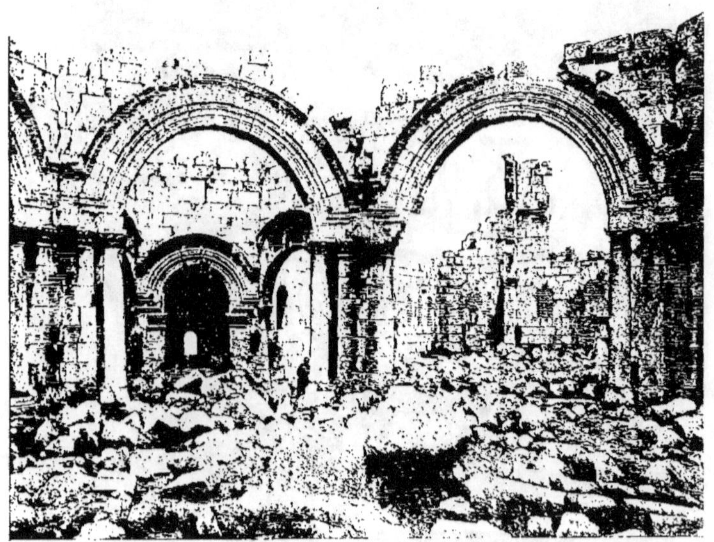

Fig. 34. — Centre des sanctuaires de Siméon le Stylite en Syrie. Substitution à l'architrave, de l'archivolte reposant directement, comme elles, sur le chapiteau.

évidemment pour but de donner plus de cohésion au marbre du fût et d'en éviter les fissures, là où la colonne reçoit directement les charges supérieures.

Cette conception nouvelle de la colonne se transmet d'Orient en Occident en même temps que se propage la religion chrétienne. Si les exemples sont rares en France, ceux qui subsistent encore au temple Saint-Jean de Poitiers, à la crypte de l'église Saint-

Seurin de Bordeaux ou à la crypte de Jouarre (fig. 36), monument carolingien, sont caractéristiques.

La mosquée d'Amrou au Caire, et celle de Kairouan, avec

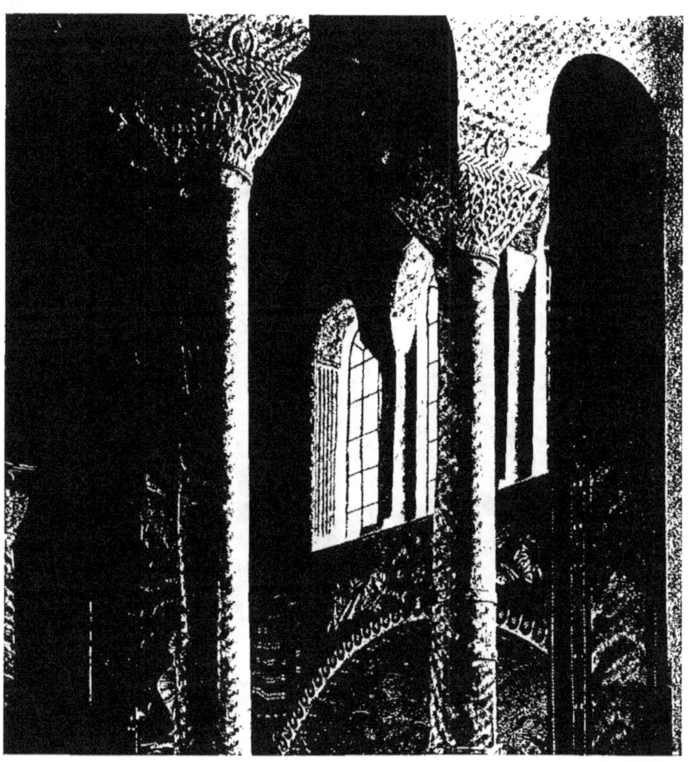

Fig. 35. - - Chapiteau à décor de broderie enveloppant la campane et supportant
un épais tailloir sous la retombée des arcs des tribunes à Saint-Vital de Ravenne.

leurs quinconces de colonnes supportant des arcs qui soutiennent
les plafonds de bois, procèdent encore du même principe dont
d'admirables applications ont été faites à la Kébla ou Kiblah, précédant le Mihrab de la mosquée de Cordoue.

En Sicile, sous la bienfaisante domination des princes normands au xII[e] siècle, les mêmes méthodes sont suivies dans la composition de monuments qui sont l'expression de la civilisation chrétienne d'Occident enrichie par le décor oriental. Il suffira de citer les magnifiques ordonnances des colonnes de marbre, portant des arcs enveloppés de mosaïques d'émail, à la chapelle Palatine de Palerme, ou à l'église de Monréale.

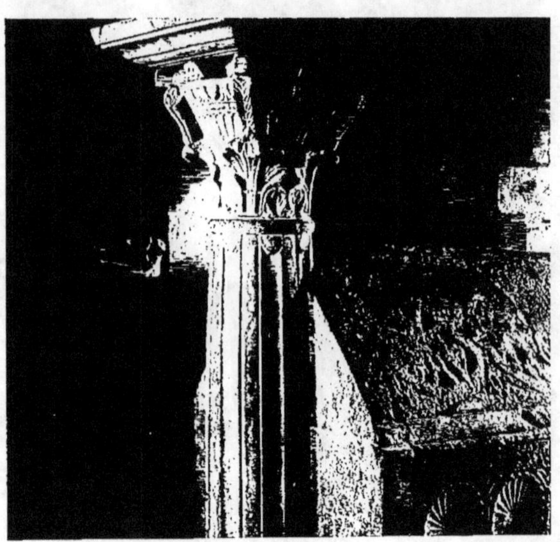

Fig. 36. — Chapiteau carolingien de la crypte de Jouarre.
Développement donné au tailloir pour recevoir les voûtes.

Les colonnades des cloîtres, soit à l'église San-Giovanni dei Eremitami de Palerme, soit à l'église de Monréale, sont traitées avec une liberté et une entente du décor qui caractérisent, à la même époque, les cloîtres des églises clunisiennes de France et d'Espagne, ceux de Moissac (fig. 37), de Toulouse, de Saint-Trophime d'Arles, comme ceux de Silos près Burgos.

Les chapiteaux provenant d'édifices byzantins et incorporés dans la basilique de Saint-Marc à Venise fournissent pour cette

première période de l'art chrétien les documents les plus complets : c'est comme un musée de sculpture du xie et du xiie siècle
dont l'étude est attrayante. On y constate notamment que, dans

l'art byzantin, comme
dans l'art grec anti-
que, la superposition
des colonnes n'appelle
d'autre élément de
construction qu'un lin-
teau servant à relier
les groupes de supports.
Les Byzantins n'ont
jamais, comme les Ro-
mains, superposé un
entablement à une co-
lonne portant un arc.

L'art français, héri-
tier de l'art grec, a
subordonné comme lui
l'expression décorative
du chapiteau à sa fonc-
tion. Aux cloîtres de
Montmajour et de Saint-
Trophime d'Arles, cloî-
tres voûtés dont la
construction s'accuse

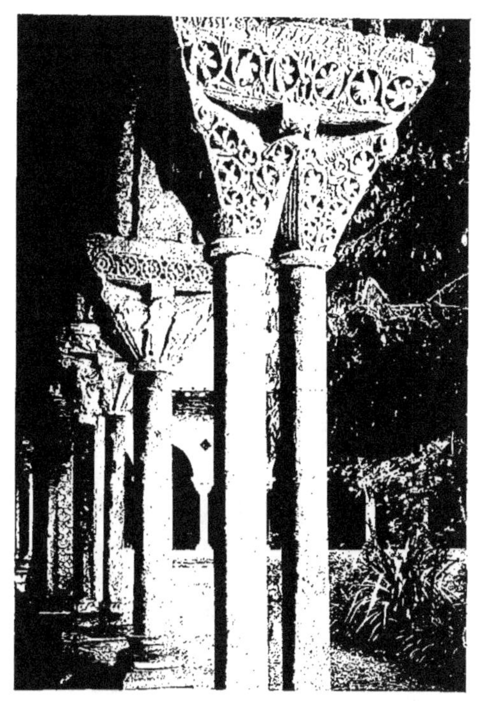

Fig. 37. — Chapiteaux de colonnes jumelles au cloître
de Moissac (xiie siècle). Décoration étudiée pour
réunir les deux supports sous un tailloir unique.
Influence orientale.

à l'extérieur par de grands arcs reliant des contreforts, qui
reçoivent la butée des voûtes, les arcatures prises entre ces
contreforts reposent sur des colonnes jumelles dont les chapiteaux, au décor très varié, sont réunis par des tailloirs quadrangulaires pour recevoir les sommiers d'arcs. Sur les piliers
de Saint-Trophime sont sculptées, à l'intérieur, de grandes
figures s'accordant avec les formes des supports, et entre ces
figures s'intercalent deux étages de bas-reliefs.

Au cloître de Moissac, les chapiteaux réunissent les colonnes jumelles (fig. 37), formant une décoration unique sur plan rectangulaire, et, comme des colonnes isolées alternent avec des colonnes jumelles, les chapiteaux des colonnes isolées sont très évasés, afin de bien porter sur leur tailloir la retombée des arcs.

Ce qui caractérise alors nos écoles françaises, c'est à la fois l'ampleur de la décoration, très apparente dans les deux grandes écoles de Bourgogne et d'Aquitaine, et c'est aussi la subordination du décor à chaque élément de construction. La base, le fût, le chapiteau, le tailloir forment les divisions naturelles du support et la décoration se meut dans les lignes d'assises. Si l'arc est décoré, la décoration s'accorde avec les divisions des claveaux.

D'ailleurs, comme on le constate à Toulouse sur les chapiteaux provenant d'anciens cloîtres et notamment de celui de Saint-Sernin (fig. 38), l'inspiration seule est orientale : la composition appartient en propre à cette belle école de sculpture qui osait associer l'homme et l'animal à la faune et à la flore pour former ces belles frises continues ou ces groupes de chapiteaux qui fournissaient au sculpteur l'occasion de développer des sujets religieux ou des scènes familières.

Les chapiteaux du chœur de l'église du Mas d'Aire, qui appartiennent à l'école méridionale, sont à mettre en regard de ceux qu'on exécutait dans l'Ile-de-France aux églises de Saint-Denis, de Saint-Maclou de Pontoise, ou de Chars, et qui témoignent de moins de liberté sans doute, mais d'un effort plus grand pour accorder le décor avec la fonction.

Alors en effet commençait à se résoudre, dans l'Ile-de-France, un problème singulièrement difficile, celui de la substitution des voûtes aux charpentes pour la couverture des grands édifices religieux. Il fallait, tout en réduisant la section des supports, pour éviter de masquer la vue, en combiner les divisions pour préparer, au sommet, la naissance de ces arcs, doubleaux, dia-

gonaux et formerets qui allaient former l'ossature vive, non d'une
voûte concrète suivant le système romain, mais d'une voûte
légère de pierre appareillée, formant les remplissages de cette
ossature.

Les chapiteaux, tels que ceux du déambulatoire de la cathédrale de Noyon, rendent bien compte des dispositions qui durent

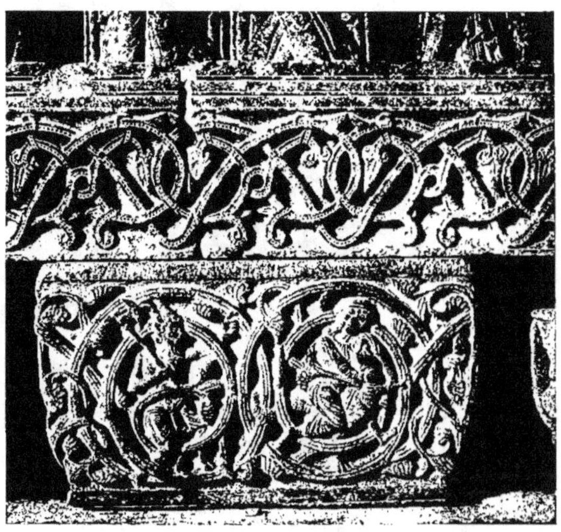

Fig. 38. — Frise et chapiteau à décor animal et floral provenant des anciens cloîtres
des églises toulousaines. Musée dans le cloître des Augustins à Toulouse.

être imaginées pour préparer la retombée sur les tailloirs d'arcs
de directions différentes.

Bientôt, on eut l'idée de simplifier la forme des supports et
c'est dans l'Ile-de-France qu'on trouve, dès la fin du XIIe siècle,
dans le chœur de l'église de Saint-Julien-le-Pauvre à Paris, l'un
des premiers essais des supports monocylindriques dont le chapiteau, au tailloir quadrangulaire ou polygonal, est étudié pour
recevoir toutes les retombées d'arcs et même de colonnes, sauf
à porter ces colonnes sur des consoles formant encorbellement
au-dessus des tailloirs.

Toutes les églises de la région parisienne, celles de Bougival, de Santeuil, de Beaumont-sur-Oise (fig. 39), d'Auvers, de Taverny, de Nesles, etc..., offrent d'admirables exemples de cette

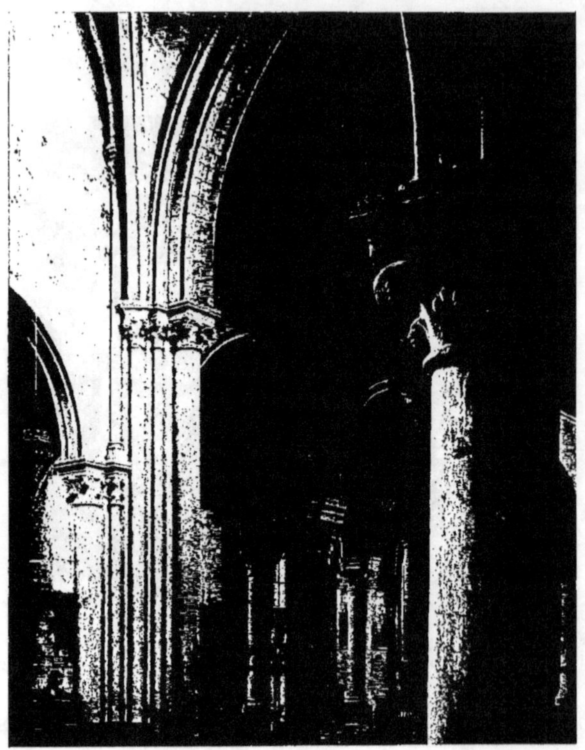

Fig 39. — Supports soutenant les voûtes sur croisée d'ogives dans l'architecture française du xiiie siècle. École parisienne. Travée de la nef à l'église de Beaumont-sur-Oise.

disposition que nos architectes ou leurs élèves ont propagée jusque dans l'Italie du Nord et en Espagne.

Là tout est créé, la construction comme le décor, et toute trace d'influence orientale disparaît. C'est notre flore et notre faune qui fournissent au sculpteur les thèmes décoratifs et il en tire les plus merveilleux effets, interprétant en vue d'opposition de lumière et d'ombre, la crosse d'un bourgeon de fougère ou le groupement des feuilles d'érable présentées alternativement sur chaque face ou de profil pour former dans les archivoltes des ornements courants, aussi beaux de dessin que de couleur.

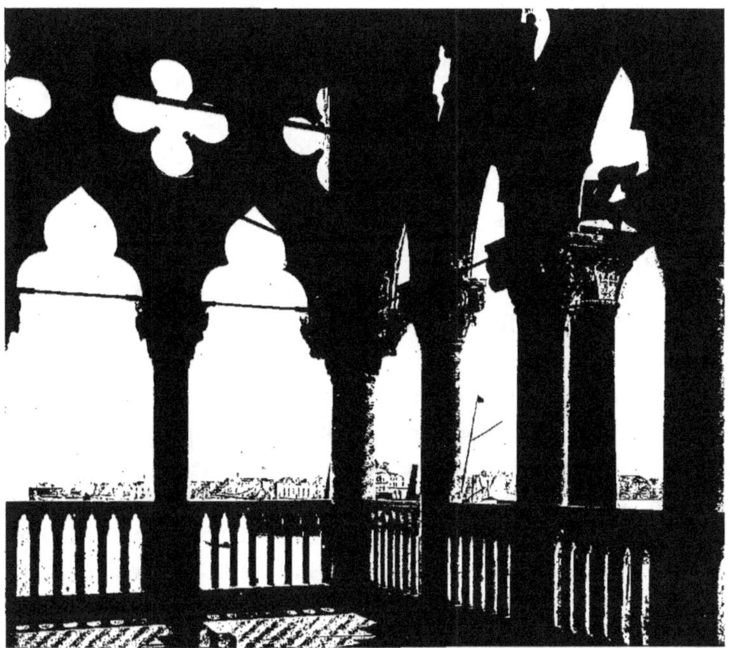

Fig. 40. — Chapiteaux et arcs de la galerie du premier étage au palais ducal de Venise. Supports d'un plafond de bois.

La flore française s'épanouit sur la campane du chapiteau ; au portail sud de l'église de Moret (Seine-et-Marne), ce sont des feuilles de lauriers qui s'appliquent sur la campane, et en laissent apparaître les nerveux profils.

Si, comme on le voit au cloître du Mont-Saint-Michel, le chapiteau n'est décoré que par des moulures, celles-ci accusent toujours la fonction d'encorbellement du tailloir. D'ailleurs la disposition des colonnes en granulite, groupées sur deux rangées, à intervalles alternés, donne une impression de stabilité rassurante en dépit de la sveltesse des fûts. Ici la matière du support exigeait des simplifications et c'est sur les tympans des arcatures, exécutés en calcaire, que se développe la décoration florale.

Le granit imposait cette simplicité des chapiteaux qu'on retrouve dans un autre cloître, celui de l'ancienne cathédrale de Tréguier, dont la couverture en charpente autorisait un très large évidement des arcatures.

C'est dans le même esprit qu'ont été traitées les arcades ajourées de la galerie du premier étage au Palais Ducal de Venise, galerie couverte aussi par un plafond de bois qui explique et justifie l'ajourage des arcs (fig. 40), tandis qu'au rez-de-chaussée voûté, les arcs sont massifs et s'appuient sur des piliers de forme trapue, dont les tailloirs polygonaux s'accordent avec les profils des archivoltes.

Au XIVᵉ siècle, l'art mauresque, celui de l'Alhambra de Grenade, dérive encore directement des traditions byzantines pour l'élégance des supports et l'arrangement des chapiteaux qui les couronnent. De fines colonnes de marbre sont coiffées par des chapiteaux à entrelacs dont le décor linéaire rétablit sous le tailloir la forme carrée, afin de donner à l'arc une meilleure assiette (fig. 41). Les chapiteaux de Tlemcen (mosquée de Sidi bel Hacen, 1296-1297) nous montrent que ces dispositions étaient en usage dans l'art mauresque dès le XIIIᵉ siècle.

Nous connaissons mal les dates des monuments de l'Inde et notamment celles des temples de marbres du Mont-Abou. Ce qui nous frappe, c'est la persistance dans ces monuments, notamment dans le temple de Vreypel-Treypel, des formes dérivées de la construction de bois. L'influence de la charpente sur les supports lapidaires n'est pas moins apparente dans la salle du Trône du palais mogol d'Akbar, à Futtipore Sikri, près d'Agra.

L'introduction en France au XVIᵉ siècle des ordonnances dites à l'antique admettant des rapports conventionnels de proportion entre les divers éléments de ces ordonnances supprimait toute recherche de disposition originale dans le couronnement d'un

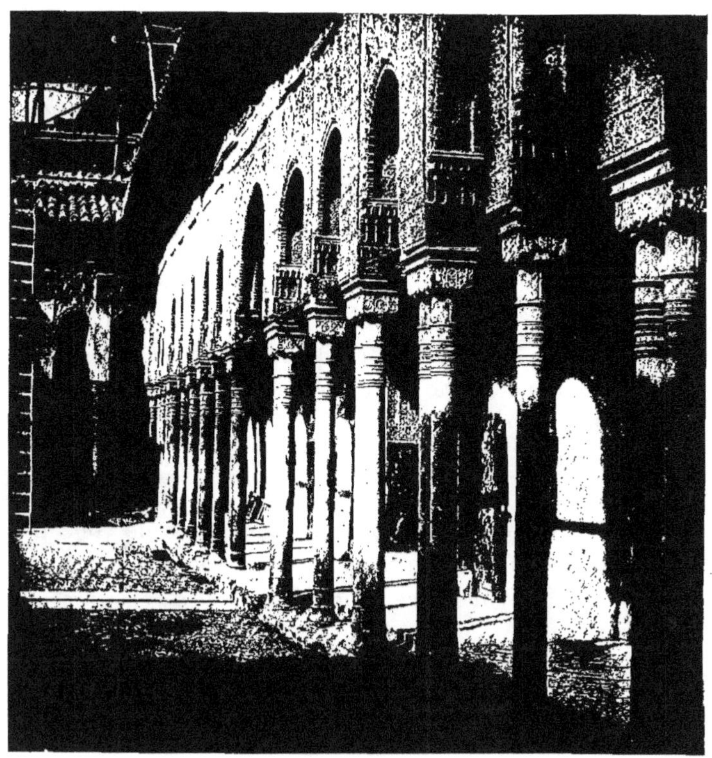

Fig. 41. — Chapiteaux et arcs du Patio des Lions à l'Alhambra de Grenade. Analogie avec les tracés byzantins.

support puisque les formes et les dimensions de ce couronnement étaient subordonnées à des formules.

Cependant, durant le xvie siècle, nos architectes s'approprièrent ces ordonnances à l'antique et c'est en France qu'on peut en étudier les types les plus remarquables, soit au Louvre de Pierre

Lescot, soit au Palais des Tuileries et au château d'Anet de Philibert Delorme, soit dans la cour du château d'Écouen où Bullant faisait un essai d'ordre colossal occupant toute la hauteur des bâtiments.

Plus tard au xviie et au xviiie siècle, le couronnement d'une colonne est si bien subordonné à une formule, que, dans un même édifice, la variété qui aurait pu résulter des différences de diamètre des colonnes n'existe plus. D'ailleurs, dans un palais comme Versailles où l'architecte procède par grandes masses, le détail est secondaire, la répétition des motifs ne nuisant pas à l'effet d'ensemble.

C'est de nos jours, et tout récemment, que l'étude de nos admirables monuments français du Moyen Age et de la Renaissance nous a conduits à reprendre la tradition française et à considérer comme susceptible d'être renouvelé, suivant cette tradition, le décor des chapiteaux.

Le passage du fût cylindrique au tailloir quadrangulaire se prête à de multiples combinaisons suivant qu'on donne au chapiteau la forme hémisphérique ou celle d'un tronc de cône très évasé ou encore celle d'une campane dont le départ est le prolongement du fût cylindrique et dont le diamètre s'élargit seulement sous le tailloir.

Dans le premier cas, la section de la demi-sphère par quatre plans verticaux correspondant au carré du tailloir peut résoudre assez simplement le problème, parce que, d'après le tracé, les angles sont amortis et la décoration se développe naturellement sur les quatre faces verticales du chapiteau.

Dans les autres cas, la campane circulaire laisse inoccupés les quatre angles sous le tailloir et pour les soutenir on est conduit naturellement à développer le décor du chapiteau en forme de volutes ou de crochets qui fournissent le soutien nécessaire. Des fleurs, des boutons, des groupes de feuilles peuvent fournir les éléments du décor ; mais on peut admettre une décoration encore plus libre en faisant courir autour de la campane des feuilles ou des animaux passants, à condition d'en étudier la forme pour qu'ils remplissent bien leurs fonctions de support.

La construction de grands édifices, religieux ou civils, devrait être, aujourd'hui comme jadis, mise à profit pour la formation d'une école originale de sculpture. C'est ce qui a été tenté à

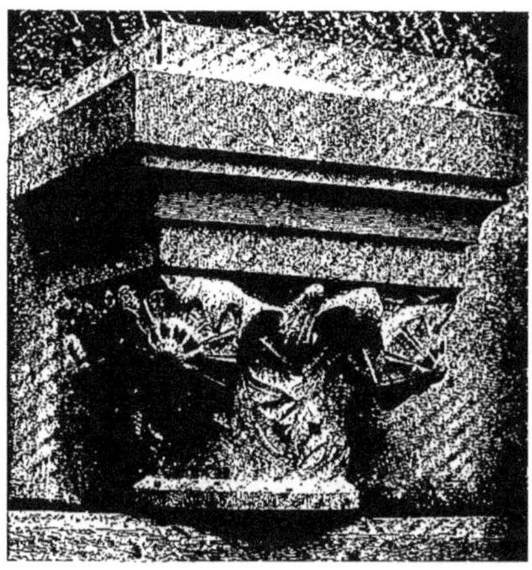

Fig. 42. — Chapiteau moderne à fleur de pissenlit.
Composition de L. Magne. Exécution de Seguin, sculpteur.
Campanile de la basilique de Montmartre.

la Basilique de Montmartre durant la construction du campanile, et l'originalité des sculptures a démontré suffisamment ce qu'il est permis d'attendre de l'effort de nos artistes, lorsque leur faculté de créer n'est pas annihilée par la manie de copier (fig. 42).

Après avoir étudié sur les monuments français la décoration des supports isolés, il est intéressant de voir comment, à l'époque héroïque de notre art, du XIIe au XIIIe siècle, on a su grouper ces différents éléments pour la solution des problèmes les plus difficiles qui aient jamais été résolus, mettre en œuvre toutes les qualités des matériaux lapidaires et en tirer merveilleusement parti.

3° Groupement des supports dans les édifices voûtés à un ou plusieurs étages.

Piliers cantonnés de colonnes et colonnes isolées. — Superposition des supports dans les édifices de grande hauteur (Tours et clochers).

L'association de l'arc et de la colonne a eu pour conséquence une décoration particulière des supports dont chaque élément, dans les constructions voûtées, avait une destination spéciale, suivant la direction des retombées d'arcs et la hauteur à laquelle avaient lieu ces retombées.

Une des dispositions les plus usitées au xiie siècle fut celle du pilier en forme de croix, cantonné de colonnes engagées. Elle existe au narthex de l'église de la Madeleine à Vézelay (fig. 43). Le chapiteau de chaque colonne de la nef s'évasait pour former le support du sommier de l'arc doubleau ; dans la direction perpendiculaire, les tailloirs des colonnes recevaient les sommiers des arcs soutenant les murs goutterots (parietes guttæ), ceux qui portaient l'égout des combles, et la dernière colonne, opposée à celle de la nef principale, portait les arcs doubleaux des voûtes de bas-côté, lesquelles étaient, comme on le voit à Autun, des voûtes d'arête, lorsque la nef était encore voûtée en berceau sur arcs doubleaux.

A partir de la fin du xiie siècle, l'emploi de la colonne et de l'arc, très développé dans l'architecture française, trouvait, à l'intérieur des édifices, des applications nombreuses et variées. Tantôt, comme dans la région parisienne, les points d'appui étaient formés de colonnes trapues, couronnées de larges chapiteaux, recevant sur leur tailloir les arcs de bas-côtés et les groupes de colonnes qui s'élevaient jusqu'à la naissance des grandes voûtes ; ainsi sont composés les piliers de Notre-Dame de Paris. Tantôt, comme on le voit à

Bourges et à Tolède, deux cathédrales qui ont de singuliers rapports, la division des supports en groupes de colonnes, correspondant aux différents arcs, commence dès le sol de l'église; les

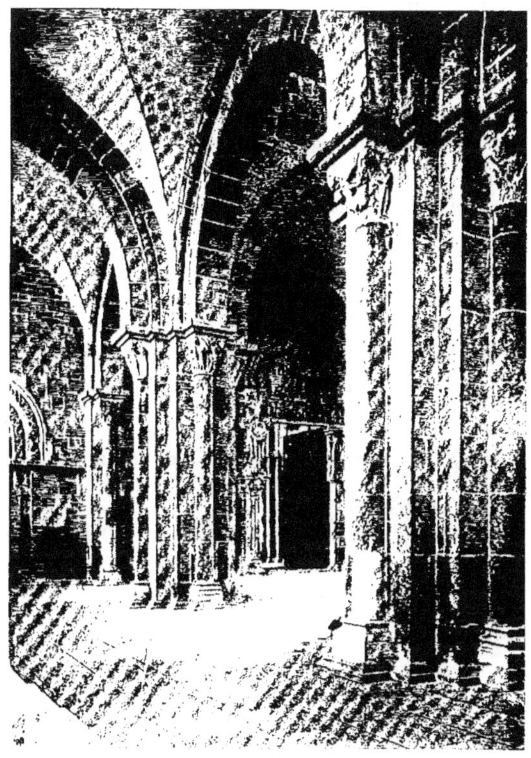

Fig. 13. — Piliers cantonnés de colonnes au narthex de l'église
de la Madeleine de Vézelay. xiie siècle.

groupes de ces colonnes, correspondant à chacun des bas-côtés
étagés, ou à la grande nef, sont couronnés, à la hauteur où commencent les voûtes de chaque nef, accusant seulement par une
bague, sur les colonnes des nefs plus élevées, le raccord des tailloirs des chapiteaux des colonnes basses. Cette disposition est

tout à fait apparente, soit dans la nef, soit dans les bas-côtés du chœur des cathédrales de Tolède et de Bourges.

L'association de la colonne et de l'arc dans l'architecture du xiiie siècle, en France, a donné lieu aux compositions les plus souples, soit qu'elle s'applique à la conception d'un porche ouvert comme celui du transept nord de la cathédrale de Chartres, soit qu'elle détermine le couronnement des grands pinacles chargeant les contreforts de la cathédrale de Reims et fournissant un abri aux anges qui couronnent ces pinacles.

A la cathédrale de Chartres, les arcatures sur colonnes ont même formé le lien des deux volées d'arcs-boutants constituant, pour la poussée des voûtes, dont le point d'application est toujours indécis, un étrésillonnement qui donne toute sécurité.

Un groupement de colonnes, particulier aux monuments du Moyen Age, est celui qu'employèrent les artistes pour soutenir les galeries extérieures, les cloîtres, et les mettre en communications avec des bâtiments contigus. Il en existe de nombreux exemples en France, en Italie, en Espagne et en Portugal.

A Ségovie, presque toutes les églises, San-Millan, San-Martin, etc., ont des galeries extérieures contournant les nefs, sortes de péristyles remplaçant les galeries des cloîtres : les supports sont des colonnettes jumelles.

En Portugal, il semble que ce soit plutôt l'influence des cisterciens que celle des clunisiens qui se soit exercée au xiie siècle. Au monastère d'Alcobaça (fig. 44), les colonnes groupées forment, comme au cloître de Saint-Aubin d'Angers (fig. 45), les soutiens des murs d'une salle capitulaire dont les voûtes reposent sur des supports isolés ; les cloîtres s'ouvrent eux-mêmes sur un jardin, en face de la salle capitulaire, par des grandes arcades, portées sur des colonnes doubles, et, sur le milieu du cloître, suivant la tradition bourguignonne, saillit un édicule octogonal, dont les voûtes s'élèvent dans la hauteur du premier étage, et qui abrite une fontaine.

La salle capitulaire des cloîtres de Batalha conservait encore
au xv⁰ siècle, les dispositions en usage à la fin du xiiᵉ.

Une autre application de la colonne fut son emploi comme
contrefort, consolidant les murs des absides et absidioles. Les
premières églises chrétiennes de Syrie offrent des exemples de

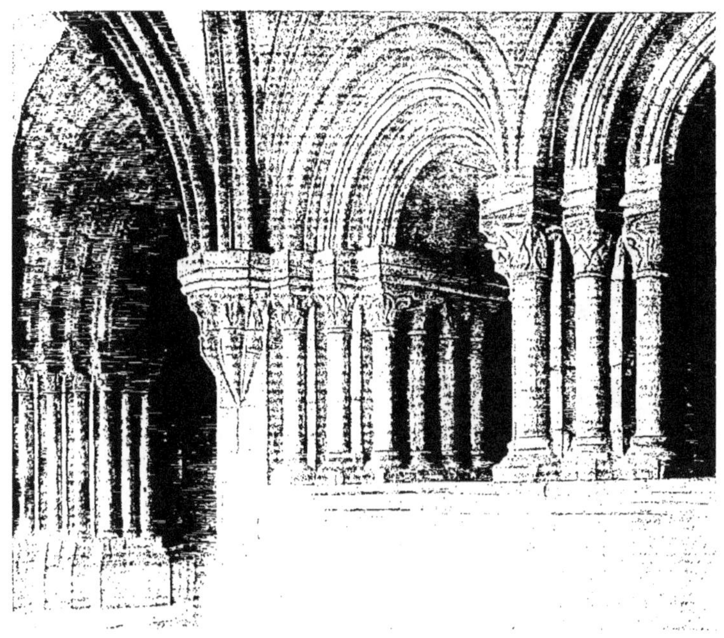

Fig. 44. — Groupement de colonnes supportant le mur de la salle capitulaire
encore existante au cloître d'Alcobaça (Portugal).

ces colonnes contreforts, s'élevant jusqu'aux corniches qu'elles
soutiennent directement, le chapiteau faisant office de corbeau,
ou servant à amortir, comme on le voit en Anjou, à Fontevrault,
les arcatures des corbelets, qui portent la tablette formant
corniche (fig. 46).

Nos deux grandes écoles de Bourgogne et d'Aquitaine ont fait
constamment usage de ces colonnes contreforts et lorsque l'art,

qui s'y était développé, s'est propagé en Espagne, introduit par
les moines clunisiens, nos formes d'architecture y ont été trans-
plantées sans aucune modification. C'est par centaines qu'on peut

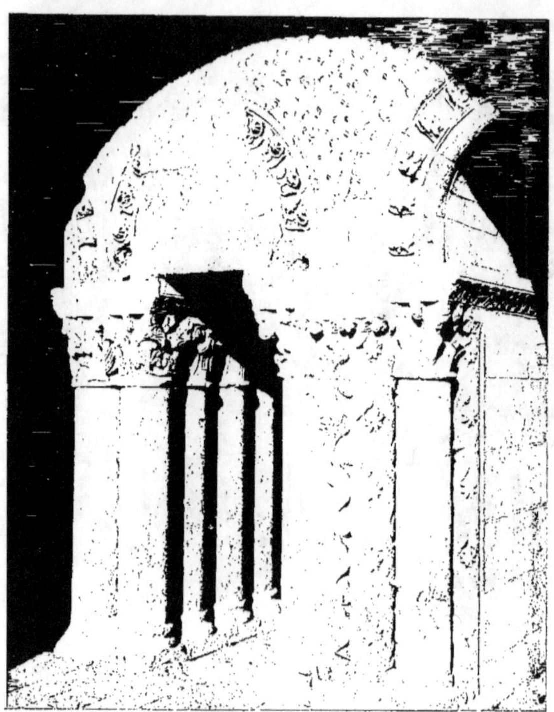

Fig. 45. — Groupement de colonnes et d'arcs supportant le mur de la salle capitulaire,
aujourd'hui détruite, à l'ancienne abbaye de Saint-Aubin d'Angers.

compter les absides clunisiennes renforcées extérieurement de
colonnes, à Ségovie, à Léon, à Salamanque, à Avila, etc...

L'abside de l'église San-Isidoro à Léon est l'une des mieux
conservées ; les baies fermées sans doute par des vitraux étaient
défendues par des grilles en fer forgé formant, comme les grilles
de la cathédrale du Puy, un délicat réseau. A Ségovie, suivant

le tracé clunisien, cinq chapelles orientées s'ouvrent sur le transept de l'église de San-Millan. A Salamanque, la vieille cathédrale a conservé intactes à l'extérieur ses trois absides et sa cou-

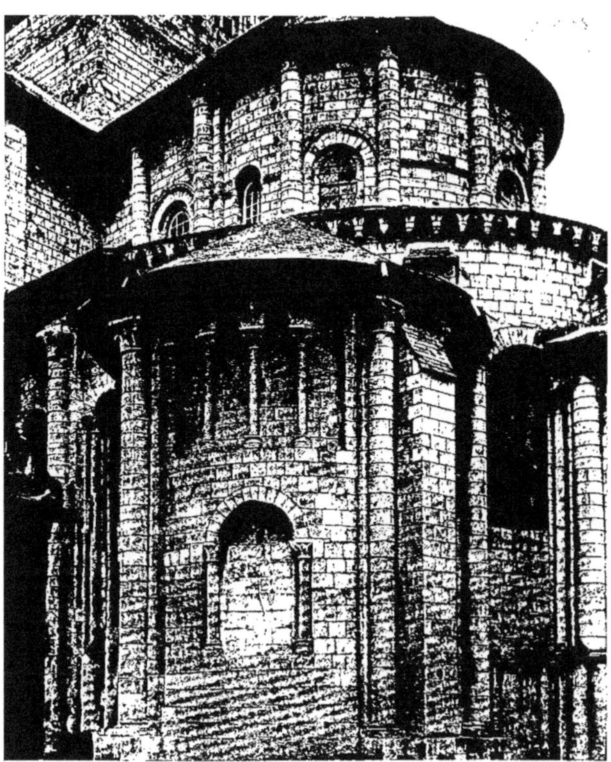

Fig. 46. — Colonnes formant contreforts autour des absides et absidioles
de l'église abbatiale de Fontevrault. xiiᵉ siècle.

pole à écailles, montée sur tambour, que flanquent quatre tourelles et que renforcent, entre les tourelles, de hautes lucarnes
à pignons, comparables à celles qui existent au clocher de Brantôme en Dordogne.

A l'intérieur, la nef offre un remarquable exemple d'une disposition de piles à colonnes engagées, dont les chapiteaux avaient été préparés pour recevoir les doubleaux et formerets d'une voûte en berceau, et qu'on surmonta postérieurement de culs-de-lampe, lorsqu'il fallut recevoir des arcs diagonaux qui n'étaient pas prévus.

Sur le transept sud de cette église, la voûte est, comme en Anjou, une coupole appareillée suivant les parallèles de la sphère et renforcée par des nervures diagonales. Les voûtes des bas-côtés offrent la même disposition.

La superposition des étages, que l'art antique avait presque ignorée, et qu'on trouve en usage dans les premiers édifices chrétiens, avait contribué à développer cette association d'arcs et de colonnes ou piliers, qui se prêtait aux combinaisons les plus variées.

Dès l'adoption des tribunes dans l'architecture grecque d'Orient, l'emploi de colonnes et d'arcs soutenant les voûtes ou planchers de ces tribunes s'imposait. Tantôt la construction est très simple, comme on le voit à Sainte-Sophie de Constantinople, à Saint-Marc de Venise ou à Saint-Vital de Ravenne, et aucune combinaison originale n'est nécessaire pour la superposition des supports. Il n'en fut pas de même dans l'architecture française, lorsque la construction d'étages dut se combiner avec l'équilibre des voûtes et avec la résistance aux poussées.

Dans l'architecture arabe, le minaret n'est qu'un escalier, ayant aux divers étages des ouvertures ménagées sur des balcons en encorbellement. Le clocher d'une église française est beaucoup plus compliqué, à cause des dimensions en plan qu'exige le beffroi, dès que la cloche atteint un grand diamètre et qu'il faut tenir compte des poussées de voûtes de large ouverture, et des mouvements pouvant résulter des oscillations et des vibrations du beffroi.

De là une série de combinaisons très variées qui tendent à évider seulement, dans le clocher, l'étage du beffroi, pour la pro-

pagation du son des cloches et, tout en ajourant l'étage supérieur,
à y ménager les transitions nécessaires du plan carré au plan
octogonal ou circulaire, pour rendre possible la couverture du
clocher à l'aide d'une toiture de pierre. Cette toiture, d'abord peu

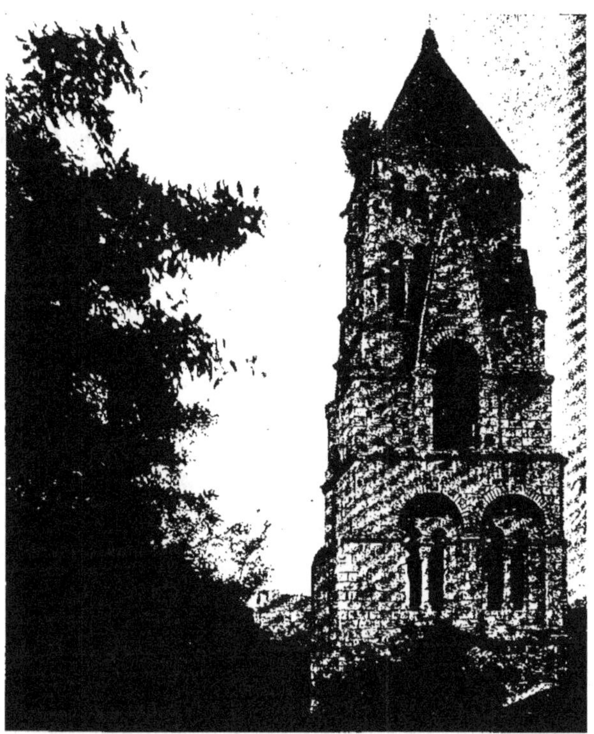

Fig. 47. — Superposition des supports montés en retrait sur encorbellements
au clocher de Brantôme (Dordogne). XIIe siècle.

inclinée, dans les régions du Centre et du Midi, se modifie assez
rapidement, parce que l'architecte est obligé de tenir compte d'un
moyen rapide d'écouler les eaux, et que, pour y parvenir, il est
indispensable de donner une forte inclinaison à la flèche.

Cette flèche est construite suivant le système oriental, par encorbellement, chaque assise formant un anneau de plus petit diamètre que l'assise précédente, et comme souvent ces flèches reposaient sur des clochers construits au-dessus des transepts, qu'il était, en conséquence, indispensable de réduire leur poids au minimum pour éviter de trop charger les arcs de la croisée, on fit ces anneaux successifs de faible épaisseur partant de 0^m40, ou 0^m30 à la base pour arriver à 0^m20 ou 0^m15 au sommet.

Le clocher de Brantôme (Dordogne), œuvre du xie siècle, est un des types des clochers isolés dont les murs intérieurs sont construits en encorbellement, afin de soutenir au sommet les étages supérieurs, lesquels sont d'ailleurs consolidés sur chaque face par des lucarnes à pignons aigus, faisant office de contreforts (fig. 47).

Le clocher de Brantôme paraît avoir été le prototype des clochers limousins, entre autres de celui de Saint-Léonard et aussi de celui de la cathédrale du Puy, construit en matériaux d'une résistance exceptionnelle ; on l'a mise à profit en reportant les charges des étages supérieurs montés en retrait sur des piliers intérieurs. Les colonnes, accouplées généralement pour former l'épaisseur du mur, constituent les meneaux et piédroits des arcatures correspondant aux différents étages de ces anciens clochers.

Le parti de la flèche quadrangulaire donnait une solution un peu lourde pour le couronnement du clocher, surtout s'il était de grande dimension. Aussi, malgré les inconvénients que présentait la couverture en charpente pour les risques d'incendie, les grands clochers carrés élevés en Aquitaine au xiie siècle, celui de Sainte-Croix à Bordeaux, celui de Saint-Porchaire à Poitiers (fig. 48), étaient encore couverts en charpente, tandis qu'on couronnait, par des flèches coniques, décorées d'écailles à l'extérieur, les clochers de transepts d'églises de moindre importance, celui de Notre-Dame de Saintes, celui de Notre-Dame-la-Grande de Poitiers, celui de l'église de Bassac, dans la Charente, et de bien d'autres églises de la Saintonge et du Poitou.

Ce type de flèche conique à écailles, adopté dans l'Ouest, s'est propagé jusqu'en Anjou, à l'église de Cuon notamment, et il a certainement inspiré les flèches octogonales des clochers de

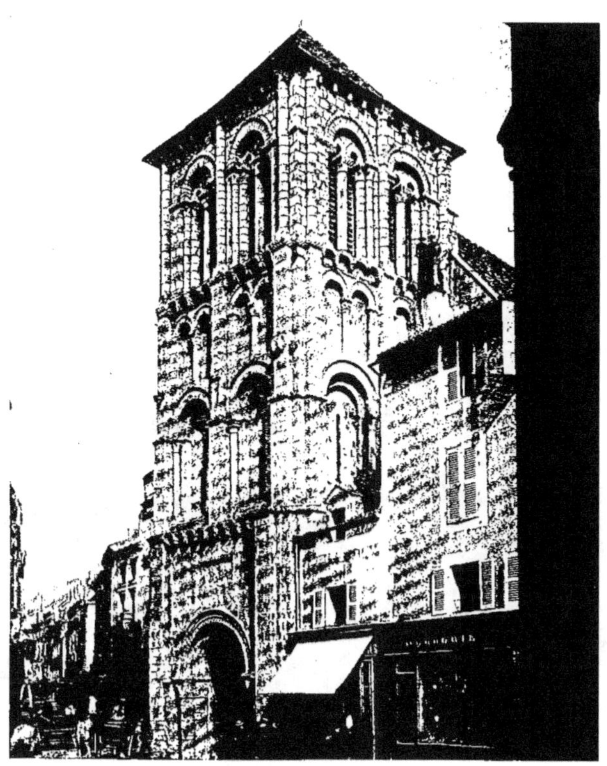

Fig. 48. — Grand clocher à plusieurs étages couvert par une charpente à l'église Saint-Porchaire de Poitiers. xıı° siècle.

transept de la région parisienne, à Bougival, Santeuil, Sarcelles. Les clochers de Nesles, de Saint-Leu-d'Esserent, qui prennent appui sur le sol, sont couronnés de même.

En Espagne, une autre disposition était prise, dérivée des coupoles byzantines sur tambour, qui laissaient voir, à l'intérieur de l'édifice, le tambour et sa coupole. C'est le parti adopté aux transepts des cathédrales de Toro (fig. 49), de Zamora et à l'ancienne cathédrale de Salamanque. Elle conduisait à un système

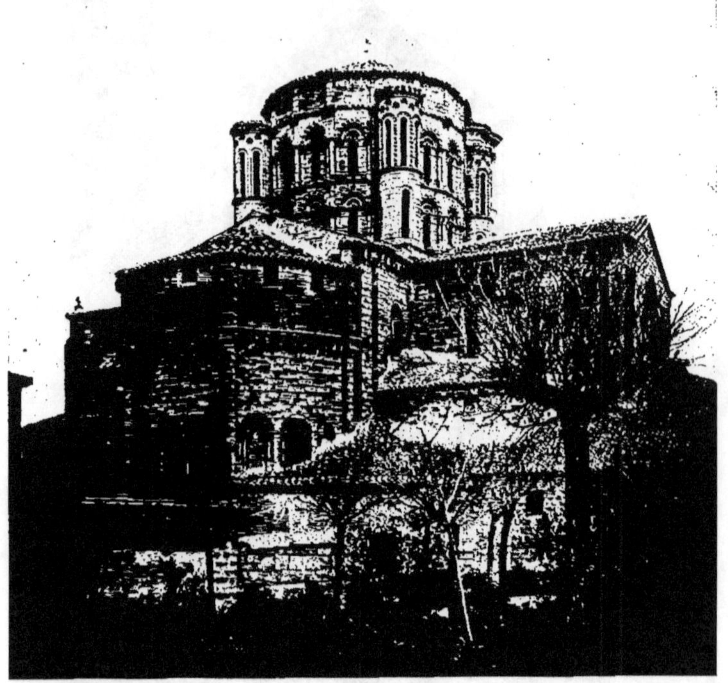

Fig. 49. — Clocher de transept de forme polygonale couvert en coupole
à la cathédrale de Toro. Espagne.

de couverture très original qui est à étudier avec la construction et la décoration des voûtes.

Le couronnement octogonal des clochers a donné lieu, pour le passage du carré à l'octogone, à plusieurs solutions très intéressantes. La plus simple est l'encorbellement, dont une remarquable application existe à l'ancien clocher de Saint-Aubin d'An-

gers. D'immenses encorbellements intérieurs dégagent les quatre
angles du clocher, qui sont occupés par des tourelles à couronnement aigu, flanquant la flèche octogonale dont l'amorce
seule existe maintenant. Ces tourelles octogonales forment aussi

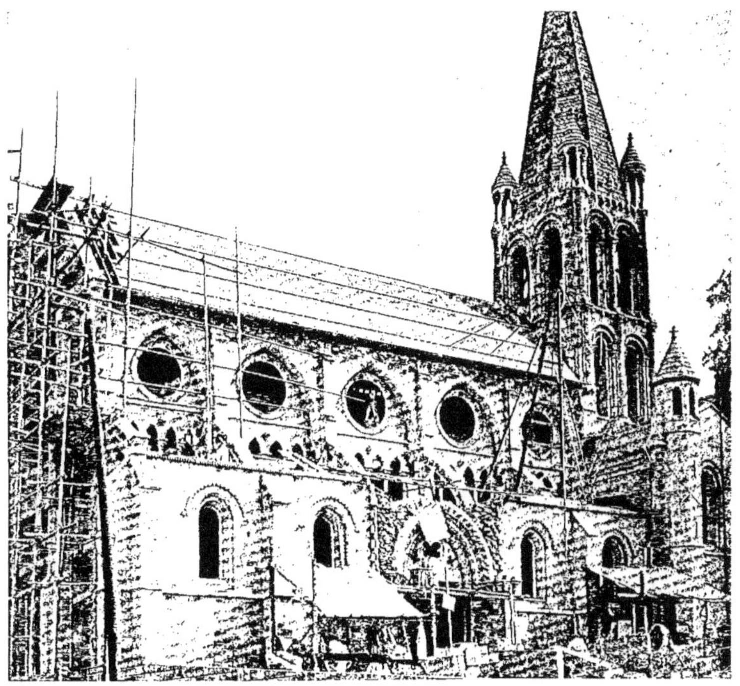

Fig. 50. — Type de flèche à écailles montée par encorbellement dans la région parisienne
au xiie siècle. Clocher de Bougival (Seine-et-Oise).

les amortissements de la flèche au clocher, à demi ruiné, de
Montierneuf, à Poitiers. L'amortissement par pyramides tron-
quées du clocher de Sainte-Radegonde, dans la même ville, donne
une silhouette moins agréable.

Dans la région parisienne, les exemples abondent ; la solution
du passage du carré à l'octogone est obtenue le plus souvent par

des arcs comme à Bougival ou par des trompes coniques comme à Santeuil.

A Bougival, le clocher du xiie siècle (fig. 50), qui a précédé la nef du xiiie siècle, est à deux étages et, sur les colonnes d'angle, faisant office de contreforts, s'appuient de petits édicules, dont les colonnettes sont disposées sur plan circulaire, et que de petites flèches coniques surmontent. Les angles de la flèche sont renforcés par une moulure assez saillante et chaque groupe de deux assises porte une décoration de dentelures, qui rompt la monotonie des pans de la pyramide. Au clocher de l'église Notre-Dame d'Étampes, c'est par un étage vertical, correspondant à de petits édicules à triple étage de colonnettes et d'arcatures, que se fait le départ de la flèche, et, sur chaque face, s'élèvent des lucarnes à frontons aigus, qui devaient prolonger, à l'origine, la face verticale, pour renforcer la flèche à son raccordement avec le campanile.

Une disposition du même genre existe à Limay, mais là l'intérieur des édicules a été rempli par une maçonnerie pleine. Un des clochers les mieux étudiés, au point de vue du tracé des arcatures de l'étage du beffroi et de l'amortissement des angles par des édicules ajourés, est celui de Mogneville (Oise) (fig. 51).

L'emplacement assigné aux clochers s'étant modifié, les clochers de transept des monuments clunisiens, tels que celui de l'église d'Anzy-le-Duc ou de la cathédrale d'Autun, étaient complétés par des clochers de façade et aussi par des clochers élevés, de part et d'autre, du chœur, à l'angle des transepts. C'est le cas des clochers de l'église de Morienval et de l'église de Saint-Germain-des-Prés à Paris. Des clochers de transept furent projetés, sinon exécutés, dans les cathédrales françaises du xiiie siècle, à Chartres, à Reims, à Laon, mais c'est sur la façade principale que furent désormais placés les clochers principaux.

De grands clochers, tels que celui de la Trinité de Vendôme (fig. 52) ou ceux de la cathédrale de Chartres, procèdent de

méthodes précises de structure et de décor, ménageant, par transitions successives, le passage du fût vertical de la tour à la
flèche octogonale et utilisant, pour ces diverses transitions, les
colonnes et les arcs.

Dans les cathédrales élevées en Espagne, du xiie au xive siècle,

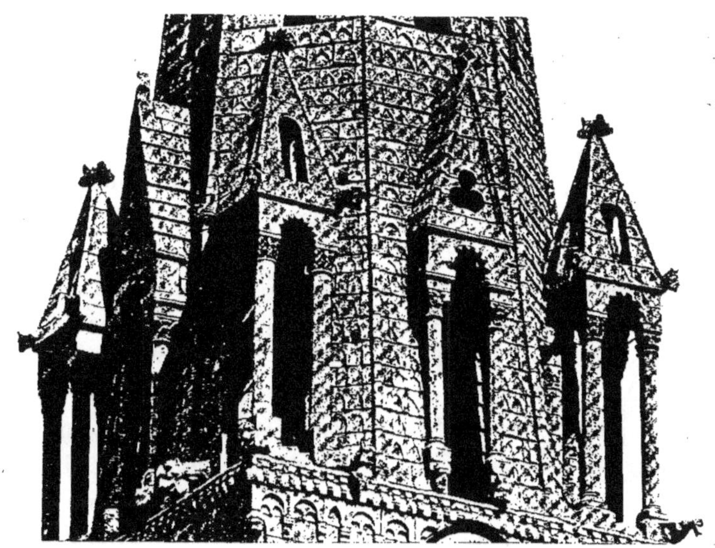

Fig. 51. — Détail d'amortissement de la flèche du clocher de Mogneville (Oise).

par exemple dans la cathédrale de Burgos, toutes les résistances
sont accumulées dans les contreforts d'angle qui sont, à eux seuls,
de véritables monuments, et entre lesquels les murs sont très
largement évidés par des baies jumelles, qu'entretoisent des linteaux.

C'est dans le même esprit qu'ont été étudiés les couronnements
des tours à la cathédrale de Paris, et l'on sait avec quelle adresse
ont été conçues et exécutées les arcatures ajourées, ayant pour
appui de sveltes colonnettes, qui portent les balustrades, et font
si bien apprécier la hauteur des étages et la grandeur réelle du
monument.

L'Espagne a été si directement inféodée à l'art français du xiie au xve siècle, qu'il n'est pas surprenant d'y retrouver les mêmes modes de construction et les mêmes principes de décoration des supports. Il n'en est pas de même en Italie, où l'influence de l'art français a été moins étendue, étant limitée surtout à des reproductions de formes sans que la construction intervienne le plus souvent dans le décor (Cathédrale de Sienne).

Dans les monuments de style byzantin, tels que l'église Saint-Marc de Venise, les colonnes qui soutiennent les arcs des voûtes revêtues de mosaïques ont leurs chapiteaux évasés et très richement décorés, comme le furent les chapiteaux des églises grecques, dont les tailloirs formaient un élément nouveau de construction sous la portée des sommiers.

Avant la propagation de l'art français du xiiie siècle en Toscane, l'arc et la colonne ont été très employés pour former sur les murs des revêtements décoratifs. Les églises de Pise, de Lucques, de Pistoja en fournissent de nombreux témoignages. C'est toujours le décor de revêtement en beaux matériaux qui séduisait les Italiens du xiie et du xiiie siècle, comme il avait séduit les Romains sous l'Empire. Il faut cependant faire exception pour de remarquables monuments de la Toscane, et notamment pour le grand portail du Dôme de Lucques, qui est une œuvre bien conçue à tous égards et dont le décor s'accorde admirablement avec la structure. Mais, en général, l'arc et la colonne ne contribuent qu'à des décorations superficielles en Italie, et les clochers n'y ont pas donné lieu aux recherches intéressantes que nous avons pu signaler en France. La tour de Pise n'offre qu'une succession d'étages égaux sans aucun parti de décoration. Les tours des églises du xiie siècle, dans l'Italie centrale, sont des édifices carrés offrant une succession d'étages, à peu près égaux, évidés d'une ou plusieurs arcatures.

L'emploi de l'arc dans l'architecture italienne, limité pendant longtemps aux nefs des basiliques où, comme à San-Miniato

près de Florence, les colonnes et les arcs soutiennent les murs
séparatifs entre les nefs couvertes en charpente, n'est vraiment
intéressant, en Italie, que du XIVe au XVe siècle, parce qu'à cette
époque il a donné lieu dans l'architecture civile à des combinai-

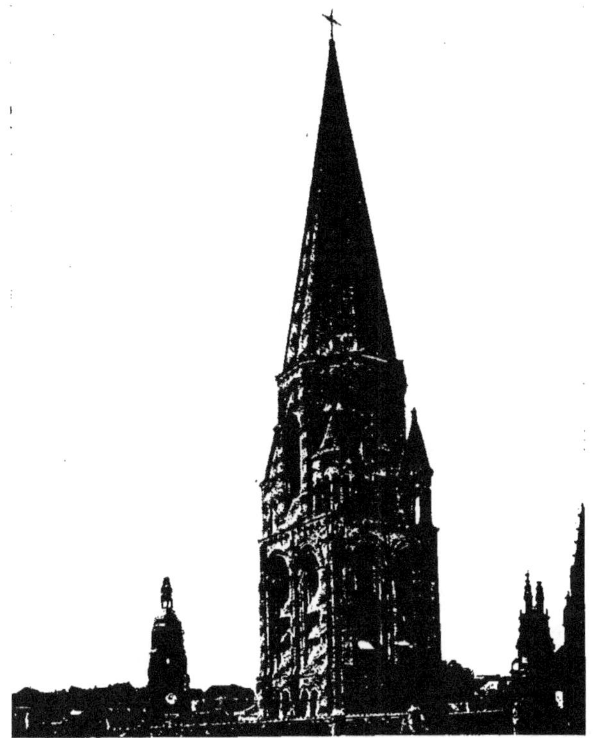

Fig. 52. — Clocher de la Trinité de Vendôme.

sons nouvelles et très audacieuses. C'est la loge des Lances, à
Florence ; c'est le palais public de Sienne et tant d'autres édifices
qui, soit par les galeries des cours intérieures (palais du Podestat à Florence et palais public à Pistoja), soit par les arcatures
de leurs baies géminées, ont fait de l'arc et de la colonne les

plus charmantes applications, les étendant aux constructions de briques où les matériaux façonnés et moulés s'accordaient par leur élégance avec les fines colonnettes de marbre aux chapiteaux délicatement sculptés.

En France on renonçait dès le xvi⁰ siècle aux flèches aiguës concernant les clochers et on reprenait comme motif de couronnement le petit dôme à écailles s'appuyant sur un édicule ajouré qui facilitait l'application des ordonnances à l'antique. Les clochers de la cathédrale de Tours ont leur couronnement ainsi disposé.

Mais à partir du xvii⁰ siècle, les grands clochers de façade étaient abandonnés pour les dômes en charpente élevés au-dessus des transepts. Les derniers clochers construits en pierre, ceux de l'église Saint-Sulpice à Paris par exemple, sont restés inachevés.

Cependant l'idée des grands clochers n'était pas définitivement abandonnée et les églises construites à Paris dans le cours du xix⁰ siècle en ont été pourvues. On peut citer parmi les plus intéressants celui de l'église de la Trinité, directement inspiré des ouvrages du xvi⁰ siècle et celui de l'église Saint-Pierre de Montrouge, d'un caractère plus franchement moderne. Un clocher important a été édifié aussi à l'abside de l'église Saint-Bruno à Bordeaux.

Le dernier en date est le campanile de la Basilique du Sacré-Cœur à Montmartre (fig. 53) dont la construction à l'extrémité de l'abside, au-dessus de la chapelle de la Vierge, donnait lieu à une solution particulière et originale. La chapelle, enchâssée en quelque sorte dans les puissants contreforts de soubassement, s'accuse extérieurement par les sculptures des appuis, par la grande frise de lettres ornées brochant sur un champ de roses, par l'ornementation des baies comprises sous les grands arcs qui correspondent aux arcs doubleaux d'une coupole fermant la chapelle et revêtue de mosaïque.

La galerie extérieure de colonnettes et arcatures d'applique correspond à la galerie intérieure de circulation sous la coupole dont les glacis extérieurs accusent l'emplacement.

C'est sur cette base à la silhouette très mouvementée que s'élève le fût quadrangulaire du campanile terminé par un étage d'arcs à jour allégeant le couronnement.

Au-dessus de la corniche de cet étage le passage du plan carré au plan octogonal puis au plan circulaire est réalisé par une série d'amortissements représentant aux angles les Anges tenant les Évangéliaires et au-dessus les attributs symboliques des Évangélistes. Une galerie d'arcades sur colonnes marque le départ d'une flèche conique à écailles couronnée par un édicule terminal que surmonte une croix.

Les dimensions de ce grand clocher dépassent celles de la plupart des

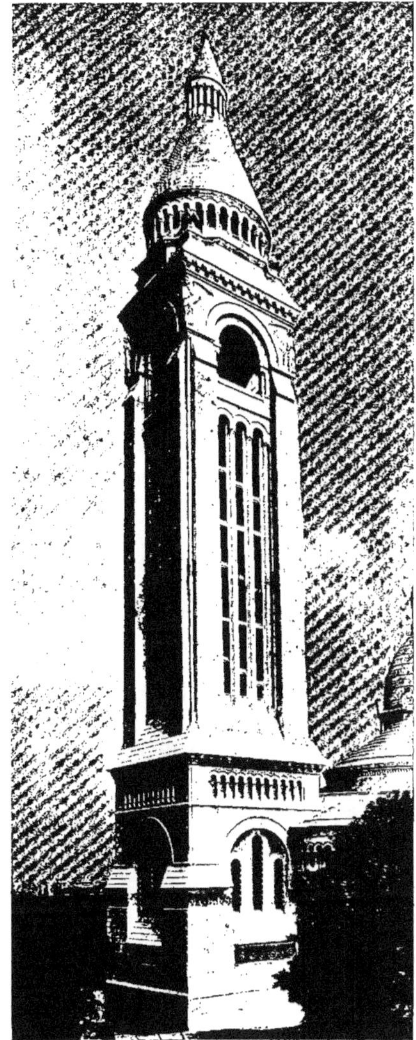

Fig. 53. — Clocher de la basilique de Montmartre
(Œuvre de L. Magne).

clochers français édifiés aux xiiᵉ et xiiiᵉ siècles. C'est une œuvre moderne dont la décoration caractérise bien notre école contemporaine de sculpture.

Après avoir étudié la décoration des supports, il importe de faire une étude des ouvertures ménagées dans les supports continus, dans les murs, soit pour l'accès des salles, soit pour leur éclairage et où les colonnes et les arcs interviennent encore.

II

LES PORTES

1° **Portes à linteaux et chambranles (Antiquité).**

Les supports continus comportent nécessairement des ouvertures, dont le mode de construction s'accorde avec celui des supports. Le système le plus simple, employé dès la plus haute antiquité, consiste à interrompre les assises du mur dans la largeur de la porte, qu'on limitait par deux piédroits monolithes, supportant une traverse horizontale ou linteau.

Les monuments les plus anciens de l'Égypte témoignent de l'emploi, pour ces piédroits et linteaux, de matériaux lapidaires (calcaire, grès ou granit). Cependant, si l'on considère les portes figurées sur les parois des salles funéraires (mastabas) d'époque memphite, il semble que la construction reproduite soit une construction en charpente, mettant en œuvre des poteaux et des traverses.

Dans les premiers temples de Thèbes (temple de Gournah) (fig. 54) les piédroits de la porte sont monolithes comme le linteau. C'était un moyen de bien accuser la fonction des supports adossés aux assises du mur. Dans des monuments moins soignés, par exemple au temple de Wady-Seboua, les piédroits sont construits par assises comme le mur. Il en est de même pour les monuments d'époque romaine, en Égypte, notamment pour la porte du petit temple de Médinet-Abou, édifié sous Ptolémée Lathyre, pour celle du grand temple d'Edfou, commencé par Ptolémée Évergète Ier et pour la porte du grand temple de l'île

de Philae, dû à Ptolémée Philometor. Lorsque les portes étaient
extérieures, elles s'annonçaient toujours au loin par des tours
quadrangulaires ou pylônes : ils encadraient la porte couronnée,

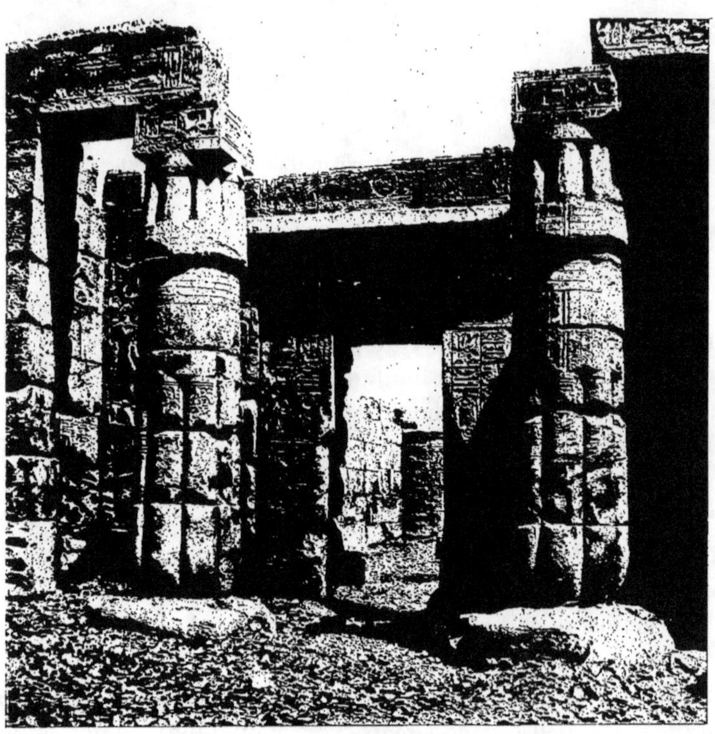

Fig. 54. — Porte à linteau et à piédroits monolithes au temple de Gournah (Égypte).

comme les pylônes, par une grande corniche à profil de gorge,
tels qu'on les voit à l'entrée du temple de Louqsor.

La gorge est justifiée par l'abri qu'elle donne à la décoration
qui se développe généralement dans le sens du membre d'architecture auquel elle s'applique. Les piédroits ont leur décoration,
le linteau a la sienne : la première se développe en hauteur par

scènes superposées ; la seconde en largeur et le joint de la portée
du linteau sépare les deux décorations.

Les Grecs, élèves des Égyptiens, appliquèrent avec rigueur à

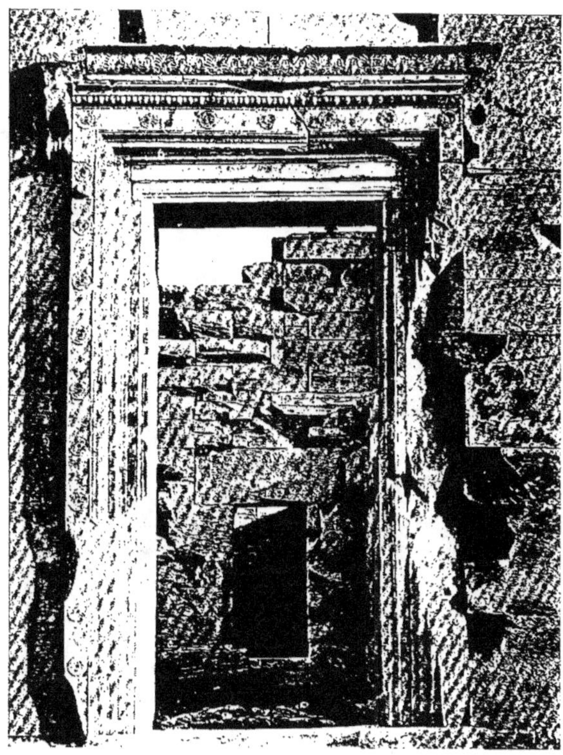

Fig. 55. — Porte sous le portique « prostasis » nord de l'Erechthéion. Chambranle
des piédroits retourné de même largeur sur le linteau.
Ornements rapportés dans ce chambranle.

la construction des portes la combinaison de deux piédroits et
d'une architrave monolithes. A l'Erechthéion, la porte du portique ou « prostasis » nord (fig. 55) est ainsi constituée et les
assises du mur s'arrêtent aux piédroits saillants, formant ce que
nous appellerions aujourd'hui un « chambranle ». Les champs

des piédroits sont décorés de rosaces évidées au centre pour recevoir un ornement de métal ou d'émail. Le linteau, seul, refait sous Auguste, après un incendie qui nécessita la réfection de la façade ouest, ne porte pas ces évidements coniques.

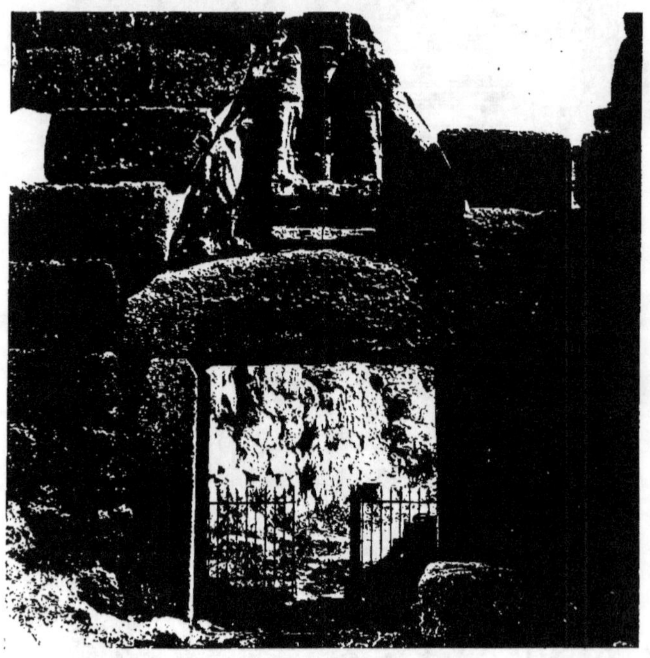

Fig. 56. — Porte des lions à la citadelle de Mycènes.
Encorbellement déchargeant le linteau.

Les Grecs ne semblent pas avoir tiré de la conception égyptienne tout ce qu'elle pouvait donner. La porte de l'Érechthéion est abritée sous un portique et cependant elle est surmontée d'une corniche, comme s'il était nécessaire de garantir contre les intempéries les sculptures du chambranle.

Les piédroits et le linteau se retournent à la même largeur, ce

qui a eu pour effet la rupture du linteau de hauteur insuffisante
et la coupure de la décoration continue par le joint du linteau.

Plus tard, l'application du linteau à des portes de trop grande
dimension comme celle de Baalbek entraîna l'architecte à construire le linteau en trois morceaux clavés d'où résulta une
poussée telle que la pierre du milieu, formant clef, a glissé.

C'étaient certainement là des erreurs, quel que fût le charme
des sculptures de l'art grec d'Ionie et de l'ornementation poly-
chrome qui les accompagnait.

Il est intéressant de constater qu'en Grèce, à une époque très
ancienne, peut-être 1600 avant J.-C., un autre mode de construction des portes était en usage, celui de l'encorbellement de
décharge au-dessus du linteau. Dans les tombes à coupole de
l'Argolide, notamment à Mycènes, la porte est fermée à sa partie
supérieure par un linteau, mais au-dessus de ce linteau les assises
des piédroits s'élèvent et se rapprochent en encorbellement laissant entre elles un évidement triangulaire qui reporte la charge
sur les piédroits. A la porte de la citadelle de Mycènes cet évidement est occupé par une grande dalle sur laquelle sont sculptés des lions (fig. 56).

Ce système de décharge par encorbellements avait été pratiqué en Égypte pour protéger dans les pyramides les chambres
funéraires. L'idée est analogue à celle de l'arc de décharge fréquemment usité en France dès le xiie siècle.

2° Portes à piédroits, arc et archivolte (Moyen Age).

Ce qui est intéressant à Baalbek et ce qui constitue une nouveauté, dont l'art asiatique fut l'initiateur, c'est la liberté de la
sculpture interprétant, dans les piédroits et le linteau, la vigne
et le blé à côté des ornements traditionnels de l'art ionien.

Le mode de construction employé à l'Érechthéion a persisté

en Grèce jusqu'à l'occupation turque. A l'église de la Métropole de Mistra, l'ouverture de la porte est encore encadrée par un chambranle, formé de deux montants et d'une traverse monolithe qui s'assemblent entre eux d'onglet comme des chambranles de menuiserie, et la porte est aussi couronnée d'une corniche ornée. A la Badia de Grotta Ferrata, près de Rome, le linteau repose sur les piédroits par un lit horizontal et c'est la vigne qui fournit le fond du décor du chambranle.

Au Moyen Age, ce n'est plus dans l'art oriental mais dans l'art français qu'il faut suivre le développement parallèle de la structure et de la décoration des portes, conséquence logique d'une architecture nouvelle, qui faisait de l'arc appareillé un élément essentiel de construction.

Nos architectes étaient d'excellents constructeurs et s'ils conservaient l'ouverture rectangulaire de la porte, ils donnaient au linteau, comme on le voit à l'église de Notre-Dame-du-Port de Clermont (fig. 57) ou à l'église de Conques, une forme logique, augmentant sa hauteur au milieu, là où il résiste à la flexion, et comptant d'ailleurs sur l'archivolte pour reporter les charges sur les piédroits.

Dans l'art espagnol du xɪɪ^e siècle, tout imprégné d'art clunisien, la porte d'un transept à l'église San Pedro d'Avila, comparable à celle de Lescure (Tarn-et-Garonne) ou à celles de Rioux et d'Aulnay (fig. 58) (Charente-Inférieure), nous montre les archivoltes formant une série d'anneaux concentriques appareillés par claveaux dont chacun porte un élément de décor. Cette admirable logique de l'art français n'est pas moins apparente au portail de l'église San Vicente d'Avila, enrichi de figures sculptées assimilables à celles des portes de Saint-Sernin de Toulouse ou du portail de Moissac. L'idée de considérer les archivoltes comme des arcs de décharge et de conserver, pour faciliter le développement de la porte, l'ouverture rectangulaire, devait conduire à une conception vraiment magnifique et dont

tout l'honneur revient à l'art clunisien, celle du tympan indépendant de la construction et entièrement réservé à la sculpture.
Que la porte remonte jusqu'à l'arc ou qu'elle soit rectangulaire,

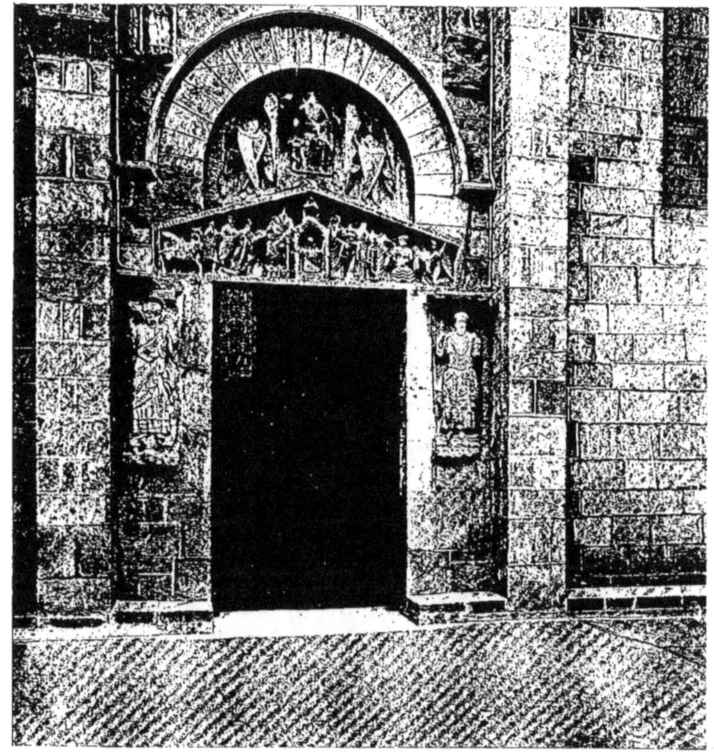

Fig. 57. — Portail sud de l'église Notre-Dame du Port à Clermont-Ferrand. Linteau
ayant au milieu sa hauteur maxima pour résister à la flexion.

surmontée dans ce cas d'un tympan entre son linteau et l'arc,
l'emploi des archivoltes de plus en plus larges et de plus en plus
développées vers l'extérieur caractérisait l'idée logique d'un
grand abri. En même temps les piédroits soutenant les archivoltes s'évasaient pour faciliter l'accès de la porte et en amplifier
l'effet.

Lorsqu'on édifia des églises de vastes proportions on dut nécessairement y adapter des portes de dimensions suffisantes. mais nos artistes ne commirent pas l'erreur qu'avaient commise

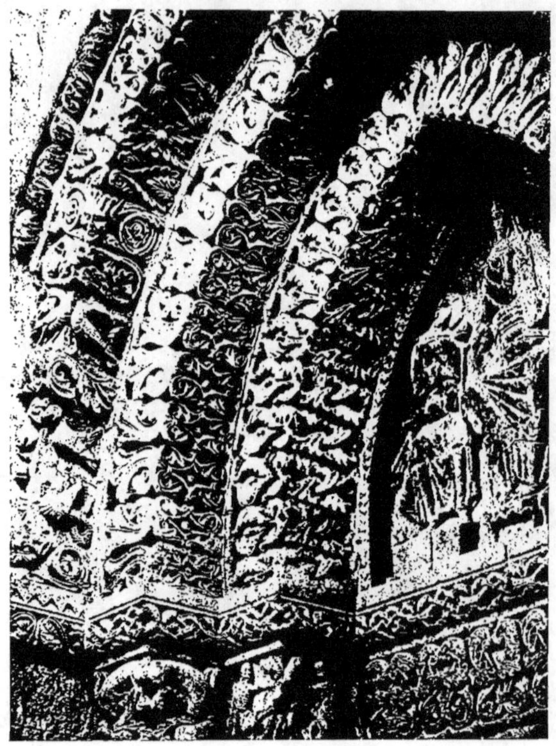

Fig. 58. — Archivoltes du portail à l'église d'Aulnay (Charente-Inférieure).
Décoration localisée dans chaque claveau.

les architectes romains en augmentant la portée des linteaux au point d'être obligés de les appareiller en plusieurs morceaux.

Tantôt on fit des portes doubles comme celles du transept de l'église de Saint-Jacques-de-Compostelle, tantôt on divisa la porte par un meneau central, comme on le voit aux portails de la cathédrale d'Autun, de l'église de la Madeleine à Vézelay, des églises de Moissac (fig. 59), de Saint-Gilles, etc. : le meneau soulageait le linteau en divisant l'espace à franchir.

D'ailleurs pour les portes simples comme pour les portes à

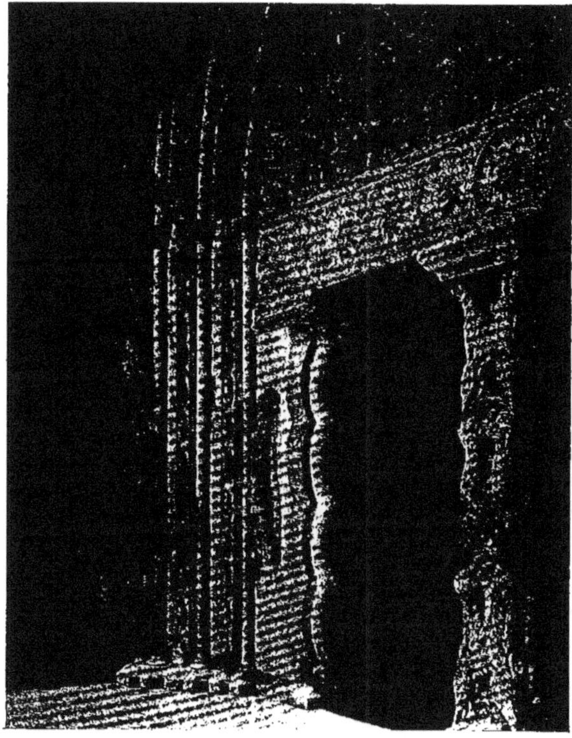

Fig. 59. — Portail sud de l'église de Moissac.

double vantail, des corbelets saillants diminuaient encore la portée du linteau qui était souvent orné et sur lequel reposait le tympan sculpté. C'est la disposition des portes bourguignonnes d'Anzy-le-Duc, de Perrecy-les-Forges et de Charlieu.

Le portail, développé sous un narthex comme à Vézelay, ou

accusant simplement, comme à Chartres (fig. 60), la triple entrée
de l'église, devenait pour les fidèles une œuvre d'enseignement et
l'architecte trouvait dans les piédroits, dans les archivoltes qui

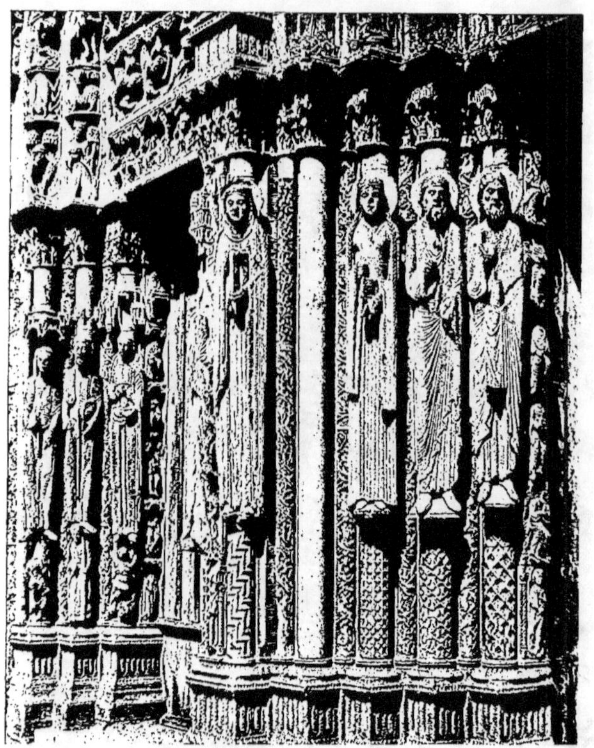

Fig. 60. — Portail occidental de la cathédrale de Chartres.

les surmontent, dans le tympan de la porte, les emplacements
favorables pour la représentation des grands mystères de la religion, y associant, comme au portail occidental de Chartres, le
monde moral et le monde physique sous la forme des arts libé-
raux et des travaux des saisons.

L'Espagne fournit des exemples des deux dispositions de

portes au xiiᵉ siècle : l'une avec un tympan orné (porte de l'église San-Isidoro à Leon), l'autre avec la porte s'élevant jusqu'aux archivoltes (porte du transept de la cathédrale de Zamora, porte de l'église de la Magdalena à Zamora). La principale porte de San-Isidoro de Leon a son linteau renforcé en hauteur comme

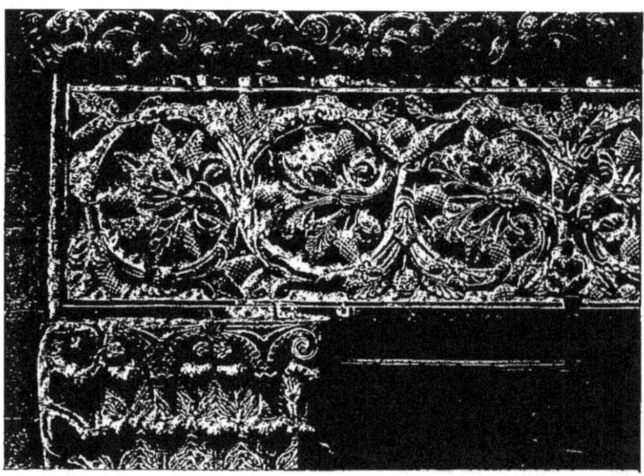

Fig. 61. — Décor d'un linteau à l'église de San Giusto à Lucques (Toscane).

celui de Notre-Dame-du-Port, et le décor du linteau et du tympan suit la forme de construction.

En Italie, où s'exerçait aussi l'influence de notre grande école clunisienne, et particulièrement en Toscane, les portes des églises offrent, du xiiᵉ au xiiiᵉ siècle, de belles dispositions, très favorables au développement de la sculpture sur les linteaux, les tympans restant presque inoccupés (Portes des églises de San-Cristoforo et San-Giusto à Lucques) (fig. 61).

On peut dire qu'à la fin du xiiᵉ siècle, l'influence de nos grandes abbayes de Bourgogne était si forte en Espagne, que l'étude de l'art français serait incomplète si elle ne s'étendait à des monuments tels que la cathédrale de Saint-Jacques-de-Com-

postelle, église dont les dispositions intérieures, et particulièrement celle des tribunes voûtées en quart de cercle, éveillent le
souvenir des églises de Saint-Sernin de Toulouse et de Conques.
La porte double du transept, malgré les remaniements dont les
sculptures du tympan ont été l'objet, est tout à fait digne
d'étude ; mais le morceau capital est le portail de Saint-Jacques,
dit « la Gloria » (fig. 62), édifié par l'architecte Mathieu à la fin
du xııᵉ siècle et qui prend sa place entre le portail occidental et
les porches du transept de Chartres, morceau capital pour l'histoire de l'art, soit que l'on considère les figures de l'archivolte,
groupées autour du tympan central où est représenté le Christ
en gloire, soit que l'on s'attache à la figure de saint Jacques,
représenté assis sur le meneau central, et aux figures adossées
aux piédroits évasés, soit enfin que l'on analyse le merveilleux
décor des colonnettes qui portent ces figures.

Il faut revoir les statues du portail nord de Chartres, et particulièrement les personnages de la Visitation, pour bien saisir
les liens étroits qui existent entre les œuvres qui étaient exécutées, du xııᵉ au xıııᵉ siècle, des deux côtés des Pyrénées.

Les architectes français du xıııᵉ siècle mirent à profit la grande
saillie des contreforts, qui recevaient sur les façades la butée des
arcs intérieurs, pour y incorporer les grandes portes abritées
sous des archivoltes ornées et enrichies par les figures adossées
aux piédroits. C'est le parti des grands portails de Reims,
d'Amiens, de Bourges.

Une autre solution aussi intéressante fut la constitution du
porche indépendant, saillant sur la façade et reposant à l'extérieur sur des points d'appui très espacés. Elle a été adoptée au
transept de la cathédrale de Chartres et plus tard à la façade
occidentale de la cathédrale de Leon en Espagne.

On considère généralement comme une œuvre unique et
exceptionnelle le porche nord de la cathédrale de Chartres
(fig. 63). La conception très originale de ses piliers évidés, la

disposition des linteaux, les précautions prises pour rendre indé-
pendantes de l'œuvre principale les voussures du triple porche
reposant sur les linteaux, tout enfin dans la structure et le décor
révèle la personnalité d'un artiste de génie.

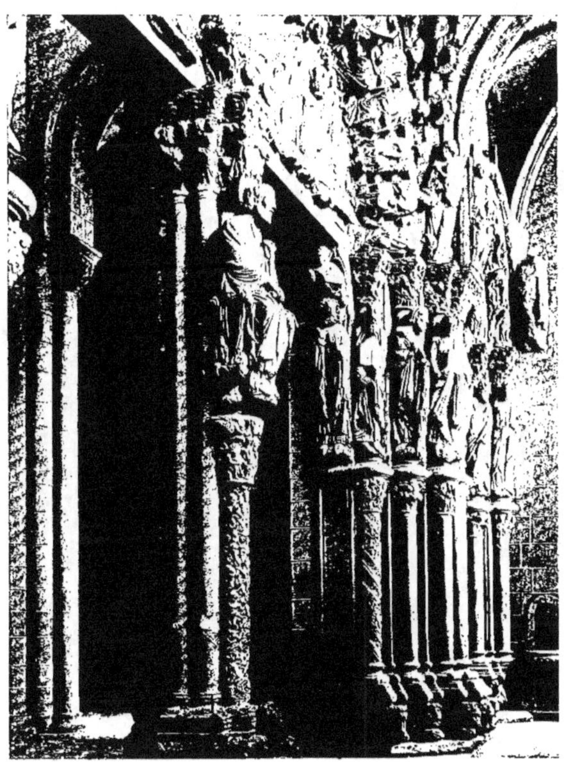

Fig. 62 — Portail dit « la Gloria » à l'église Saint-Jacques-de-Compostelle.

Sur des linteaux reliant les piles extérieures au mur de façade
s'amortissent, à Leon, comme à Chartres, les voussures des trois
porches. Malheureusement il manque à Leon les degrés qui
élèvent et mettent en valeur le portail de Chartres et la base des
piliers isolés a été l'objet de maladroites restaurations, qui

remontent peut-être assez loin, mais qui jurent avec les bases des supports engagés dans la façade. La sculpture est aussi de seconde main, quoique inspirée d'une des plus belles œuvres françaises.

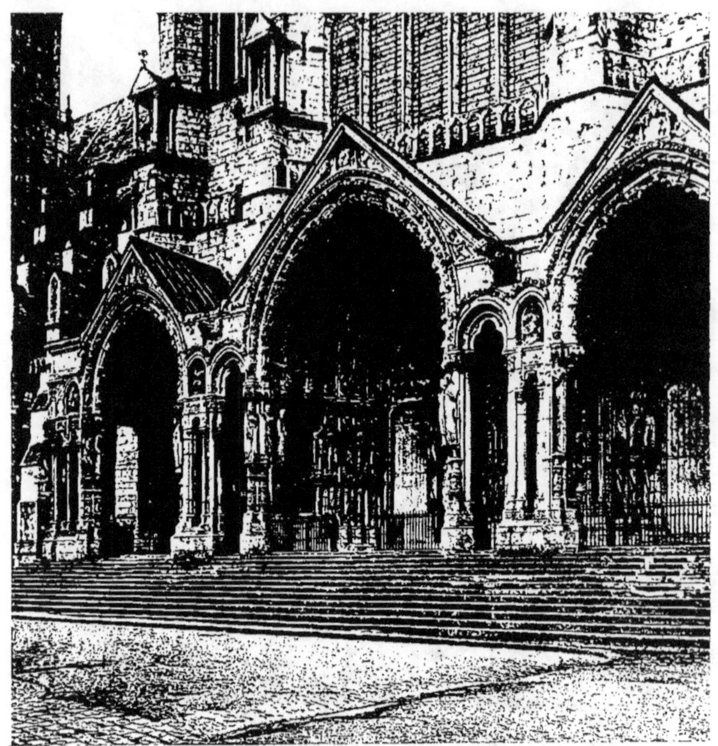

Fig. 63. — Portail du transept nord à la cathédrale de Chartres.

Considérons d'autre part le portail principal de la cathédrale d'Amiens (fig. 64), si magnifique de composition, avec son soubassement à médaillons quadrilobés, avec sa rangée de grandes figures que l'ombre portée par les dais met en lumière, avec la richesse inouïe de ses archivoltes. C'est une œuvre qui fait

honneur à l'humanité tout entière. Les sculptures du portail nord
de la cathédrale de Burgos semblent appartenir au même art, et
celles du portail sud, dit du Sarmantal, où le Christ est repré-

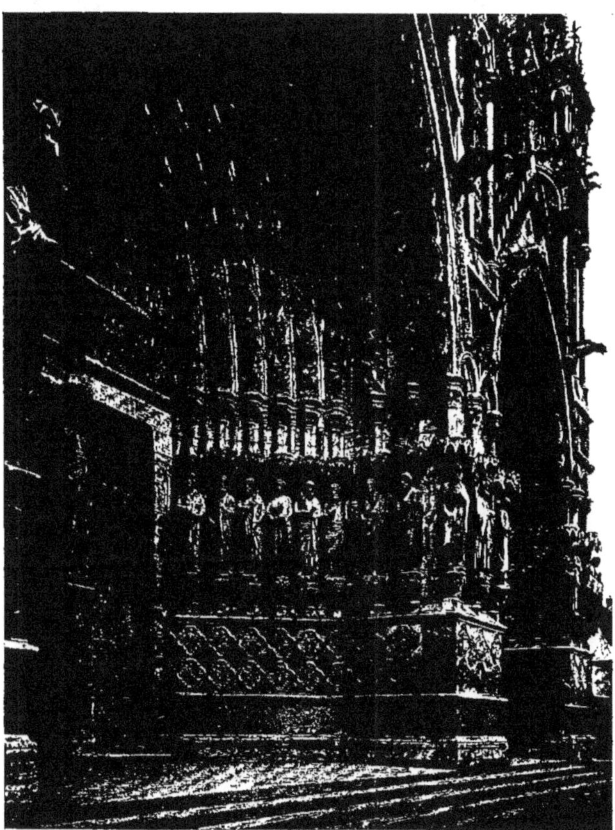

Fig. 64. — Portail de la cathédrale d'Amiens.
Subordination de tout le décor à la composition.

senté au-dessus des Apôtres et entouré des quatre Évangélistes,
sont à classer parmi les plus beaux ouvrages de style français
du XIIIe siècle.

La perfection artistique n'est d'ailleurs pas moindre dans des

œuvres de dimensions restreintes et l'influence de l'art français n'y est pas moins manifeste, en Italie comme en Espagne.

Étudions par exemple une des portes de la cathédrale San-
Lorenzo de Gênes, en faisant abstraction de l'emploi d'une

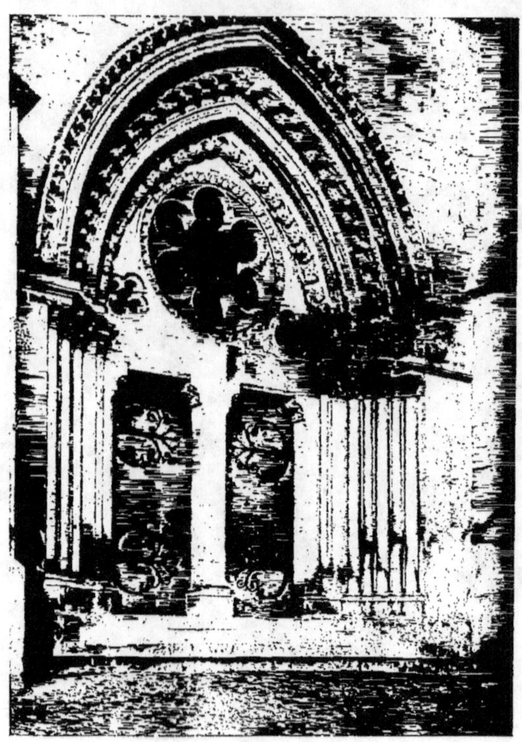

Fig. 65. — Porte du transept sud à l'église de Taverny (Seine-et-Oise).

matière différente, le marbre, dont les assises alternées donnent
à cette porte une coloration particulière. Nous y trouvons appliquées les méthodes de construction et les traditions de décor
usités dans l'art français du début du xiiie siècle, auquel l'Italie
du Nord faisait alors de larges emprunts.

D'ailleurs, une porte telle que celle du transept de l'église de Taverny (fig. 65), dans la banlieue parisienne, n'est-elle pas à elle seule tout un enseignement ?

La sculpture y alterne dans chaque rouleau d'archivolte avec une mouluration très soutenue, qui la met en valeur, et le sculpteur a merveilleusement traité le modelé des feuilles qui, prises dans chaque claveau, sont rattachées à une tige : celle-ci épousant la forme de l'arc détache de distance en distance des crochets saillants qui contrastent avec les feuilles appliquées sur le fond des gorges. L'application de la flore à la décoration monumentale n'a pas produit d'œuvre plus parfaite.

Au xive siècle la virtuosité est peut-être plus grande, comme on le voit à l'entrée du portail sud de la cathédrale de Bourges, mais ce qu'on gagne en délicatesse on le perd en simplicité. Comment ne pas admirer cependant des œuvres telles que les bas-reliefs sculptés de la porte du transept qui s'ouvre sous le cloître de la cathédrale de Léon ?

On trouve d'ailleurs en Espagne, ce qui manque trop souvent à nos édifices, le mobilier qui les anime, qui leur donne la vie dans une atmosphère colorée que des vitraux, tels que ceux des fenêtres hautes de la cathédrale de Léon, rendent particulièrement favorable à l'effet des œuvres d'art.

Dès la fin du xve siècle commence un autre idéal pour les artistes épris d'ordonnances régulières et le décor des portes, pour cette période et la suivante, diffère complètement de celui qui était en honneur au moyen âge.

3° Les portes, du Moyen Age à l'époque moderne.

On conserva longtemps dans l'art français, pour les grandes portes des cathédrales, le meneau divisant l'ouverture et soutenant le linteau sur lequel prenaient appui les menuiseries des portes. On évitait ainsi toute complication de fermeture, chaque vantail demeurant séparé, et on évitait aussi les difficultés du développement qui. si la porte eût été circulaire. auraient exigé l'emploi d'une arrière-voussure. D'ailleurs on réservait pour la sculpture le tympan abrité par les archivoltes, et l'œuvre d'enseignement que l'artiste avait conçue pouvait y être magnifiquement réalisée.

Le portail occidental de la cathédrale de Bourges résume, dans une admirable composition, les belles ordonnances des porches du xiiie siècle qui s'appliquaient d'ailleurs aussi bien au portail d'une église rurale (Portail de l'église de Rampillon, Seine-et-Marne) (fig. 66). La disposition traditionnelle des piédroits, meneau, linteau, archivoltes et tympan, subsistait au xive siècle (Portail des Libraires à la cathédrale de Rouen, portail nord de la cathédrale de Paris).

Toutefois dès la fin du xiiie siècle apparaissent dans l'ordonnance traditionnelle des portes des préoccupations particulières à chaque école, même individuelles à chaque artiste. L'idéal est plus littéraire, plus naturaliste aussi et se traduit surtout au xive siècle par le caractère de la sculpture sans que la composition architecturale soit profondément modifiée.

On commençait cependant à surmonter les voussures des portes de gâbles très aigus simulant une toiture, mais qu'on évidait par d'élégants ajourages et qui, comme on le voit au couronnement du grand portail de la cathédrale de Reims, étaient aussi décorés de scènes religieuses, montrant au peuple la Passion du Christ ou sa Résurrection.

Au xive siècle la caractéristique de l'ornementation des portes est la prédominance d'un décor architectural, formant cadre, sur la sculpture, souvent réduite à de petits sujets, traités délicatement mais sans ampleur (Portes de la cathédrale de Sens, de l'église Saint-Urbain de Troyes, porte du transept de la cathédrale de Léon en Espagne) (fig. 67).

Au XIIIe siècle, les formes architecturales n'intervenaient dans le décor d'un bas-relief ou d'un vitrail que comme un symbole. Par exemple, dans un vitrail de Chartres, une niche n'est que l'indication schématique d'un abri au-dessus d'une figure ; au XIVe siècle, dans un vitrail de l'église d'Évron, la niche est « con-

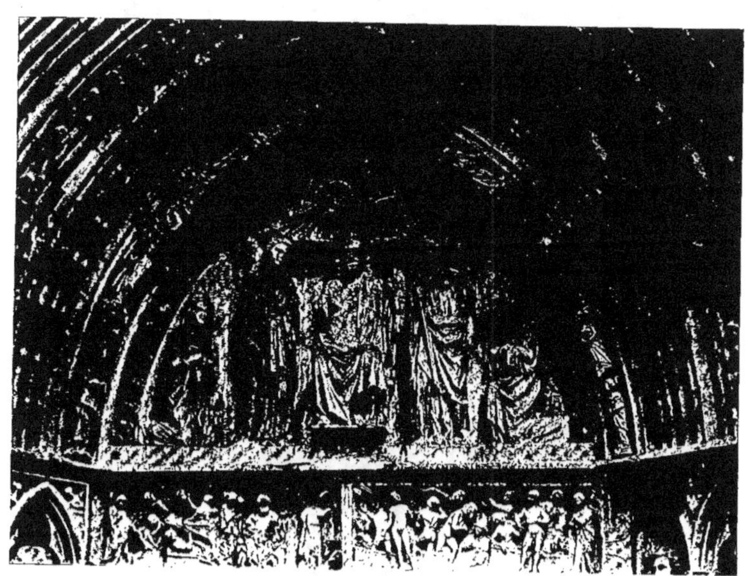

Fig. 66. — Tympan du portail de l'église de Rampillon (Seine-et-Marne). XIIIe siècle.

struite » et il n'y manque rien, ni un pinacle ni un crochet. L'architecture peinte imite l'architecture réelle dans ses détails, et le même défaut est apparent sur les bas-reliefs des tympans aux portails de Sens et de Troyes.

Dès lors la solution du problème des portes est moins nette, le linteau n'apparaît plus franchement et s'incorpore parfois dans le tympan, l'abus des motifs d'architecture, niches, gâbles, etc., fait tort à la logique de la construction. L'œuvre est encore charmante ; mais on y sent une recherche de la forme pour la forme qui nuit à l'équilibre de la composition, et achemine l'art vers une formule.

Le développement donné à l'ornementation linéaire dans l'ar-

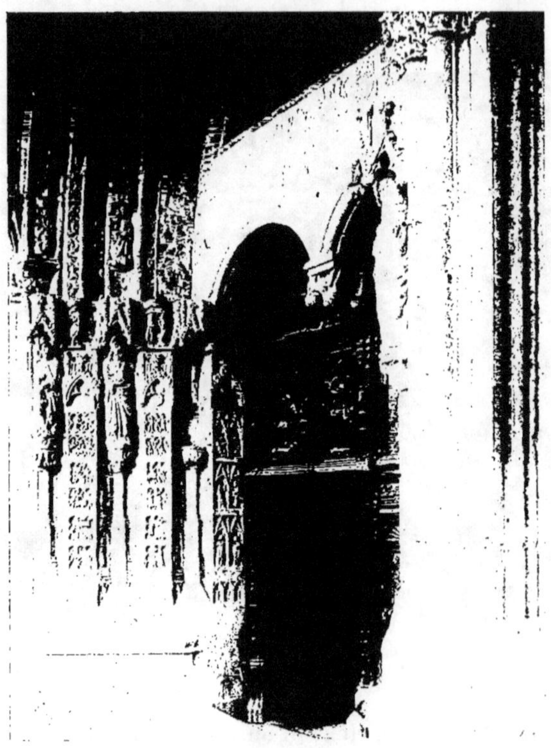

Fig. 67. — Portail du xiv° siècle sous le cloître de la cathédrale de Leon (Espagne).

chitecture du xv° siècle influa sur la décoration de l'encadrement des portes dont les archivoltes se compliquèrent de contre-courbes et d'accolades chargées de crochets feuillus et terminées par un bouquet fleuri.

Cependant on élevait au xvi° siècle, à Saint-Wulfran d'Abbeville, aux églises de Montmorency et de Gisors, des portes

dont les ouvertures sont limitées par des arcs en anse de panier
et qui comportent encore, malgré le changement de style,
des piédroits ornés de figures et des archivoltes ; l'architecture
religieuse maintint longtemps les dispositions traditionnelles

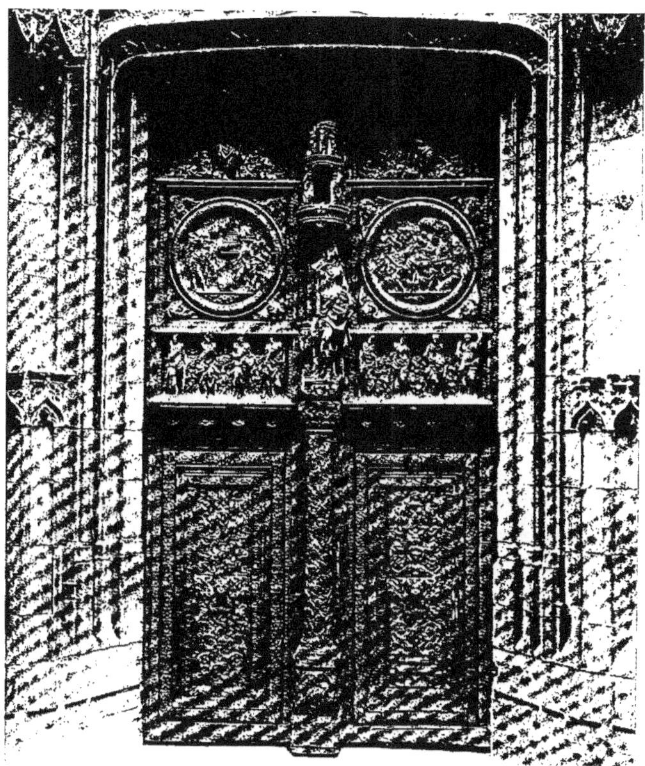

Fig. 68. — Porte de l'église Saint-Maclou à Rouen.

des portes. Vers la fin du xve siècle, se développait en Espagne
un art très voisin de celui des provinces du Nord de la France,
de la Picardie, de l'Artois et de la Flandre française. Une porte,
celle qui donne accès, par exemple, aux cloîtres de la cathédrale
de Ségovie, est une merveille de composition bien ordonnée. Les

piédroits sont formés alternativement de fines moulures à angles
vifs et à nervures, alternant avec des gorges où se développent
des rinceaux de feuillage. Un arc en anse de panier limite la
hauteur de la porte en menuiserie et soutient le tympan, encadré
par les archivoltes dont le décor est le prolongement de celui
des piédroits. Sur le tympan, un bas-relief de pierre peinte représente la Vierge portant sur ses genoux son fils mort et assistée
de saint Jean et d'une sainte femme ; les anges placés dans les
archivoltes tiennent les instruments de la Passion.

A la fin du xve siècle la transformation du style est complète
et si les grandes divisions d'un portail comme celui du transept
sud de la cathédrale de Beauvais sont encore celles d'un portail
du xiiie ou du xive siècle, rien dans la décoration, presque exclu-
sivement linéaire, ne rappelle plus l'ampleur des décorations
anciennes.

C'est en libérant l'œuvre de ce cadre qui ne correspondait
plus exactement à leur idéal, et se trouvait dès lors emprisonnée
dans une formule, c'est en l'élargissant, dans le sens des bonnes
traditions de construction, que les artistes, ceux qui avaient le
génie créateur, renouvelèrent le décor et firent à leur tour des
chefs-d'œuvre.

Par exemple c'est par la suppression du meneau central et
par l'ouverture des grandes portes à deux vantaux que Jean Gou-
jon sut trouver à l'église Saint-Maclou de Rouen une solution
nouvelle au problème du portail. L'architecture de pierre n'y joue
qu'un rôle modeste, si on la compare à l'architecture de bois de la
porte elle-même, mais la porte est une œuvre de génie (fig. 68).

Aux xive et xve siècles, le développement de l'architecture
civile, dans un temps où la vie devenue moins rude s'accommo-
dait du luxe, influa beaucoup sur la transformation de l'agencement des portes.

La composition d'une porte varie nécessairement avec sa destination, suivant qu'elle sera portail d'église, porte de château

ou de maison, porte charretière ou de piétons, porte extérieure
ou intérieure ; elle varie aussi avec les matériaux employés.

Pendant la période du moyen âge, une des qualités de l'art
français a été l'adaptation de toute œuvre à sa destination et aussi
sa subordination à « l'échelle humaine ». Une base, un appui,
une marche ont toujours la hauteur fixée par l'usage, dans un
grand comme dans un petit édifice, et la mesure des assises fournit des éléments de comparaison qui permettent d'apprécier les
grandeurs.

Cette qualité n'est pas dépendante du style. Lorsqu'à Bourges,
dans la grande façade, on refit une porte au xve siècle, elle s'a-
juste si bien pour l'échelle de ses divers éléments avec les éléments du xiiie siècle que l'œuvre semble être d'une seule venue
et qu'on n'y relève aucun défaut d'harmonie.

D'ailleurs la destination impose un large évasement extérieur
aux portes des cathédrales, pour l'entrée ou la sortie des fidèles,
comme elle impose à la porte du château la protection de la herse
ou des mâchicoulis, comme elle impose à la porte d'entrée d'une
maison l'imposte éclairant le vestibule quand la porte est close.

Ce furent les programmes nouveaux qui suggèrent aux artistes
les dispositions nouvelles telles qu'on en trouve à Bourges, à l'hôtel de Jacques Cœur ou à l'ancien Hôtel de Ville aujourd'hui
petit lycée et qui existent encore en grand nombre dans nos
vieux châteaux ou logis.

Au xve siècle, l'art espagnol suivait de très près l'art des
Flandres, se distinguant par un décor exubérant de l'art du Centre
de la France et se rapprochant au contraire de certains édifices
tels que l'église de Saint-Wulfran d'Abbeville ou l'église de Rue
dans la Somme dont la décoration extérieure et intérieure est
d'une extrême richesse.

A Ségovie la porte de l'Hôpital de Santa-Cruz comparable à
celle de l'église de Brou est aussi formée de piédroits garnis de
nervures très fines que séparent des gorges ornées de feuillages.

Au-dessus de l'arc qui arrête la porte en menuiserie se développe sous une arcature trilobée un bas-relief représentant l'ensevelissement du Christ entre deux personnages agenouillés que des cartouches sculptés dans les archivoltes font connaître comme les rois catholiques, Ferdinand et Isabelle, fondateurs de l'hôpital.

Sous le cloître de la cathédrale de Léon, une porte plus simple encore, dont le décor sculptural se limite aux chapiteaux et archivoltes, est close par un lambris sculpté dans lequel est pris un guichet limité par un bâti, arqué en anse de panier, et sous lequel est figurée en bas-relief l'Annonciation.

Une maison de Zamora caractérise assez bien l'architecture civile de l'Espagne à cette époque ; la porte, circulaire, est fermée par un arc de grande hauteur enrichi, sur la rive, par une moulure ornée. Un cadre sculpté forme au-dessus de la porte une décoration qui se retourne, sous les appuis de fenêtres, et se relève au centre pour limiter l'emplacement de grands écussons qui ont alors en Espagne une grande importance. Les fenêtres sont divisées par des arcatures retombant sur des colonnes extrêmement fines.

C'est l'époque où s'élèvent, à Tolède, l'église Saint-Jean des Rois dont le chœur est décoré par d'immenses écussons royaux, dans un faubourg d'Avila, l'église dominicaine de San-Tomé contenant le magnifique tombeau de Juan, fils des Rois catholiques, et derrière le chœur de la cathédrale de Burgos, la célèbre chapelle du Connétable avec sa voûte étoilée, ses retables et ses tombeaux.

Dans tous ces monuments se manifeste l'influence d'un art évidemment inspiré de celui qui florissait en Flandre et en Picardie, mais plus libre et plus riche encore. On n'y trouve pas les qualités de goût et de mesure que caractérise un hôtel, tel que celui de Jacques Cœur à Bourges, avec sa porte charretière et sa petite porte, toutes deux bien proportionnées, et bien adaptées à leur destination (fig. 69).

L'art italien obéissait alors à une tout autre influence, celle qui, résultant d'une sorte de renaissance de l'art romain, exalté par les traducteurs de Vitruve, tendait à revenir au décor con-

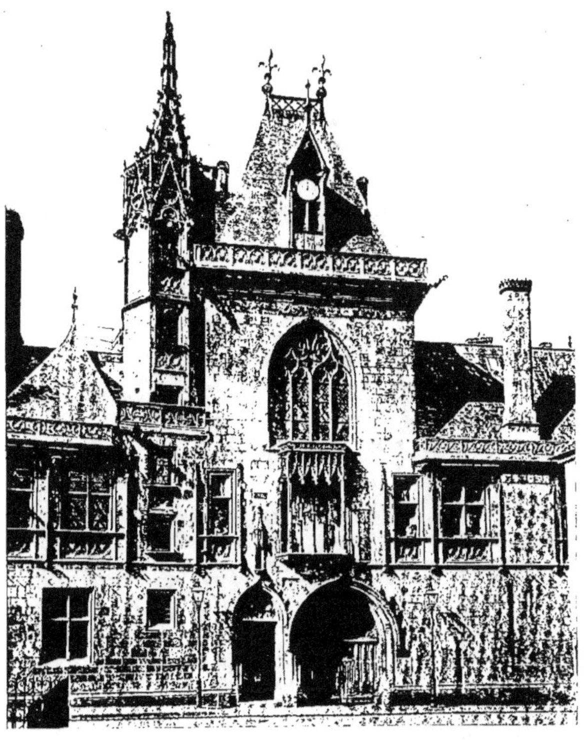

Fig. 69. — Porte de l'hôtel de Jacques Cœur, Bourges.

ventionnel de l'architecture antique en l'adaptant dans une certaine mesure à des besoins nouveaux.

Cette évolution, dont Brunelleschi, Alberti et quelques autres artistes du XVe siècle furent les promoteurs, n'eut pas cependant des résultats immédiats dans l'Italie du Nord et en Toscane. A Florence, la porte de la résidence de Linajuoli au Mercato Vecchio (fig. 70) est composée de deux piédroits très simples

soutenant sur des corbelets sculptés un linteau semé de fleurs de
lis et d'écussons. La porte offre quelque analogie avec celle de
la chapelle du Podestat.

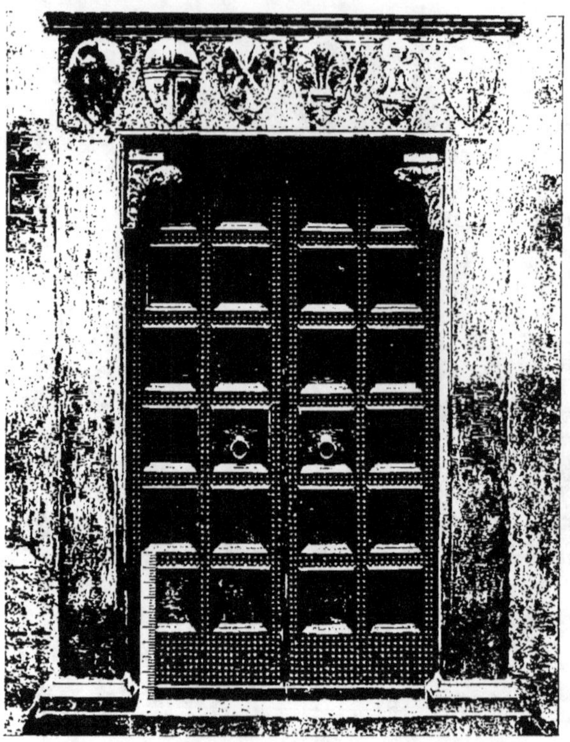

Fig. 70. — Porte de la résidence des Linajuoli au Mercato Vecchio à Florence.
Corbeaux soulageant le linteau.

A Venise, la porte du palais ducal, dite « della Carta » parce
qu'on y affichait les édits de la République, est composée, comme
toutes les portes du xve siècle de style français, de grands piédroits ornés de niches limitant un double motif de porte rectangulaire et de fenêtre à meneaux, que couronne une archivolte à
crête ornée de sculptures.

A la Chartreuse de Pavie, l'influence des commentateurs de
Vitruve est plus nette (fig. 71). L'archivolte est remplacée par
un arc ou plutôt par une voûte, reposant de part et d'autre sur

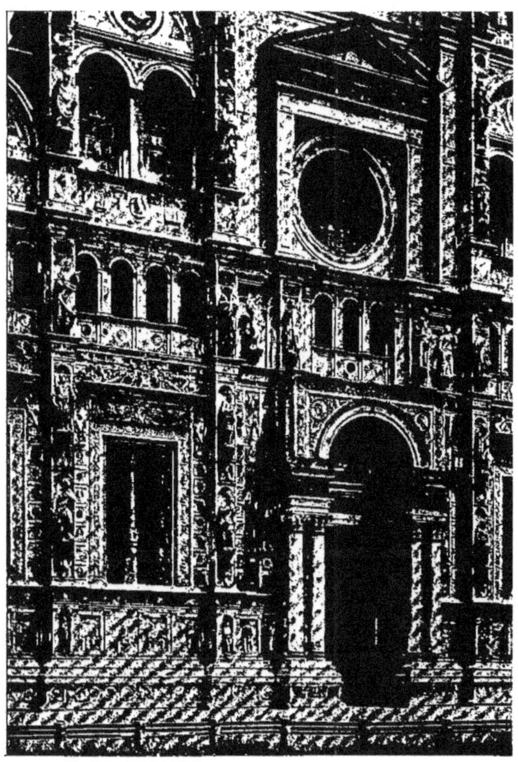

Fig. 71. — Porte de la façade de l'église à la Chartreuse de Pavie.

deux colonnes jumelles par l'intermédiaire d'un entablement,
qui limite en hauteur la partie ouvrante; on voit déjà le défaut
de la voûte masquée en partie par la saillie de la corniche et
dissimulant dans l'ombre les sculptures très réduites du tympan.
Mais l'influence des traditions du Moyen Age est si forte, que
l'artiste qui a créé la façade de l'église conserve les éléments

principaux de construction en usage, les contreforts, les arcatures, correspondant aux galeries du triforium, et jusqu'à la rose éclairant la nef centrale.

Dans l'art français et dans l'art espagnol, le retour aux formes antiques modifiait moins encore les méthodes de construction et les principes de décor en usage. Salamanque est peut-être la ville d'Espagne où l'on peut le mieux apprécier, sur d'importants édifices religieux ou civils, l'adaptation du décor nouveau à la construction traditionnelle. Ce qu'on peut y signaler tout d'abord, c'est le défaut de relief de ces décorations conventionnelles, dont l'effet exige une lumière très vive et qui, par des journées sombres, donne par l'égalité des saillies, une impression de teinte grise.

La façade de l'Université de Salamanque est, à cet égard, très intéressante à étudier ; elle a vue sur une petite place rectangulaire dont un côté est occupé par des dépendances de l'Université. Celles-ci sont accessibles par une porte double, dont les arcs reposent sur une colonne, et que surmonte un motif d'arcatures encadrant de grands écussons. Une crête ajourée couronne l'édifice qui, par le caractère de sa sculpture, est à rapprocher des ouvrages exécutés en France sous le règne de Louis XII ou au commencement du règne de François Ier.

A Leon, la façade d'un palais de la même époque, aujourd'hui transformé en caserne, est à comparer pour la richesse du décor à la façade de la Chartreuse de Pavie et comporte, comme elle, de fortes saillies de sculpture qui contrastent avec les délicatesses du décor de l'Université de Salamanque.

Dans cette dernière ville, en dehors de la cathédrale nouvelle, dont l'intérieur appartient encore au style français, deux monuments caractérisent bien l'adaptation des formes antiques à l'architecture espagnole ; l'un est un couvent construit en contre-bas de la cathédrale à proximité de l'église San-Esteban. La porte circulaire de ce couvent a les délicatesses de forme

qu'on remarque dans des œuvres françaises contemporaines
telles que les portes du château de Gaillon. C'est bien l'art
antique qui fournit le thème des doubles pilastres encadrant

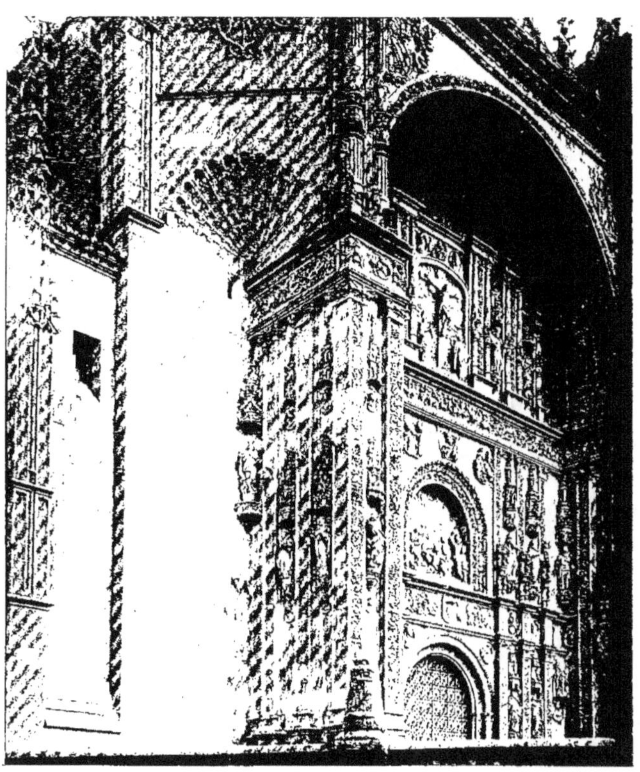

Fig. 72. — Portail du xvie siècle à l'église San Esteban de Salamanque. Trompe
reliant les contreforts pour résister à la poussée du grand arc.

l'arc de la porte, et du motif de sculpture qui la surmonte, mais,
à part le chapiteau, ces pilastres sont composés de fines moulures
et de balustres dont les bases s'amortissent à différentes hauteurs
suivant les méthodes en usage dans l'art français du xve siècle.

Le grand portail de l'église San-Esteban (fig. 72), dont les contreforts forment les piédroits d'une magnifique voûte, abritant une grande ordonnance de pilastres et de niches interposées, appartient, par sa conception, aux traditions du moyen âge beaucoup plus qu'aux traditions de l'art antique. C'est l'art des édifices de la région parisienne, de l'église Saint-Eustache de Paris, des façades des églises de Belloy, d'Othis, de Magny-en-Vexin et de tant d'autres édifices français qu'on décorait à l'antique, sans rien modifier aux principes de construction. C'est ainsi qu'à l'église San-Esteban de Salamanque, pour bien résister aux poussées du grand portail, l'architecte a réuni par une trompe, ornée en coquille, les deux contreforts d'angle.

Il est à remarquer que c'est seulement dans l'art français et dans l'art espagnol qu'on trouve à cette époque ces préoccupations de construction apparente, extrêmement rares en Italie, où survivait toujours l'idée du décor en placage, absolument indépendant de la construction, et destiné seulement à charmer les yeux.

Même à une époque postérieure, une façade telle que celle de l'hôpital de Santa-Cruz à Tolède, nous séduit par les oppositions savantes du grand mur nu, qui forme la clôture, avec la richesse des sculptures du portail, des fenêtres, de la corniche de couronnement. La porte est d'ailleurs composée suivant les anciennes traditions ; des colonnes en forme de balustres, soutenant des archivoltes ornées, en constituent le cadre ; les piédroits portent encore des consoles pour soulager un linteau clavé, que surmonte un tympan enrichi d'un bas-relief, dont la croix occupe le centre. Il est impossible d'imaginer un arrangement plus délicat et plus libre que celui de la niche portant sur un cul-de-lampe la figure du Christ.

Les exemples de portes du xvi⁰ siècle sont si nombreux en France qu'on éprouve quelque embarras à faire un choix entre elles. Celles du Louvre de Pierre Lescot sont parmi les plus remarquables.

L'ancien Hôtel de Ville d'Orléans (musée de peinture) fournit
un exemple de porte modeste, mais très intéressante. Le sommier de départ de l'arc a son lit horizontal coïncidant avec le
dessous du chapiteau de la colonne. Les tympans sculptés, pris

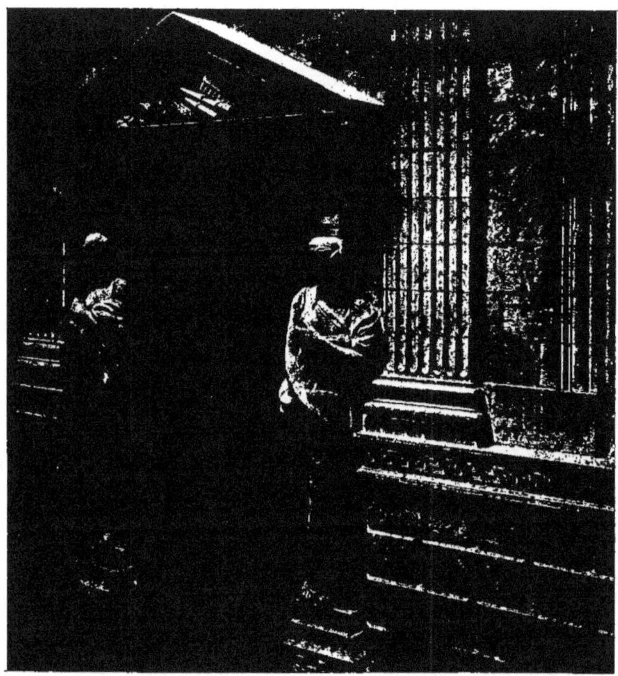

Fig. 73. — Porte dans l'escalier du Grand-Théâtre de Bordeaux (Œuvre de Louis).

dans la hauteur de deux assises, forment à chaque angle un grand
clavage rendant très simple le raccord de l'arc avec les assises
du mur. La frise ornée de sculpture est un linteau surmontant
la porte et se prêtant à toutes les finesses de décor. Les mêmes
observations pourraient s'appliquer à la porte de l'Hôtel de
Pincé à Angers.

Lorsque, sous Henri II, l'influence de l'art antique paraît

plus impérieuse, les traditions de bonne construction subsistent à ce point que, sur les paliers de l'escalier, au château de Serrant, alors que les portes, composées comme des arcs de triomphe, admettent une ordonnance complète d'arcade, de colonnes et d'entablement, un arc de décharge, accusé par sa moulure et par sa clef, est ménagé au-dessus de la porte pour ramener la charge du mur sur les piédroits.

Nécessairement ces concordances entre la structure et la décoration ont cessé au xviie siècle, lorsque les formules conventionnelles ont remplacé, dans l'art français, les méthodes de construction raisonnée, qui avaient été jusque là en honneur. Lorsqu'on subordonne même la distribution intérieure d'un monument à l'effet décoratif d'une ordonnance, dépendant de règles arbitraires, il est difficile, sinon impossible, d'obtenir une concordance entre la destination intérieure et la façade, à plus forte raison entre la construction d'une porte et son décor.

Cependant les traditions étaient si fortes que, même dans des édifices assez mal construits, comme le furent ceux du xviie et du xviiie siècle, on cherchait encore à introduire, dans la disposition des chambranles, des consoles et des frontons, formant l'encadrement des portes, quelques principes de construction raisonnée. Les portes de l'église Notre-Dame à Bordeaux en offrent d'assez remarquables exemples. On en trouve un autre non moins frappant dans la porte du magnifique escalier du Grand-Théâtre de Bordeaux, où l'architecte Louis donnait la mesure de son talent (fig. 73).

Depuis les travaux de Viollet-le-Duc et l'évolution considérable qu'ils ont déterminée dans l'enseignement, on a repris, au moins en partie, les bonnes traditions de construction française, et on les retrouve jusque dans des édifices qui, comme l'Opéra de Charles Garnier, semblent le plus inspirés des formes antiques. Dans un grand portail comme celui récemment construit à Bordeaux en matériaux lapidaires, à l'entrée du cimetière des

Chartreux (fig. 74), ces conditions de construction rationnelle étaient indispensables à remplir pour réaliser l'équilibre de la grande voûte du passage, en l'appuyant sur des murs de butée

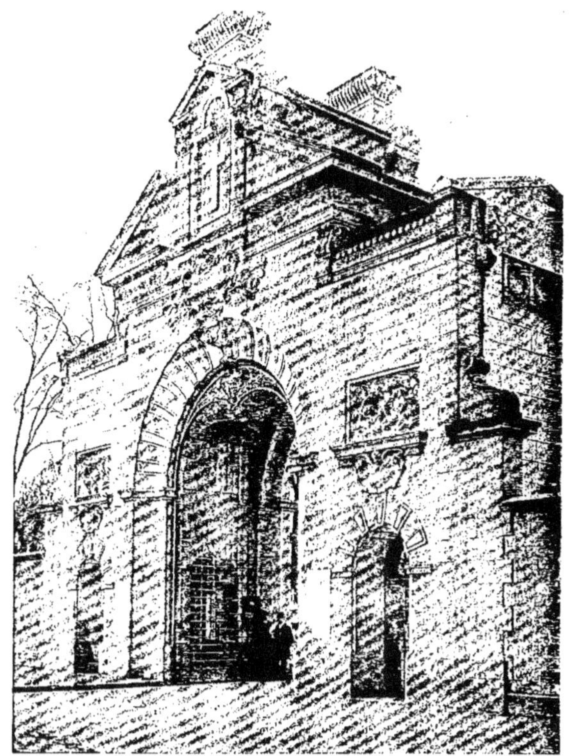

Fig. 74. — Portail moderne en pierre à l'entrée du Grand cimetière des Chartreux de Bordeaux (Œuvre de L. Magne).

suffisamment résistants, et pour obtenir en même temps le bon écoulement des eaux, sans lequel la conservation de l'œuvre serait mal assurée.

Dans des édifices récents tels que le collège Chaptal de E. Train, ou certaines maisons de l'architecte Paul Sédille, la préoccupation de la construction apparente a conduit les auteurs à un emploi rationnel des matériaux auquel ils ont subordonné très judicieusement le décor de leurs portes. Une porte double de cour, comme celle des hôtels Mirabaud avenue de Villiers, répond à un programme moderne, dont l'expression artistique dérive des formes en usage au xvi⁰ siècle. On pourrait, sur le même programme, donner une forme plus moderne au décor sans modifier la structure. C'est en effet la structure qui commande tout, et le décor peut varier, comme cela eut lieu du xiii⁰ au xv⁰ siècle, sans modifier sensiblement la composition raisonnée. Ce qu'il faut retenir de l'enseignement traditionnel donné par les œuvres anciennes, c'est qu'on ne peut espérer une solution satisfaisante que d'une composition logique, donnant satisfaction au programme de l'œuvre, et utilisant la matière choisie en tirant parti de ses propriétés pour réaliser les conditions d'équilibre, sans que jamais le décor puisse avoir le caractère d'une pièce rapportée ; il est indispensable au contraire qu'il fasse corps avec chaque assise et soit étudié en conséquence.

III

LES FENÊTRES

1° Les fenêtres dans l'antiquité.

Linteaux, chambranles, appuis.

Les fenêtres, ouvertures pratiquées dans les murs pour l'éclairage et l'aération de l'intérieur des édifices, n'ont eu que peu d'applications dans l'antiquité. Les monuments antiques, qui sont parvenus jusqu'à nous, ont tous été construits dans des pays où la lumière est éclatante : leur disposition est généralement très simple : ils sont formés ou d'une salle unique ou de salles distribuées autour d'une cour. Dans l'un ou l'autre cas, les portes, largement ouvertes, closes par des grilles ou des tapis, comme cela se pratique encore en Orient, suffisaient à assurer l'éclairage et l'aération.

Cependant, en Égypte, les grandes salles hypostyles, celle de Karnak, celle du Ramesseion, celle du temple de Khons, recevaient l'air et la lumière par des grillages lapidaires qui subsistent encore. A la salle hypostyle de Karnak, ils se plaçaient entre des piles surélevées au-dessus de la dernière file des architraves des galeries basses, pour recevoir, sur des linteaux, les dalles des plafonds de la galerie centrale. Ces grillages lapidaires semblent faits à l'imitation des grillages de bois, formés d'un bâti d'encadrement assemblant des potelets verticaux entre lesquels sont ménagées des fentes pour le passage de l'air et de la lumière. Il n'y a pas, dans la composition de ces fenêtres des salles hypostyles, d'éléments particuliers de construction.

Les maisons, dans l'antiquité, fournissent peu d'exemples de fenêtres. En effet, l'ouverture de baies destinées à l'éclairage et à l'aération n'a pris d'importance au point de vue de la structure et du décor que lorsqu'on a élevé des édifices à plusieurs

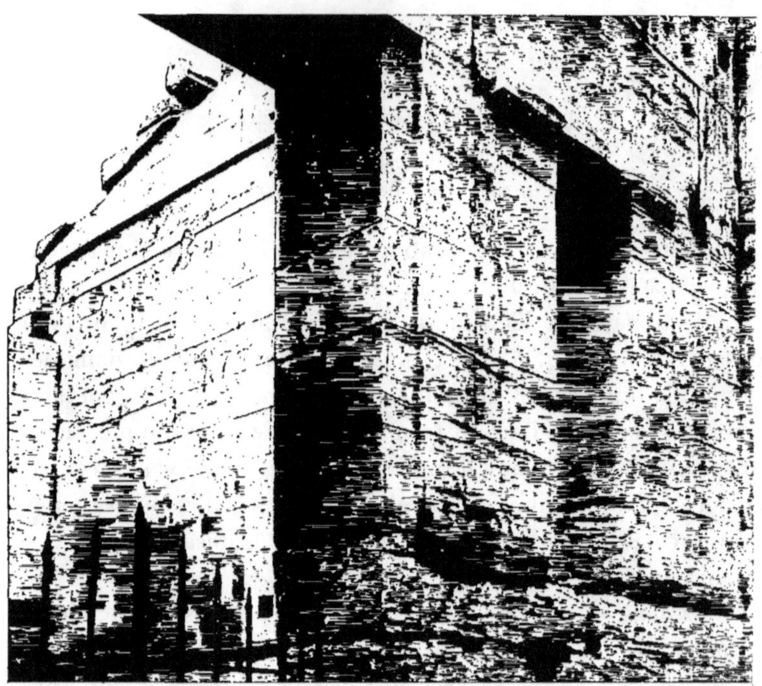

Fig. 75. — Fenêtre de la Pinacothèque aux Propylées.
Linteau supporté par deux pilastres.

étages. Les maisons à étages semblent avoir été rares dans l'antiquité. En Égypte on n'en connaît guère qu'un exemple, celui du pavillon érigé par Ramsès III à proximité du temple de Médinet-Abou.

La vie antique en Grèce et en Italie se passait dans des maisons closes sur les rues et ouvertes à l'intérieur sur des portiques entourant des cours ou des jardins. C'est un usage qui s'est perpétué dans les pays chauds : les portes étaient fermées par des tentures qui ménageaient l'entrée de l'air et de la lumière. A Pompéi les murs des maisons n'étaient ouverts sur les rues que pour les boutiques.

Dans le pavillon de Ramsès III à Médinet-Abou, on trouve pour la première fois trace d'encadrements saillants de chaque côté de l'ouverture, chambranles soutenant un grand linteau et reposant sur une sorte d'appui ayant la même saillie.

Ce système d'encadrement de l'ouverture a été adopté par les Grecs élèves des Égyptiens, aussi bien pour les fenêtres que pour les portes. Celles dont subsistent des fragments, aujourd'hui remis en place, sur la façade occidentale de l'Érechthéion, ou aux Propylées d'Athènes, sont ainsi composées, et on retrouve le même encadrement aux fenêtres simulées d'un tombeau d'Agrigente, dont l'étage supérieur est d'ordonnance ionienne.

Aux Propylées d'Athènes, des fenêtres placées de chaque côté de la porte éclairaient la salle placée à gauche du passage, et qu'on croit avoir été la Pinacothèque (fig. 75).

La logique a conduit l'artiste grec à encadrer les baies de deux pilastres, dont les chapiteaux saillants portent le linteau, et l'appui est en marbre bleu d'Éleusis contrastant avec le marbre blanc du Pentélique.

2° Les fenêtres au Moyen Age.

Piédroits, arcs et meneaux de remplissage. — Composition et décor d'une rose de cathédrale.

Les Byzantins appliquèrent à la construction des baies les colonnettes et les arcs, encadrant des dalles repercées suivant des tracés linéaires, ou suivant une ornementation florale : ces dalles de marbre avaient un double objet : restreindre l'entrée de la lumière et par conséquent de la chaleur, mais

ménager de petites ouvertures dans les dalles pour entretenir l'aération, et par conséquent la fraîcheur à l'intérieur.
Quelques-unes de ces dalles subsistent à l'église de Saint-Luc de

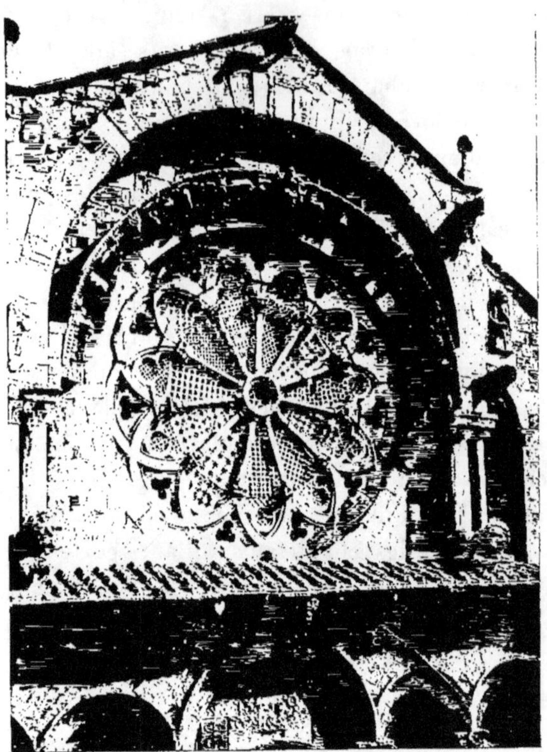

Fig. 76. — Rose garnie de dalles de marbre perforé à la cathédrale de Troja.

Phocide. Le plus frappant exemple est celui du garnissage en
dalles perforées, aux dessins variés, de la grande rose qui éclaire
la cathédrale de Troja dans l'Italie méridionale, près de Trani
(fig. 76). Les nécessités du climat et la tradition maintenaient
ces dalles ajourées dans les divisions d'une rose d'inspiration
toute française, et qui en France aurait été garnie de vitraux.

Dans l'art mauresque, des réseaux de plâtre repercé et sculpté remplissaient l'office de claustra (mihrab de la mosquée de Sidi-Bel-Hacen à Tlemcen).

A l'Alhambra de Grenade, la partie supérieure des « mira-

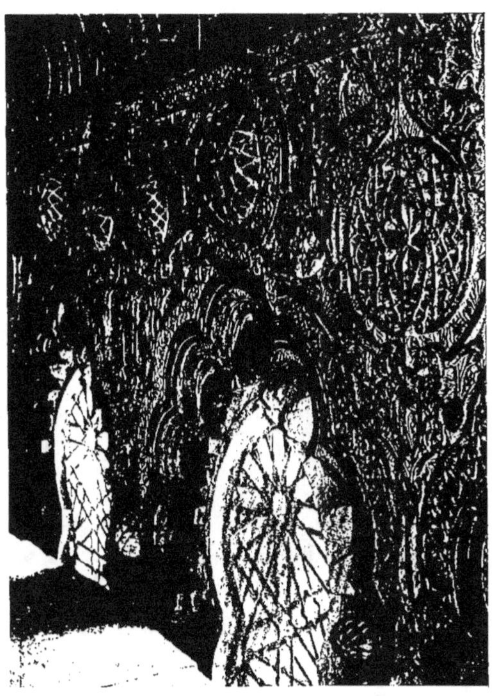

Fig. 77. — Réseau d'ornements en plâtre garnissant les baies dans le goût mauresque à l'église du Transito de Tolède.

dors », notamment de celui qui surmonte la salle des deux Sœurs, a ses petites baies garnies de réseaux de plâtre découpés à jour, suivant des combinaisons linéaires, et dont les évidements étaient parfois remplis de pièces de verre coloré. On les retrouve encore dans l'Inde à Delhi, au célèbre palais d'Al-ud-Dien datant de 1310. Ces fenêtres à réseau de plâtre ou de stuc ajouré existent, enchâssées dans une frise continue de stuc, à l'une des églises de Tolède, le Transito (fig. 77), ancienne synagogue affectée au culte chrétien. Dans l'Italie méridionale, l'usage du claustra de marbre existait encore au xve siècle. (Fenêtre à l'église Saint-Grégoire de Bari.)

Les baies de fenêtres pouvaient, comme les portes, être fermées par des linteaux, suivant le système antique, ou par des arcs.

Dans les monuments civils les plus anciens de notre architecture, l'arc et le linteau sont souvent combinés pour l'ouverture des baies ; l'arc joue alors le rôle d'arc de décharge, formant comme une arrière-voûte dans l'épaisseur du mur, tandis que le linteau correspond souvent à l'épaisseur du tableau, derrière lequel est une feuillure sur laquelle battent les volets de bois qui formaient alors la clôture, et dont les ferrures étaient des gonds scellés dans la pierre, sans bâti.

Comme dans ces constructions anciennes, qui comportaient un ou plusieurs étages, la partie basse était réservée aux boutiques, sauf le passage qui donnait accès à l'escalier, il importait de bien éclairer les pièces qui prenaient jour sur des rues souvent étroites et qui s'étendaient en profondeur. L'ancien Hôtel de Ville de Saint-Antonin (fig. 78) offre un type particulièrement intéressant de ces ouvertures multipliées, fermées par des linteaux ; un autre spécimen de linteaux fermant des niches et abrités par des arcatures existe encore au bâtiment voisin de la cathédrale de Lyon qu'on appelle la Manécanterie.

Les vieilles maisons de Provins, de Figeac et de Cordes ont conservé de fort belles fenêtres dont les meneaux sont constitués par de fines colonnettes soutenant des arcatures doubles, ou des linteaux déchargés par des arcs. (Fenêtres du palais des comtes de Champagne (fig. 79), de la Grange-aux-Dîmes, de l'hôtel Vauluisant.) Dans quelques-unes de ces fenêtres entre les arcatures et les arcs de construction qui prennent l'épaisseur du

mur, sont des oculi de petites dimensions, qui donnaient un peu
de lumière à l'intérieur quand les volets étaient fermés. A la
maison de la rue Orthabadial de Figeac (fig. 80), les quatre

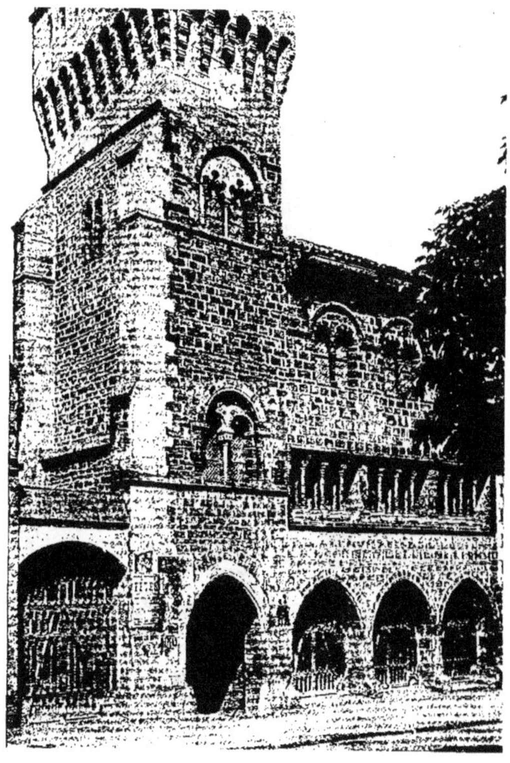

Fig. 78. — Fenêtres subdivisées par des colonnettes à l'Hôtel de Ville
de Saint-Antonin (Tarn-et-Garonne).

baies du premier étage forment une ordonnance absolument
remarquable pour le caractère des profils et des amortissements
sculptés.

L'hôtel de Vauluisant, à Provins, est aussi éclairé au premier
étage par une ordonnance de quatre fenêtres doubles comprises

sous de grands arcs dont les tympans sont évidés d'arcatures,
mais qui s'amortissent, à hauteur des chapiteaux, sur des linteaux, facilitant l'ouverture rectangulaire des baies au-dessus des
appuis : le pignon étant très élevé, de petites baies rectangu-

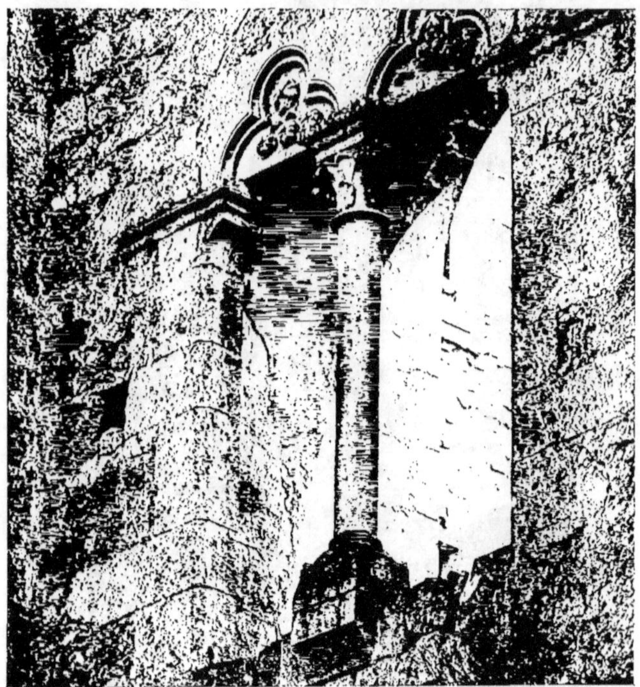

Fig. 79. — Fenêtre du palais des comtes de Champagne à Provins.

laires, divisées par des colonnettes, éclairent le second étage pris
dans les combles.

La division des baies par des meneaux n'a pas été localisée
dans l'art français du XIIIe au XVe siècle ; on la retrouve, à la
même époque, en Toscane, à Pise, à Sienne, à Lucques, à Florence, dans un grand nombre de palais où des colonnettes de
marbre s'allient avec des piédroits de brique ou de pierre.

Mais c'est surtout dans l'architecture religieuse que la construction des fenêtres donna lieu en France à des conceptions grandioses.

L'essor vraiment national de l'art français, qu'on peut placer vers la fin du xiie siècle, dérivait d'une idée très simple : celle

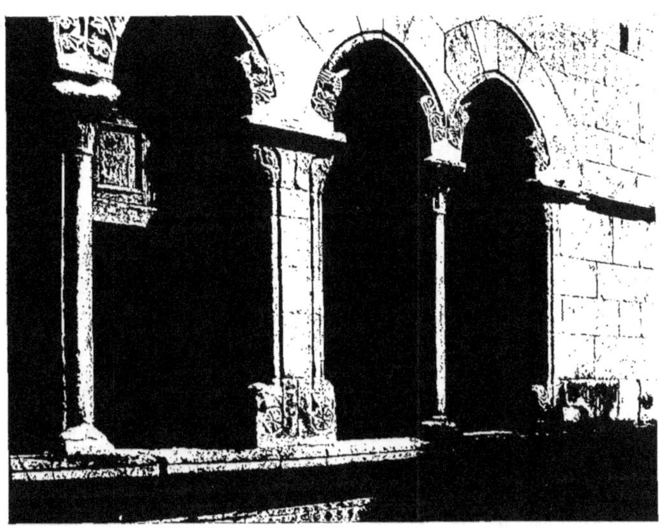

Fig. 80. — Fenêtre d'une maison rue Orthabadial à Figeac.

de couvrir de grands espaces en limitant au minimum les points d'appui, afin de pouvoir, entre eux, ouvrir de larges claires-voies, nécessaires, sous notre ciel, à l'éclairage. La création d'éléments nouveaux de construction, tels que les arcs de l'ossature d'une voûte, à l'aide desquels il était possible de faire converger sur des points d'appui extérieurs toutes les poussées, rendait possible l'évidement total des murs, soit sur les façades au-dessus des portails, afin d'éclairer par de grandes roses, ouvertes sous un arc formeret circulaire, l'extrémité de la nef principale ou des transepts (roses de la cathédrale de Chartres), soit sur les

façades latérales dont les fenêtres pouvaient être ouvertes depuis
le faîtage des combles de bas-côtés jusque sous la corniche des
grands combles (fenêtres de la cathédrale du Mans).

Considérons un élément, celui de la rose, et voyons comment
il s'est développé. Les roses les plus anciennes ne sont guère
antérieures aux dernières années du xiie siècle, et cela est explicable, puisque c'est aussi le moment où l'art qui s'est formé en
France dispose de tous ses moyens d'expression. Une idée phi-
losophique intervient parfois dans le décor ; la rose est une roue,
c'est la roue de Fortune que les hommes cherchent à faire tour-
ner à leur profit, et un premier exemple existe à l'église Saint-
Étienne de Beauvais (fig. 81). Des rayons formés de colonnettes
prenant appui sur un anneau central, et soutenant des arcs tri-
lobés, remplissent le vide du grand cercle, dont les deux archivoltes concentriques sont ornées de feuilles et de rosaces. C'est
à l'extérieur que se placent les figures.

En Espagne, à l'église San-Pedro d'Avila, la rose, toute française, est composée de même ; il y a lieu de remarquer toutefois que les arcatures s'amortissent alternativement sur des
colonnes tendant au centre et sur des culs-de-lampe, afin de ne
point encombrer le cercle par des colonnes rayonnantes trop
serrées.

A Palerme, la rose de l'église San-Agostino est composée
d'arcs entrecroisés, suivant la méthode en usage dans l'architecture normande.

Lorsque ces roses dépassaient 10 mètres de diamètre, comme
celle de la façade occidentale de la cathédrale de Chartres
(fig. 82), ou celle du transept nord de la cathédrale d'Amiens,
le tracé donnait lieu à une magnifique composition d'architecture, tendant à diviser le réseau en une série de motifs concentriques reliés les uns aux autres, et dont les joints de coupe sont
admirablement étudiés pour qu'un pareil réseau, dont l'épaisseur, variable avec la dimension, atteint jusqu'à $0^m 70$, puisse

résister à l'effort du vent. A Chartres, les arcatures rayonnantes
s'intercalent entre une rosace centrale dont chaque claveau porte
la base d'une colonnette, et une série d'arcs à huit lobes se raccordant par des champs avec les arcatures, et se combinant avec

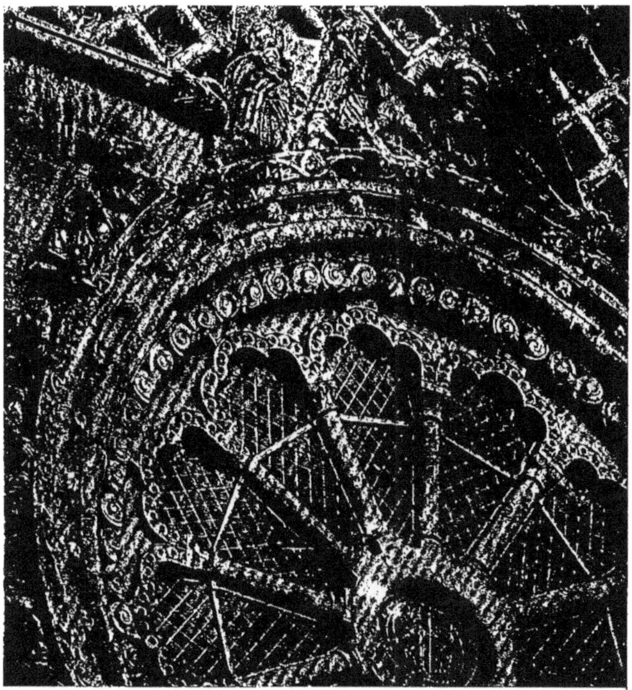

Fig. 81. — Rose de l'église Saint-Étienne à Beauvais.

de petits arcs quadrilobés pour atteindre la grande archivolte
ornée de deux rangées de feuilles.

Les roses de la cathédrale de Laon sont à citer aussi comme
des chefs-d'œuvre de composition.

Dans la plupart de ces roses l'ornementation est double, pré-
sentant la même ordonnance à l'intérieur et à l'extérieur, et les

vitraux de remplissage s'intercalent entre les deux motifs. (Rose de l'église de Bougival, fig. 83.)

A la cathédrale d'Amiens, la composition est un peu différente ; l'artiste a eu l'idée de grands motifs doubles, formant dans la

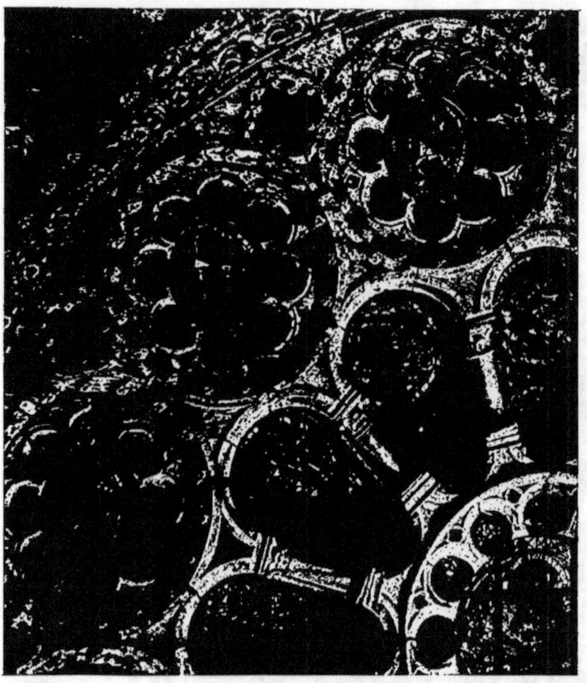

Fig. 82. — Grande rose du pignon occidental à la cathédrale de Chartres. Joints convergents.

rose les divisions principales entre lesquelles se placent les motifs rayonnants, le tout s'amortissant sur un motif central très développé.

Bien que d'une composition moins savante, les roses des transepts de la cathédrale de Chartres sont encore très intéressantes à étudier au point de vue des tracés d'appareil. Ici l'archivolte

est formée de trois rouleaux, et, pour relier la rose à la corniche,
l'architecte a garni de niches et de figures les écoinçons.

Un autre tracé fort remarquable est celui de la rose du transept de la cathédrale de Lausanne, qu'il eût été désirable de

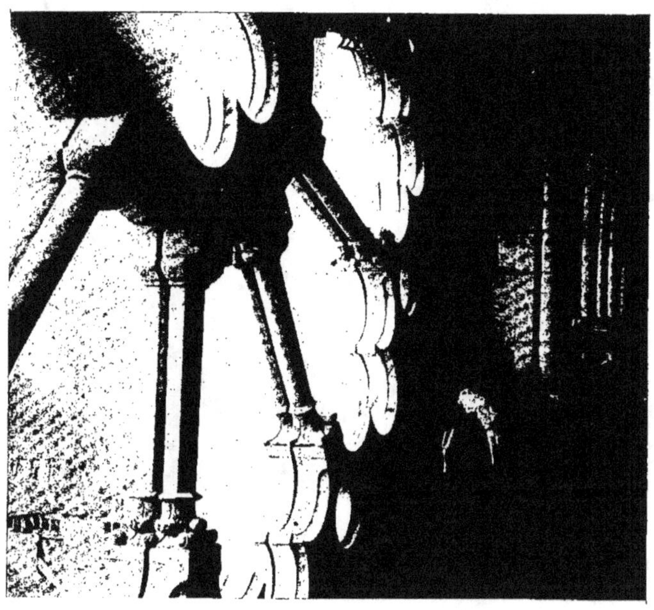

Fig. 83. — Rose de l'église de Bougival indiquant le tracé des meneaux
à colonnettes jumelles.

conserver dans la restauration de cette cathédrale, car la rose
était dessinée dans l'album d'un architecte français du xiiie siècle,
Villard de Honnecourt, et la disposition en était très originale ;
la rose a été refaite à neuf, sans réemploi des morceaux anciens
dont quelques-uns pouvaient être conservés.

De magnifiques roses du xiiie siècle subsistent encore dans un
grand nombre de cathédrales françaises, notamment à Reims, à
Paris, etc. Celle de la cathédrale de Tolède est de la fin du

xiiie siècle. Celles de la cathédrale d'Angers ne datent que du
xive siècle.

A Bourges, la grande rose se confond avec le fenestrage qui évide

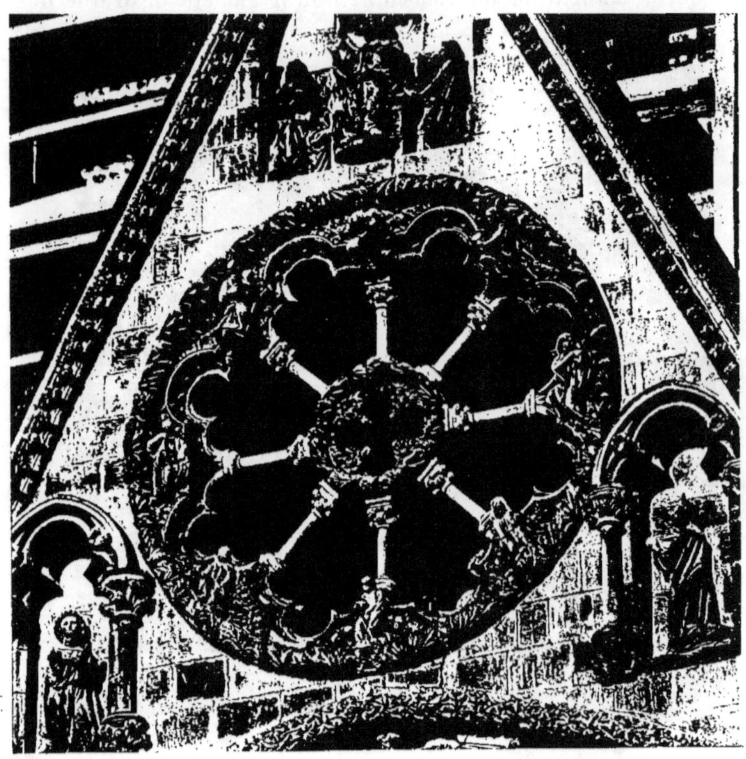

Fig. 84. — Rose dans le gâble du portail central de la cathédrale de Bourges.

toute la façade occidentale. Mais au sommet du gâble du portail,
une rose d'une ornementation très délicate ajoure la pointe du
pignon (fig. 84). Les roses du réfectoire de Saint-Martin-des-
Champs à Paris, sont décorées dans les arcatures de feuillages
d'un goût exquis.

Le xive siècle est aussi l'époque de la grande rose couronnant

la large fenêtre qui fut ouverte dans l'église de Sainte-Radegonde
à Poitiers, en vue d'y introduire plus de lumière, et qui s'har-
monise avec l'édifice (fig. 85).

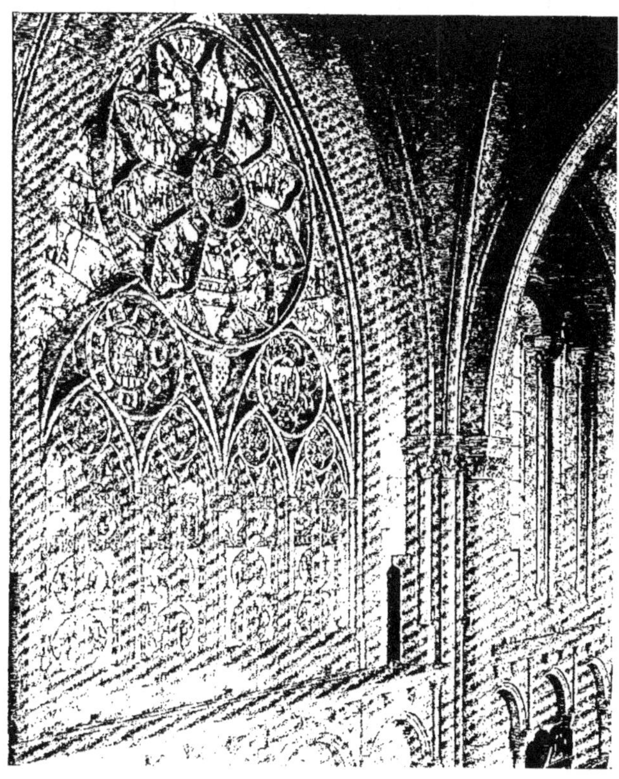

Fig. 85. — Grande fenêtre avec rose ouverte au XIVe siècle dans
l'église Sainte-Radegonde de Poitiers.

Les magnifiques compositions imaginées pour les cathédrales
et les églises furent mises à profit pour tous les édifices. La
salle synodale qui occupe le premier étage du bâtiment fortifié
construit à Sens près de la cathédrale, est éclairée, soit à l'extrémité, soit sur les faces latérales, par de magnifiques fenêtres

dont les arcatures et les meneaux s'inscrivent dans des archivoltes amorties sur des piédroits.

C'est l'époque où l'art italien du Nord fait d'assez nombreux emprunts à l'art français. La petite église de Pise, bâtie sur les rives de l'Arno, Santa-Maria della Spina, est éclairée par des fenêtres à meneaux dont les arcatures trilobées reposent sur des colonnettes de marbre. C'est aussi la disposition des meneaux qui divisent les baies du Campo-santo de Pise.

L'une des églises de Lucques, Santa-Maria della Rosa, a ses fenêtres subdivisées par de charmantes arcatures dans le goût des ouvrages français du xive siècle (fig. 86). Des arcatures, au nombre de quatre par baie, soutiennent des roses dont les encadrements se raccordent avec les moulures des arcs; les triangles de raccord sont garnis de sculptures. La partie basse des fenêtres a été malheureusement bouchée en maçonnerie.

On trouve encore les roses à Florence, à l'ancien marché devenu l'église d'Or san Michele; les meneaux qui divisent le sommet des baies, et qui datent de la fin du xve siècle, caractérisent l'une des adaptations les plus charmantes d'éléments décoratifs de l'art français à l'art italien.

La fin du xive siècle accusait en France la virtuosité des tailleurs de pierre, leur habileté à subdiviser et à creuser les profils pour y multiplier les jeux de lumière. On abusait des détails destinés à rendre compte de la fonction de chaque corps de moulure ; on proportionnait la hauteur des bases à la grosseur des moulures qu'elles amortissaient, et il en résultait une complication inouïe, mais charmante, d'éléments décoratifs se pénétrant les uns les autres, éléments linéaires qui ne laissaient pas beaucoup de place à la sculpture.

En raison même des difficultés de tracé, les appareilleurs étaient tenus de faire leurs épures au compas, afin de pouvoir réaliser sans difficulté, sur leurs axes, les raccordements des moulures toriques. Les profils de celles-ci étaient étudiés pour faciliter au fur et à mesure des subdivisions, l'abandon des moulures les plus saillantes qui dessinaient dans la fenêtre les divisions principales. Ces dispositions étaient adoptées alors dans toutes les écoles françaises. Elles sont appliquées aussi bien aux fenêtres des chapelles de l'église abbatiale de Saint-

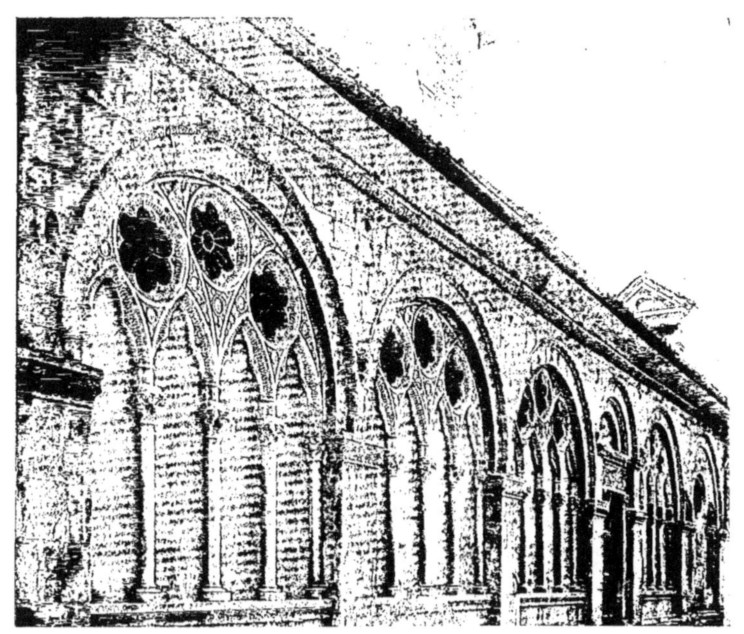

Fig. 86. — Meneaux divisant les fenêtres à l'église Santa-Maria della Rosa à Lucques (Toscane).

Denis, qu'aux fenêtres basses de la cathédrale de Bayonne, et l'architecture civile qui suivait l'architecture religieuse, fit la même application des meneaux à la division des fenêtres, subdivisant la baie par des traverses, pour éviter des panneaux de vitrage trop hauts qui auraient donné prise au vent. (Fenêtres du donjon de Maubergeon au Palais de justice de Poitiers). On peut critiquer, à la fin du XIVe siècle, l'excès du style géométrique, résultant de l'abus du compas et de la règle.

Cependant pour les habitations privées, on conservait l'usage des linteaux, déterminant pour les parties ouvrantes, châssis de croisées ou volets, des surfaces de menuiserie rectangulaires faciles à ferrer. C'est le début dans la menuiserie des bâtis, ou comme on les appelait alors des « huis enchassillés », qu'on fixait par des pattes dans les feuillures des maçonneries, et sur lesquels on ferrait à plat les châssis de croisées, à l'aide de paumelles à doubles branches de pentures ou de charnières.

L'étude de ces croisées diffère sensiblement de celle des fenêtres du Moyen Age ; d'ailleurs, on cherchait à utiliser les combles en élevant, au-dessus des corniches, de grandes lucarnes qui formaient le couronnement des fenêtres des étages inférieurs et qui, en raison de leurs dispositions spéciales pour le raccordement avec les combles, nécessitent une étude particulière.

3° Les fenêtres, croisées et lucarnes du Moyen Age à l'époque moderne.

Dans les fenêtres d'églises, ainsi qu'on le voit à l'église Saint-Urbain de Troyes, on avait exagéré, dès le xive siècle, le parti pris de finesse des arcatures et des roses qui divisaient les baies et formaient les soutiens des vitraux, mais cette finesse n'excluait pas la fermeté. Les artistes du xve siècle exagérèrent encore les délicatesses de forme et les virtuosités d'exécution, comme on peut le constater sur les meneaux des cloîtres de Cadouin ou sur ceux du cloître de la cathédrale de Ségovie, en Espagne (fig. 87).

Les exigences de l'habitation avaient garanti les fenêtres des maisons de ces exagérations de formes et de tracés.

Quelques maisons anciennes, du xive siècle, conservées à Cordes et à Figeac dans des régions où la couverture était faite en tuile creuse, sur des combles assez plats, ont gardé, malgré

des adaptations modernes, leurs deux étages de baies géminées,
surmontant les arcades du rez-de-chaussée réservé aux boutiques; le dernier étage était éclairé par de petites baies, les

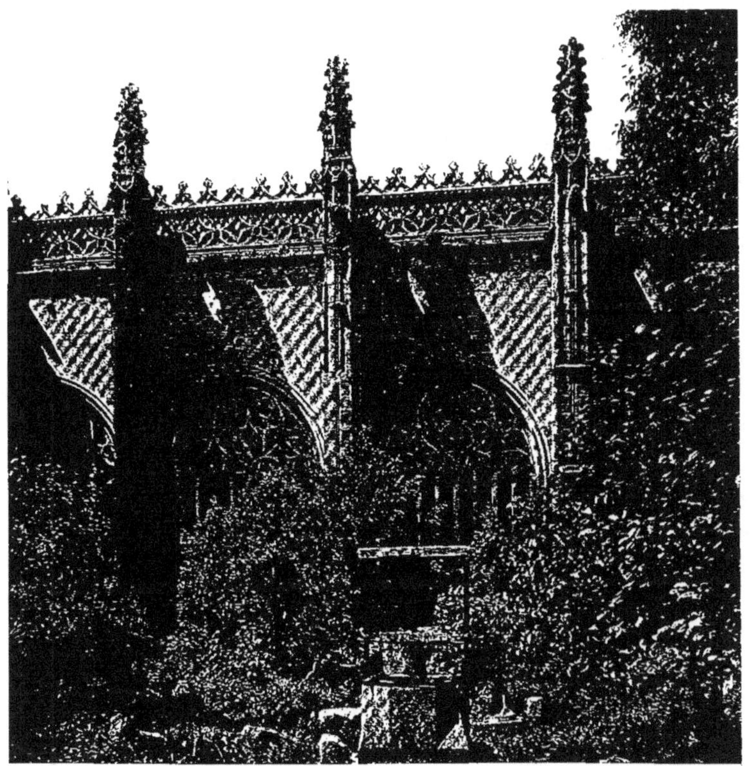

Fig. 87. — Meneaux divisant les baies de cloître de la cathédrale de Ségovie.

unes simples, les autres doubles, celles-ci divisées par une colonnette portant les extrémités des linteaux.

Des vieilles maisons du xvᵉ siècle, à Luxeuil, font bien connaître l'usage des meneaux dans les habitations privées; ils
forment à la fois les bâtis fixes des croisées et les soutiens des
linteaux, et la baie a un ou deux meneaux verticaux suivant sa

largeur. Les moulures saillantes de ces meneaux sont traitées comme de fines colonnettes terminées par des bases au-dessus des glacis en pierre des appuis.

Jusqu'à la fin du xvie siècle, les fenêtres sont demeurées subdivisées par des meneaux de pierre, qui facilitaient, en fournissant des battements rigides, l'ouverture et la fermeture des châssis vitrés à un vantail. Le nom de « croisée » dérive même de la disposition en forme de croix de ces meneaux verticaux et horizontaux. Ainsi on appelait fenêtre à double « crozée » une fenêtre divisée deux fois par des meneaux horizontaux dans sa hauteur.

Sur le meneau vertical, le profil se répète symétriquement par rapport à l'axe : il est divisé en sections par le meneau horizontal qui s'entaille dans les piédroits d'une épaisseur correspondant au développement de la moulure. Le meneau horizontal ne porte le profil qu'à sa partie inférieure ; au-dessus, il est taillé en glacis avec rejet d'eau et c'est une occasion de constater que toujours dans l'art français, la forme est justifiée par la fonction. Sur le glacis est réservée la portée du meneau vertical et le joint horizontal est mis par le rejet d'eau à l'abri des infiltrations de la pluie chassée par le vent.

Lorsqu'on adopta, dans les provinces du nord de la France, le parti de combles à grande inclinaison en vue de faciliter l'écoulement des eaux et la chute de la neige, on dut songer à utiliser et par conséquent à éclairer ces combles qui, vu leur hauteur, contenaient deux et quelquefois trois étages.

Souvent au xiiie siècle, les combles prenaient appui sur des pignons qui prolongeaient le mur de façade et dans lesquels pouvaient être percées les baies d'éclairage. Souvent aussi les combles eurent leur écoulement d'eau sur la rue ou sur une cour intérieure et il était nécessaire dans ce cas de faire pénétrer la lumière à l'intérieur du comble par des lucarnes, abritées elles-mêmes par un petit comble qui formait par des noues

pénétration dans le grand. Dans les maisons en pan de bois, ces
lucarnes faisaient partie de la charpente. Dans celles dont les
façades étaient en pierre, il convenait, aussi bien pour la bonne

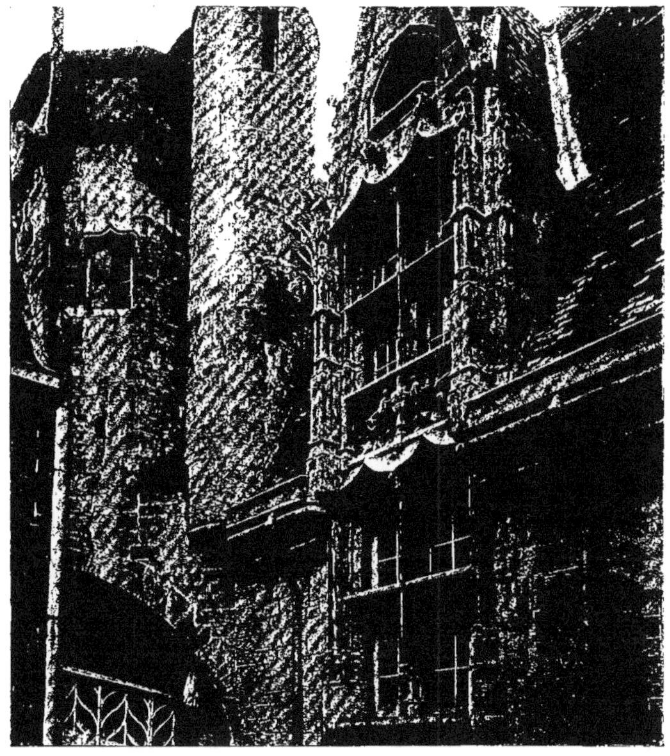

Fig. 88. — Fenêtres et lucarnes superposées à l'Hôtel dit « des Ambassadeurs »
de Dijon. XVᵉ siècle.

construction que pour l'effet, de prolonger suivant les mêmes
axes les fenêtres des étages inférieurs par une construction de
pierre, qui se profilait sur le grand comble et servait de clôture
et d'appui au petit comble de lucarne.

Cette construction de pierre pouvait se réduire à deux piédroits et un linteau soutenant un pignon triangulaire accusant la forme du comble. Mais il fallait trouver à l'intérieur, derrière les feuillures de la pierre, les emplacements nécessaires au développement des châssis de croisées et des volets ; il fallait aussi clore les jouées par un pan de bois suffisamment épais pour défendre les habitants contre le froid et la chaleur. Il fallait encore revêtir ce pan de bois, de plomb, d'ardoise ou de tuile et tenir compte de l'épaisseur de cette couverture ainsi que des liteaux ou lattis qui la portaient. Enfin, les piédroits de ces lucarnes, à raison de leur isolement et de leur fonction de supports, devaient avoir une base assez solide pour pouvoir résister à certains efforts de poussée, et en Bourgogne, dans quelques édifices, par exemple au Palais ducal de Dijon, on prolongeait en encorbellement les premières assises des piédroits pour porter des jouées en maçonnerie plus solides que les remplissages de charpente.

Un des plus intéressants exemples de ces dispositions est donné par la lucarne à deux étages qui subsiste, à proximité de l'escalier, dans l'hôtel des Ambassadeurs à Dijon (fig. 88) : les calcaires durs de Bourgogne en ont conservé les moulures aussi nettes que si elles étaient taillées d'hier. Ici les piédroits sont traités comme de petits contreforts, sur lesquels s'amortit le gâble de la lucarne, et l'appui de la fenêtre à la base du comble est occupé par une décoration sculptée, grâce à laquelle le motif des ouvertures se prolonge sans interruption.

A partir du xve siècle, la lucarne devient un motif essentiel de couronnement pour les baies superposées des étages ; elle s'enlève en silhouette sur le grand comble qu'elle meuble pour ainsi dire et qui bénéficie de sa silhouette. (Lucarnes du grand logis au château de Nantes et lucarne de l'Hôtel de Ville de Saumur.)

Dans les pays où le calcaire tendre se prête aux travaux les plus compliqués du tailleur de pierre et du sculpteur, les lucarnes

deviennent des monuments d'architecture ; elles sont reliées,
comme on le voit au Palais de Justice de Rouen, par des galeries ajourées couronnant des balustrades sculptées qui circulent
à la base du comble.

A aucune époque, la taille de la pierre n'a été traitée avec

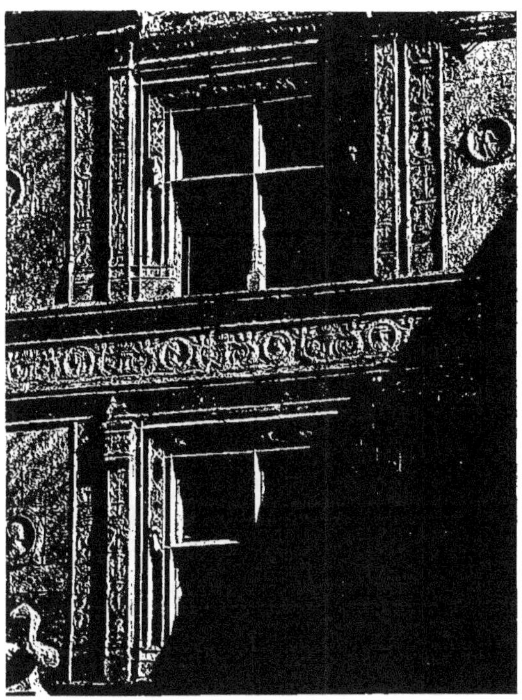

Fig. 89. — Fenêtres à meneaux du château de Fontaine-Henri (Calvados). xviᵉ siècle.

plus d'adresse, ni les profils mieux étudiés au point de vue des
oppositions cherchées d'ombre et de lumière. Il suffit de considérer les couronnements de portes ou de croisées de quelques
édifices du xvᵉ siècle, par exemple de l'hôtel Jacques Cœur,
ou de l'ancien Hôtel de Ville de Bourges, pour bien saisir l'évolution artistique qui s'accomplissait alors, et dont le décor
linéaire faisait les plus grands frais.

L'hôtel de Bourgthéroulde, à Rouen, témoigne de l'extraordinaire habileté de ces tailleurs de pierre qui rivalisaient avec les sculpteurs. La sculpture occupe tout l'espace libre entre les baies.

Au château de Josselin, les lucarnes de granit se développent dans toute la hauteur des combles, ne laissant subsister entre elles que d'étroites balustrades, derrière lesquelles les eaux de la toiture sont recueillies, pour être projetées au dehors par des gargouilles.

Au moment où le goût s'oriente vers une décoration conventionnelle, plus ou moins inspirée des formes antiques, les formes traditionnelles sont conservées pour les encadrements des fenêtres et pour les meneaux de division. Le château élevé à Gaillon par le cardinal Georges d'Amboise en fournissait maints exemples, actuellement dispersés. On en a d'autres au château de Fontaine-Henri dans le Calvados (fig. 89), où l'on remarque un singulier mélange, dans la décoration des piédroits, de pinacles et de pilastres et où, comme à Gaillon, il est fait largement usage des médaillons portant des figures historiques représentées de profil.

L'évolution artistique était à cette époque singulièrement rapide ; il suffit pour s'en convaincre de comparer les œuvres de la fin du règne de François Ier à celles de son début. C'est ainsi qu'au château de Fontaine-Henri, les lucarnes à deux étages faites les dernières ont tous les caractères de l'architecture du milieu du règne de François Ier, tandis que les croisées situées au-dessous se rattacheraient à l'architecture de la fin du règne de Louis XII. Une lucarne, seul vestige d'un vieil hôtel de Poitiers, est traitée comme celles de Fontaine-Henri.

A Bourges, dans l'hôtel de Cujas (aujourd'hui musée), on trouve encore les mêmes adaptations de quelques formes, dites à l'antique, à une construction de brique et de pierre que tous ses autres détails rattachent encore à l'art français du moyen âge, tandis qu'à l'hôtel d'Écoville de Caen, les ordonnances à l'antique, interprétées suivant le goût français, sont déjà prépondérantes : ces mélanges d'influences diverses sont très apparents dans les œuvres de la première moitié du règne de François Ier,

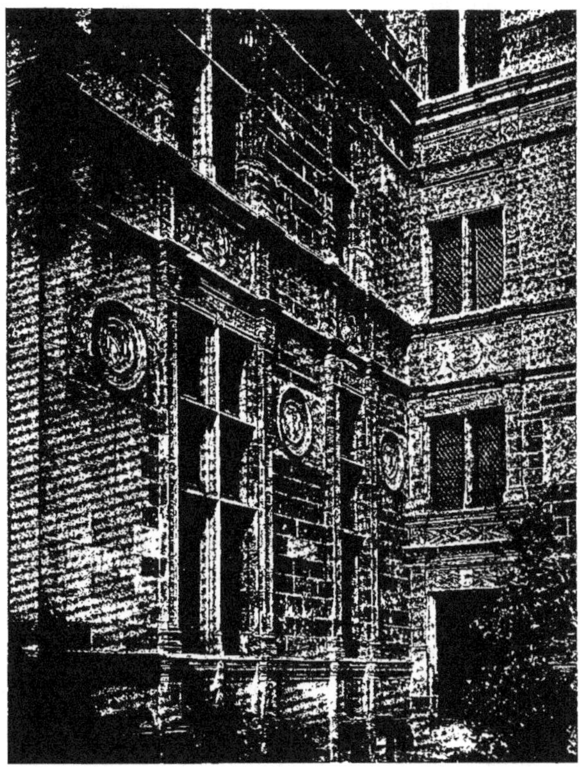

Fig. 90. — Fenêtres à meneaux de l'aile de 1522 à l Hôtel de Pincé (Angers).

et en particulier dans les nombreuses maisons qui s'élevaient alors à Orléans.

Un des monuments qui caractérisent le mieux l'évolution rapide du style à cette époque, est l'hôtel que l'architecte Jean de L'Espine construisit ou acheva pour Jean de Pincé, maire élu d'Angers. Il semble en effet que deux arts, sinon deux artistes, aient concouru de 1522 à 1535, dates du commencement et de la fin des travaux, à l'édification de cet hôtel, dont l'aile gauche contenant les salles de réception et le pavillon de l'escalier, se distingue nettement de l'aile droite : celle-ci, construite en retrait, est une œuvre bien caractérisée du style nouveau, tandis que l'aile gauche, malgré sa décoration à l'antique, ne s'écarte guère, ni pour le tracé des baies ni pour leur encadrement, de l'architecture traditionnelle en usage à la fin du xve siècle (fig. 90). Les fenêtres du rez-de-chaussée y sont encore à « double crozée » et les moulures des meneaux sont des colonnettes amorties sur de petites bases.

Les lucarnes à deux étages sont de charmants édicules composés suivant la tradition du xve siècle.

Si l'on considère au contraire les fenêtres de l'aile droite, et notamment celle de la tourelle (fig. 91), on ne peut se défendre d'un rapprochement entre la décoration de cette partie de l'édifice, et celle qu'on pratiquait alors en Vénétie ou dans le Milanais et dont la cour intérieure du Palais Ducal, à Venise, fournit de si précieux exemples.

D'ailleurs tous les châteaux des bords de la Loire, ceux même qui, comme Chenonceaux et Azay-le-Rideau, semblent avoir conservé quelque chose de l'appareil militaire des châteaux féodaux, ont désormais leurs fenêtres encadrées de pilastres, lesquels font intervenir pour la division des étages des entablements, dont les différents membres se modifient pour les besoins de l'habitation. C'est ainsi que la corniche figurant l'appui de la croisée n'est plus qu'une moulure, dont le glacis s'arrondit pour se raccorder avec une cimaise plate, et que l'architrave marquant la hauteur du plancher ne comporte généralement qu'un listel, un talon et une face droite, amortie par un quart de rond.

Au contraire, la frise a un développement extraordinaire parce qu'elle est destinée à recevoir des bas-reliefs, et qu'elle doit figurer, entre la corniche et l'architrave, la hauteur d'une balustrade pleine. C'est ainsi que dans l'art français, art de logique et de mesure, les formes empruntées à l'art antique ou à l'art italien ne s'acclimatèrent que lentement, en se pliant aux besoins de l'architecture française.

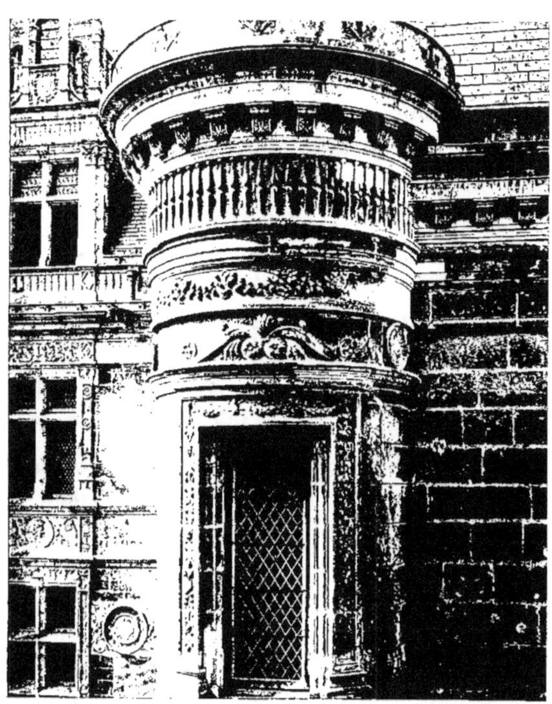

Fig. 91. — Fenêtre d'une tourelle à l'Hôtel de Pincé.
Décoration du chambranle comparable à celle des fenêtres du Palais Ducal de Venise.

L'aile de François Ier au château de Blois est à citer en première ligne, pour l'étude de cette période si intéressante de notre art.

Au contraire, lorsqu'on s'écarte des provinces du centre de la France, l'interprétation des formes antiques est beaucoup moins libre, et dans un palais comme l'ancien palais Granvelle de Besançon, les divisions conventionnelles des ordonnances sont plus rigoureusement observées.

C'est d'ailleurs un de nos architectes, Pierre Lescot, qui en a fait, à Paris, la plus belle application en commençant pour François Ier la reconstruction du palais du Louvre, vers 1541. Ici les fenêtres du rez-de-chaussée sont prises sous les arcades qui complètent l'ordonnance corinthienne, et au premier étage, les chambranles sont renfoncés de contre-chambranles donnant appui aux consoles qui motivent les saillies de frontons abritant les fenêtres (fig. 92).

Cette évolution fut suivie, sous Henri II et plus tard sous Charles IX, d'un essai des ordonnances colossales qui étaient alors en faveur en Italie, et qui contrastaient absolument avec la logique de l'art français. Bullant fut l'un des promoteurs de ces ordonnances colossales, qu'il traita avec talent, comme des hors-d'œuvre, sur les façades de la cour du château construit à Écouen, vingt ans auparavant, pour le connétable Anne de Montmorency ; il en fit un autre essai au petit château de Chantilly, dont il traita l'entrée comme un arc triomphal, donnant aux fenêtres du premier étage une forme indécise, les prenant à moitié dans la hauteur du comble, et les couronnant par des frontons.

L'architecte du château de Serrant avait trouvé une solution bien préférable, en relevant le comble sur un mur d'appui, en arrière des balustrades qui couronnaient la corniche du premier étage, le mur d'appui rendant utilisable, sans redressement, la partie de l'étage comprise dans le comble. C'est à peu près la solution qui fut adoptée pour les lucarnes de la galerie de Diane au Palais de Fontainebleau.

Au xviie et au xviiie siècle, l'assujettissement de l'architecture aux ordonnances classiques laissait peu de liberté à l'architecte pour le percement des baies de façade, subordonnées aux divisions des ordonnances. D'ailleurs le goût italien qui prévalait momentanément en France tendait à une architecture d'apparat

qui tenait peu de compte de l'accord entre la façade d'un bâtiment et sa distribution intérieure. On peut admirer la colonnade
de Perrault au Louvre ou les colonnades des palais de Gabriel

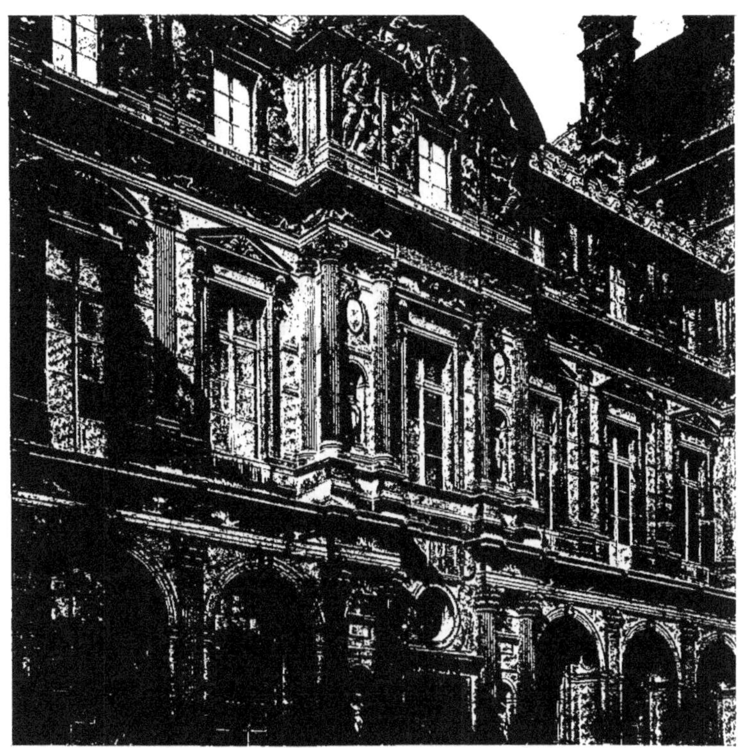

Fig. 92. — Fenêtres dans l'aile du Louvre de Pierre Lescot.
Frontons sur consoles abritant les fenêtres.

sur la place Louis XV (aujourd'hui place de la Concorde), pour
leurs proportions et leur effet décoratif, mais il ne faut pas chercher une rigoureuse logique dans la disposition de ces galeries
hautes et étroites, aussi mal défendues contre le soleil que contre
la pluie et dont les habitants ne peuvent guère faire usage.

Lorsqu'il s'agissait d'un palais comme celui de Versailles ou même comme celui de Trianon, la hauteur des étages correspondant aux ordonnances permettait l'ouverture de baies circulaires ou rectangulaires, qu'on utilisait tout entières sans coupures. Le

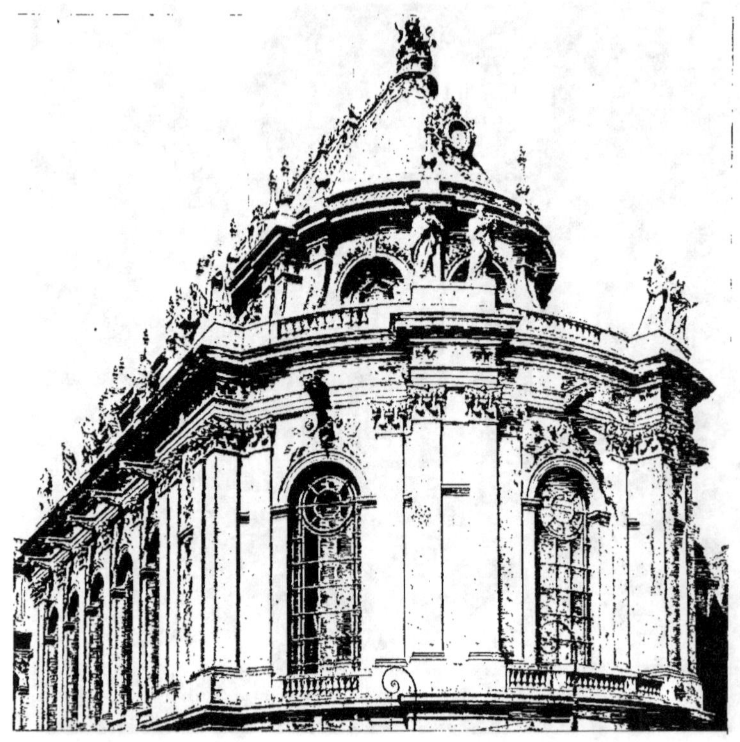

Fig. 93. — Fenêtres hautes à la chapelle du château de Versailles.
Archivoltes soutenant des tympans ornés.

couronnement de la baie était l'archivolte amortie sur l'imposte et le tympan, compris entre l'archivolte et l'entablement, recevait une décoration sculpturale. (Fenêtres du palais de Trianon, de la chapelle du palais de Versailles, fig. 93.)

Mais lorsqu'il fallait accorder ces façades monumentales avec l'habitation privée, les difficultés commençaient. Les belles ordonnances laissaient au sommet des arcades et dans la hauteur des entablements, des parties pleines qui rendaient l'habitation peu agréable : c'est ainsi qu'à la place Vendôme, il fallut démolir une première fois les façades construites suivant une belle ordonnance, mais qui restaient inutilisées, parce qu'aucun acquéreur ne se présentait. Même après modification, les entresols des hôtels de la place Vendôme, éclairés à hauteur du plancher, et ceux des constructions élevées par Gabriel à Bordeaux se raccordant avec la Bourse et la Douane, offrent les mêmes inconvénients.

Malgré le talent d'un architecte tel que Louis, qui fit au Palais-Royal un des derniers essais d'ordonnance régulière, appliquée aux constructions entourant un jardin, il faut reconnaître que les étages pris dans la hauteur de la frise du grand ordre sont peu favorisés, et cependant il est incontestable que l'architecte s'est ingénié, en décrochant la moulure d'architrave sous les fenêtres, à leur donner plus de hauteur, à éviter l'encombrement des piliers en réduisant au minimum, c'est-à-dire au champ recevant les bases, la largeur des piédroits, et à diminuer l'inconvénient d'éclairage des entresols, en élevant les arcs aussi haut que possible. Tous ces palliatifs ne peuvent rien contre les défauts qui sont la conséquence de l'ordonnance colossale elle-même, c'est-à-dire l'écartement trop réduit mais très classique des pilastres, la largeur de ces pilastres et la hauteur très classique aussi, mais peu utilisable de l'entablement.

On voit par ces exemples que les règles arbitraires sont tout à fait funestes au développement de l'art, et que pour faire œuvre d'artiste il est indispensable de tenir compte de la destination de l'œuvre que l'on crée, et de la nécessité d'accorder la forme avec une construction raisonnée, qui puisse donner satisfaction au programme même de l'œuvre. En étudiant séparément les éléments de la composition, on se rend mieux compte des conditions que chacun d'eux doit remplir, pour tenir dans l'ensemble la place qui lui est assignée et à concourir à l'harmonie sans laquelle il n'est point de perfection artistique.

IV

LES ESCALIERS DROITS

Limons, rampes et mains courantes. Supports des paliers (colonnes et
trompes). Arcs et voûtes rampantes sous les marches.

L'idée d'élever un édifice sur des marches ou sur des gradins
pour l'isoler du sol environnant et pour le mettre en valeur, est
fort ancienne. Dans les monuments de l'Égypte, des marches
forment une gradation entre les salles hypostyles accessibles au
peuple, et le sanctuaire réservé au Roi et aux prêtres. Nous savons
d'ailleurs par l'exemple d'un monument caractéristique, le
temple de Deir-el-Bahari, le parti que les Égyptiens avaient tiré
de cours étagées en terrasse et accessibles par des emmarchements. Les marches, ayant généralement la largeur d'un pied
et la hauteur d'un demi-pied, donnent un moyen simple d'apprécier par comparaison les dimensions d'un monument.

En Grèce, tous les temples sont entourés de gradins s'élevant
jusqu'au sol du péristyle, et c'est sur ces gradins que l'architecte
grec avait réglé, au Parthénon, la courbure apparente du sol
sur lequel reposait le temple. Lorsqu'il s'agissait de pentes
accessibles aux cavaliers et aux chars, par exemple aux Propylées, on combinait la pente douce de la voie centrale, coupée de
stries transversales pour arrêter les sabots des chevaux, avec les
marches des allées latérales réservées aux piétons.

D'anciens escaliers ont été mis à découvert par les fouilles
de Delphes : ils reliaient directement les paliers des chemins

en lacet, sur lequel s'étageaient les trésors des cités grecques. Les marches de ces escaliers sont à l'échelle humaine, les gradins du temple sont à l'échelle des dieux.

Le sanctuaire des temples antiques était divisé dans sa largeur par deux files de colonnes et ces colonnes étaient à deux étages sans doute pour permettre de placer les offrandes et aussi pour soutenir la charpente de la toiture. Il est probable que des escaliers mobiles permettaient l'accès de ces galeries supérieures dans les monuments où on ne trouve pas trace d'escaliers fixes. Le départ d'un escalier de pierre, dont les gradins sont taillés dans une seule assise, est visible à l'entrée du naos de Poseidon à Pæstum ; on en trouve aussi la trace au temple d'Olympie : l'emplacement d'un escalier n'est pas nettement indiqué au Parthénon.

Les maisons antiques ne comportant généralement qu'un rez-de-chaussée, ne se prêtaient guère au développement des escaliers. C'est dans les théâtres et surtout dans les amphithéâtres qu'on en fit largement usage.

Dans les théâtres grecs, le plus souvent adossés à une colline sur laquelle s'étageaient les gradins, les escaliers suivaient la pente de ces gradins pour y donner accès. Dans les amphithéâtres romains, édifiés à l'intérieur des villes, les escaliers sont combinés pour s'accorder avec les passages donnant accès aux gradins et ils sont portés sur des voûtes rampantes alternant avec les arcades des passages qui correspondent aux paliers.

Le principal objet des degrés était d'élever l'édifice sur une plate-forme et à toutes les époques on a tiré parti de cette disposition monumentale.

Dans les églises chrétiennes, l'emplacement réservé à l'autel est toujours élevé de plusieurs marches, afin que les fidèles puissent, même de loin, voir l'officiant ; le plus souvent ces marches ne comportent aucune décoration ; cependant dans les

édifices très somptueux, tels que ceux qui furent élevés en
Sicile, sous les princes normands, on ne limita pas aux parois
des murs et aux colonnes, le magnifique décor des mosaïques

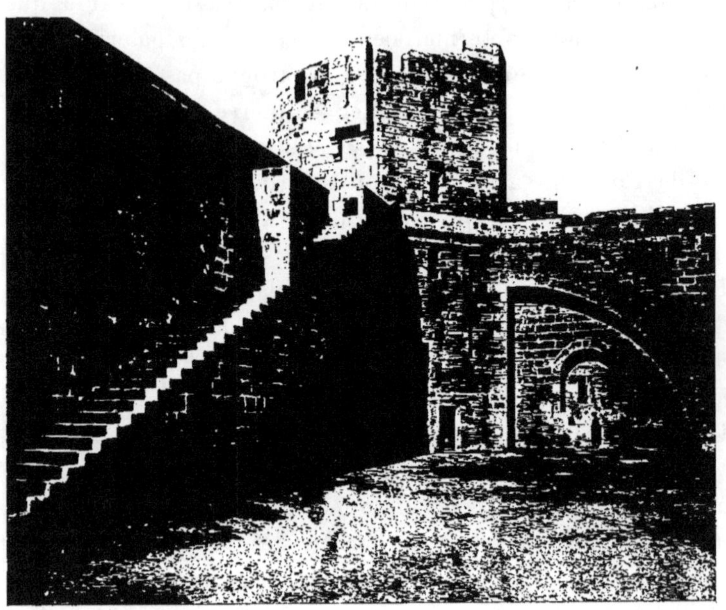

Fig. 94. — Escalier extérieur à la tour des Bourguignons.
Remparts d'Aigues-Mortes.

d'émail ; les marches furent décorées de même par incrustation
de mosaïques et participèrent à la décoration générale.

Au moyen âge les escaliers droits ont été d'usage constant
dans l'architecture militaire.

Si l'escalier longeait une muraille, pour mettre en communication le terre-plein avec le chemin de ronde, les marches
étaient portées sur des arcs de pierre appareillés et leur mou-

vement s'accusait par leur saillie qui servait à protéger le mur. (Escalier au château d'Aigues-Mortes, fig. 94.)

Pour des constructions telles que le Mont-Saint-Michel, les

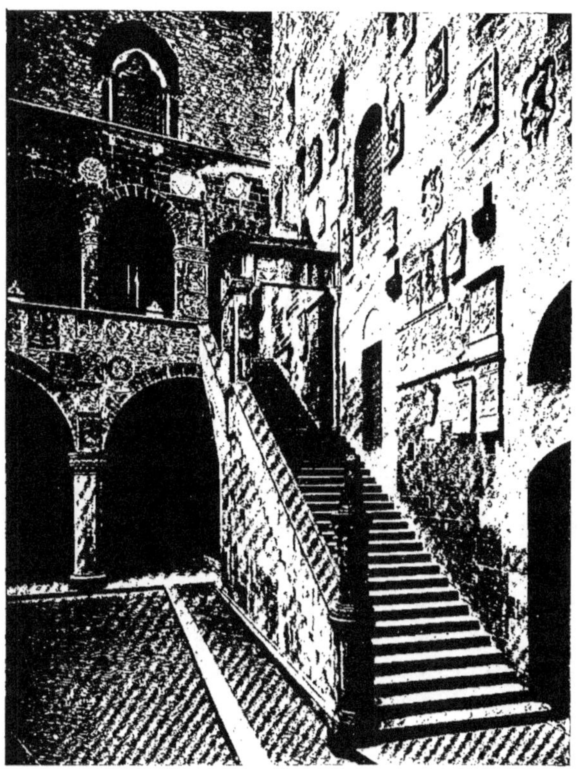

Fig. 95. — Escalier droit dans la cour du Palais de Podestat à Florence : mouvement des marches accusé par les redans de la rampe. Palier défendu par une grille de fer.

emmarchements ont donné lieu à d'admirables mouvements de lignes aboutissant à l'œuvre principale et en faisant comprendre l'élévation.

Durant la période d'influence française, en Italie, les escaliers droits adossés aux murs sont construits de même, avec marches saillantes et, à une époque de guerres civiles, où il fallait prévoir la défense rue par rue et maison par maison, les paliers d'escaliers formaient autant de défenses accessoires constituées par des portes de pierre que fermaient des grilles de fer forgé. (Maisons à Viterbe via San Pellegrino.) On parait ainsi à une surprise.

L'un des plus beaux exemples de ces escaliers est conservé au palais du Podestat de Florence et date de la fin du XIVe siècle. La balustrade pleine formant appui est portée sur les marches dont la saillie régulière s'accuse sur le mur d'échiffre. A mi-étage est une porte de palier défendue par une grille. Il est difficile d'allier plus complètement le sentiment artistique et les besoins de la défense (fig. 95).

Des escaliers couverts, tels que celui qui existe dans les dépendances (maîtrise) de la cathédrale de Meaux, ou même complètement clos, comme celui qui met en communication l'abside de la cathédrale de Chartres avec la chapelle Saint-Piat, sont soutenus par des arcs et des encorbellements d'une disposition vraiment monumentale (fig. 96).

Les architectes de nos cathédrales ont tiré des emmarchements d'admirables effets. Partout où des modifications de sol n'ont pas, comme cela eut lieu à N.-D. de Paris, enterré l'édifice, les façades des cathédrales reposent sur des marches qui leur font un magnifique soubassement. Ainsi se présentent la façade principale de la cathédrale de Bourges et le transept nord de la cathédrale de Chartres.

Chaque fois qu'un édifice a été conçu en vue de former le couronnement d'une ville située sur une hauteur, comme en Espagne, à Ségovie, à Salamanque, à Toro ou à Zamora, l'artiste a, on le voit, utilisé les emmarchements pour l'effet général de l'édifice. A Salamanque, la cathédrale du XVIe siècle est ainsi longée par un grand escalier droit aboutissant à une sorte d'esplanade qui précède le porche latéral.

A Lannion, il existe encore un grand emmarchement bordé
de maisons, dont les pignons se décrochent les uns sur les
autres et aboutissent à la remarquable église de Brelévenez,

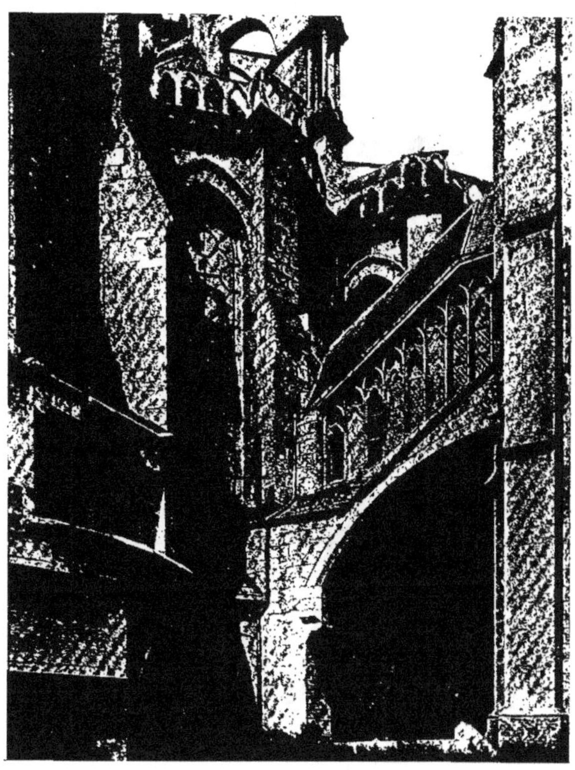

Fig. 96. — Escalier de la chapelle Saint-Piat, porté sur un arc.
(Cathédrale de Chartres).

dont l'effet général est dû pour une grande part à cette belle
disposition des accès.

Dans un édifice de moindre dimension, à Saint-Maclou de
Pontoise, par exemple, c'est un escalier étroit qui donne accès
à la petite porte latérale du xviᵉ siècle, que précédait un porche
à colonnes.

Lorsque les palais cessèrent d'être des ouvrages de défense et qu'on y développa les salles de fêtes, les galeries de réception, pour satisfaire au luxe d'une habitation princière, les escaliers droits eurent dès le xv° siècle des dispositions monumentales.

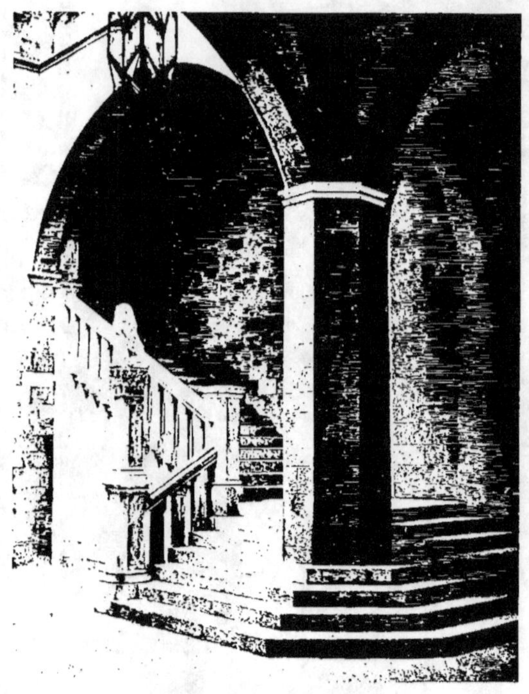

Fig. 97. — Escalier à double départ du Palais Pecci à Sienne.
Rampe saillant sur le limon.

Un des premiers en date est celui du Palais Pecci à Sienne (fig. 97). Ici, l'appui est à jour et formé de balustres carrés soutenant la main courante ; chacun de ces balustres repose sur une console saillante correspondant à chaque marche. Pour faciliter l'accès de l'escalier au départ, les marches ont deux directions à partir du premier palier, l'une orientée vers la cour, l'autre dirigée vers la rue.

Exceptionnellement, dans quelques palais, l'escalier droit a
été isolé entre deux murs d'échiffre pour bien accuser la montée
d'une cour à une galerie de fêtes ou à des salles de réception.
Ce sont les « degrés » des châteaux français du XIVe et du

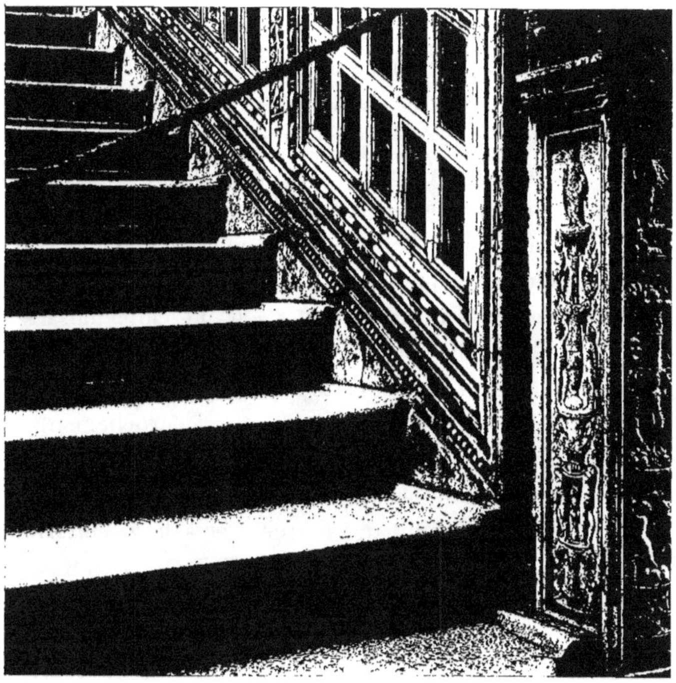

Fig. 98. — Escalier extérieur dit des Géants au Palais Ducal de Venise.
Taille des marches pour assurer l'écoulement de l'eau et l'écarter des joints.

XVe siècle. Ils donnaient accès direct aux salles d'apparat, tandis
qu'on leur préférait pour l'habitation les escaliers circulaires
dont l'usage s'est maintenu en France jusqu'au milieu du
XVIe siècle.

Le Palais Ducal de Venise a conservé son grand degré droit
compris entre deux balustrades de marbre et aussi remarquable
pour la construction des marches taillées en pente avec rejet

d'eau que pour la combinaison des limons et balustrades (fig. 98).

Dès la fin du xve siècle on fit, en France comme en Italie, l'application des escaliers droits à la distribution intérieure des habitations. Le Palais Ducal à Venise en fournit un intéressant exemple ; c'est la Scala d'Oro (fig. 99), desservant les étages du grand bâtiment de la cour parallèle à la façade sur la Piazza. Ces escaliers étaient conçus de telle sorte que chaque volée, comprise entre deux murs, fût perpendiculaire au mur de face. La montée se faisant en deux révolutions, le palier principal était au niveau de chaque étage. Quant au palier intermédiaire à mi-étage, il interrompait nécessairement l'ordonnance régulière de la façade sur laquelle il s'éclairait.

Dans les châteaux français du xvie siècle, l'escalier faisait un motif à part, saillant sur le corps de logis. (Escalier du château de Serrant en Anjou.) Grâce à cette saillie, qui facilitait l'amortissement des lignes d'architecture et leurs décrochements, il était facile de traiter à part la décoration de l'escalier et d'ajouter ainsi à l'agrément de la façade, en la faisant participer en quelque sorte au mouvement des marches et à la vie intérieure de la maison.

Le plus souvent, dans les escaliers ainsi construits, les marches sont portées sur des voûtes rampantes ornées de caissons. (Scala d'Oro à Venise, escalier de Pierre Lescot au Louvre.) Au château de Serrant, non seulement les voûtes sont rampantes, mais les pilastres qui reçoivent les arcs doubleaux suivent, comme les mains courantes, le mouvement de l'escalier.

La montée entre murs présentait des inconvénients auxquels on chercha à remédier, comme on le voit au château de Montal (Lot), en évidant le mur d'échiffre entre les rampes et le limon qui soutenait les marches apparentes. Celles-ci n'étant pas masquées par une voûte rampante reçurent, à Montal, une décoration très riche appliquée sous la volée de l'escalier à

chacune des marches, de telle sorte qu'on pouvait jouir de ce
décor en montant l'escalier. Les paliers seuls étaient voûtés afin
de pouvoir porter le dallage.

Dès la fin du xve siècle, on eut l'idée d'évider la cage de

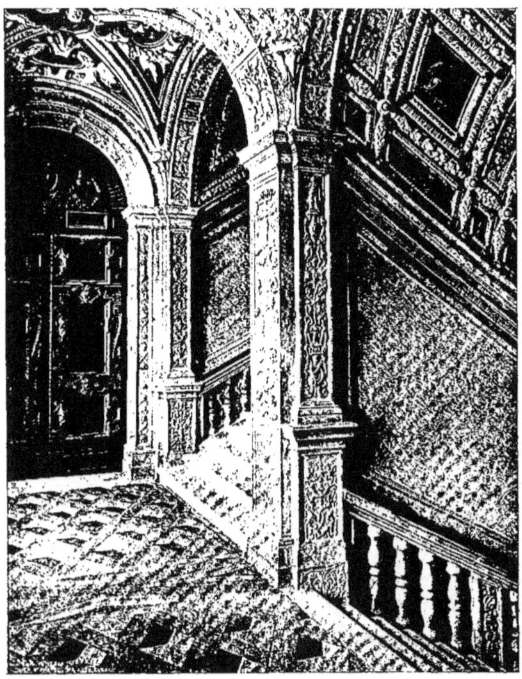

Fig. 99. — Escalier droit intérieur au Palais Ducal de Venise (Scala d'Oro).
Analogie avec l'escalier du Louvre de Pierre Lescot.

l'escalier et d'appuyer les marches sur des arcs que soutenaient
des piles ou des colonnes encadrant le jour de l'escalier.
L'exemple le plus intéressant de cette disposition originale est à
l'ancien château, aujourd'hui Hôtel de Ville, d'Aix-les-Bains
(fig. 109). C'est comme l'aboutissement des dispositions com-
munes aux escaliers droits et aux escaliers circulaires à noyau.
Ici en effet le plan de l'escalier est carré et les marches tournent

autour d'une cage centrale ; l'évidement de la cage conduisait naturellement l'artiste à des combinaisons de piles et d'arcs à jour soutenant les limons.

Cette disposition fut adoptée au xvie siècle pour des escaliers dont les marches longeaient les murs de la cage, s'arrêtant à chaque changement de direction sur des paliers de repos intermédiaires. Dans le vide de l'escalier on disposait, aux angles, des piliers sur lesquels s'amortissaient des arcs de pierre portant les limons et les balustrades. (Anciennes maisons du xvie siècle à Périgueux.)

Les degrés droits furent conservés au xviie siècle pour des escaliers de châteaux et limités généralement à l'escalier d'honneur conduisant du rez-de-chaussée aux salons ou aux grands appartements du 1er étage. (Escalier du château de Maisons, fig. 100.)

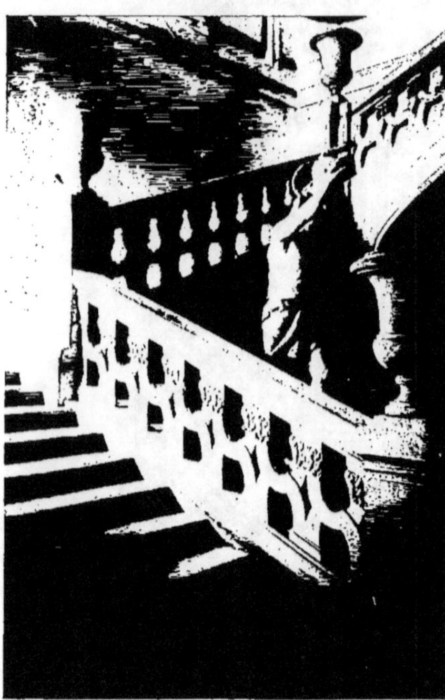

Fig. 100. — Escalier droit au château de Maisons. Limon appuyé sur mur d'échiffre et sur arc.

Les marches sont alors portées au départ sur un mur d'échiffre, puis, lorsque la hauteur est suffisante, sur une voûte rampante.

Lors même que l'escalier desservait plusieurs étages (anciens hôtels du xviiie siècle à Bordeaux), on évitait d'encombrer la cage de l'escalier par des supports et on préférait porter les marches sur des demi-berceaux rampants se déchargeant aux

paliers sur des trompes. C'est en général sur la construction
des escaliers que s'exerçait la virtuosité des tailleurs de pierre à
la fin du xviiie siècle.

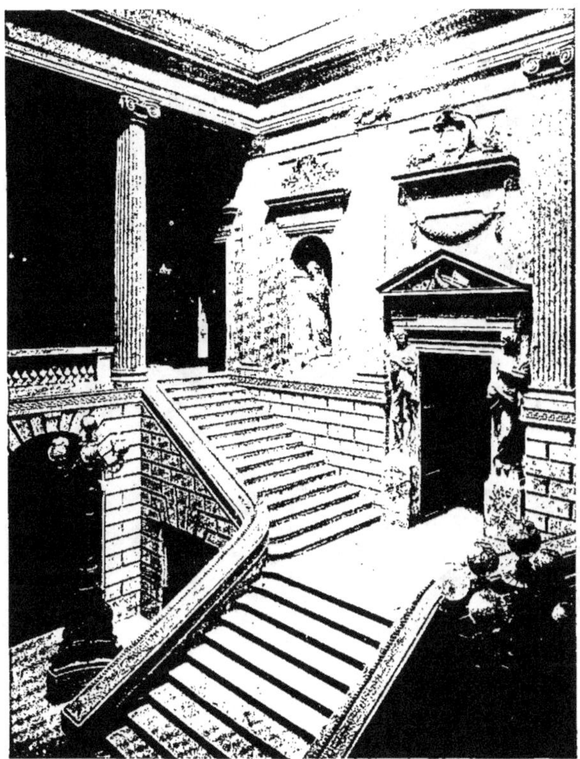

Fig. 101. — Escalier du Grand théâtre de Bordeaux à double volée sur palier.
(Œuvre de Louis.)

En Italie, l'escalier monumental à marches droites demeurait
en faveur et on préférait aux escaliers à double ou triple évolution, les grands degrés desservant un seul étage, ce qui évitait
toute complication de construction. (Palais de l'Université à
Gênes.) Cependant l'escalier du palais Braschi à Rome procède

encore du système de colonnes portant des arcs et appuyées sur
des murs d'échiffre, dont les piédestaux servaient de soutien
aux balustrades rampantes.

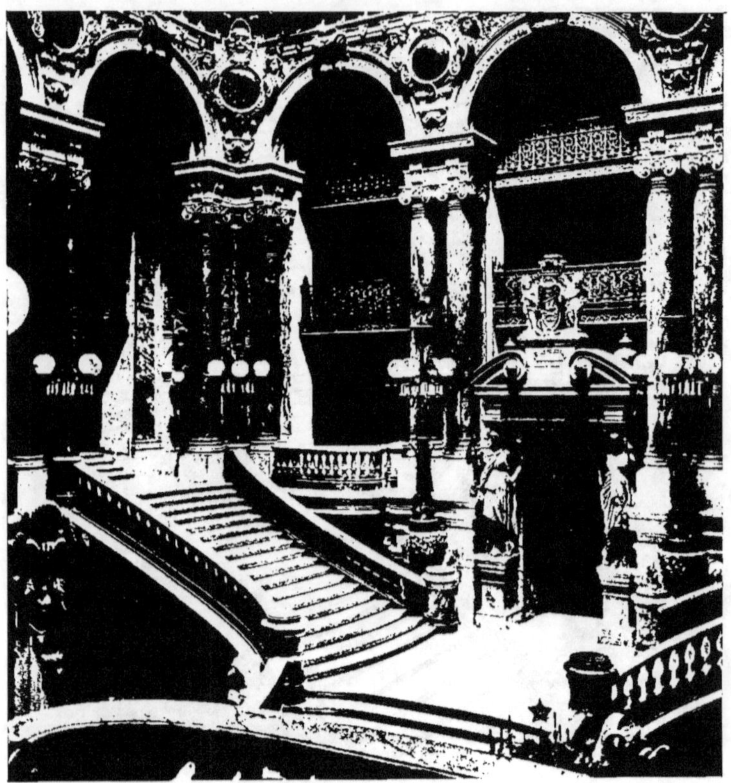

Fig. 102. — Escalier à double volée de l'Opéra de Paris.
(Œuvre de Charles Garnier).

L'un des escaliers remarquables de la fin du xviiie siècle est
celui qui fut créé par Louis au Grand Théâtre de Bordeaux
(fig. 101). L'architecte imagina de diviser, à hauteur du palier,
la montée droite conduisant au parterre et à l'orchestre en deux
volées s'écartant l'une de l'autre pour desservir de part et

d'autre les loges découvertes et les balcons du 1er étage. Ces volées latérales aboutissaient à une galerie qui fournissait aux spectateurs, pendant les entr'actes, des vues sur l'escalier et mettait en valeur les jolies toilettes. Aussi, pour éviter de couper par des rampes les silhouettes féminines, Louis se contenta d'élever légèrement le limon au-dessus des marches et de le couronner par un simple glacis à double pente décoré d'acanthes.

Ainsi l'escalier participait en quelque sorte au mouvement des spectateurs et des spectatrices, et, dans les représentations de gala, la galerie de dégagement du premier étage, qui aboutissait au grand salon de façade, celui affecté à la salle de concert, complétait le spectacle pour le plaisir des yeux.

Dans la reconstruction de l'Opéra de Paris, l'architecte Charles Garnier n'a pas hésité à emprunter au Théâtre de Bordeaux la belle disposition imaginée par Louis et il en a tiré un excellent effet décoratif (fig. 102).

V

LES ESCALIERS CIRCULAIRES

Escaliers à noyau plein et à marches rayonnantes, mains courantes encastrées dans le mur ou portées sur le noyau, sous-faces des marches apparentes, voûtes rampantes et plafonds.

Les escaliers circulaires furent de très bonne heure en usage parce que leur forme répondait mieux que toute autre aux services d'étages de hauteurs diverses. Lorsque les pièces d'habitation furent distribuées en plusieurs étages, on eut naturellement l'idée de proportionner la hauteur des pièces à leur destination et à leurs dimensions en plan. On n'eut pas *a priori* la pensée, pour satisfaire à des ordonnances régulières, de donner à un cabinet de toilette ou à une chambre, la hauteur d'une salle de fêtes. On conçoit donc qu'à une époque où le bon sens était plus fort que les conventions, on ait réparti les pièces d'habitation dans un corps de logis, les pièces de réception dans un autre. L'escalier circulaire ou polygonal, placé entre ces deux corps de logis, pouvait, sur sa circonférence, donner accès par des paliers à des pièces dont les niveaux étaient différents.

L'escalier circulaire avait encore un autre avantage : développé en hélice, il occupait dans la construction le minimum de place ; aussi, bien avant son adaptation à la maison, il était en usage pour donner accès aux différents étages des clochers ou aux combles des églises. Sa structure par marches, portant chacune une partie du noyau central, constituait un véritable contrefort qu'on pouvait placer dans un angle et qui n'affaiblissait pas la construction.

Dans les escaliers les plus anciens, le noyau était isolé et

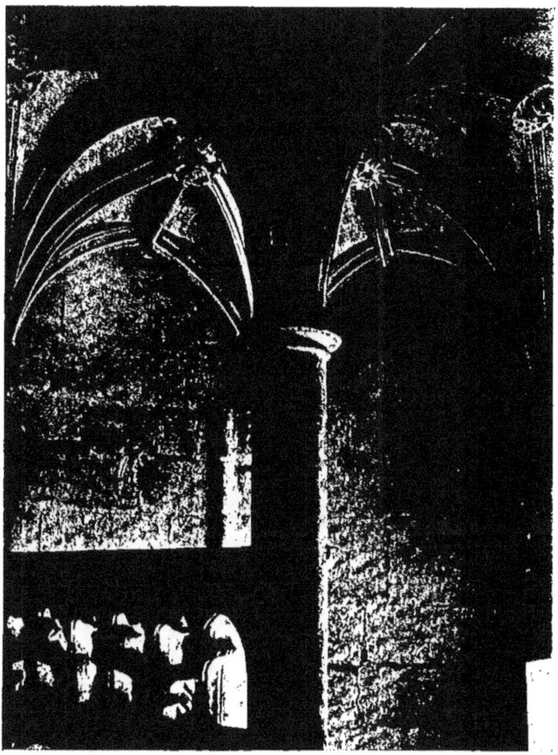

Fig. 103. — Couronnement de l'escalier du logis Barrault à Angers. xvᵉ siècle. Prolongement du noyau de l'escalier circulaire, pour soutenir les nervures de la voûte annulaire.

entaillé en hélice pour recevoir une voûte rampante qui soutenait les marches. C'est la disposition de l'escalier à la tour de Saint-Aubin d'Angers; mais on reconnut vite l'inconvénient de ces voûtes hélicoïdales de construction difficile et qui, vu la hauteur des marches et leur faible portée, devinrent inutiles lorsqu'on eut l'idée de faire porter à chaque marche une assise de la colonnette centrale ou noyau. Il suffisait alors d'entailler le mur en forme de crémaillère pour recevoir, en montant, l'about des marches rayonnantes dont la largeur augmentait naturellement du centre à la circonférence.

Dans les escaliers anciens qui n'ont guère plus d'un mètre d'emmarchement, pour un noyau de $0^m 30$ à $0^m 40$ de diamètre, la ligne de foulée, sur laquelle est calculée la largeur de la marche, le « giron », est à égale distance du mur et du noyau.

Comme, à proximité du noyau, la largeur de la marche est très réduite, on a imaginé de l'évider, tout en conservant sur la face une partie droite de $0^m 08$ à $0^m 10$, pour donner plus de prise au pied à la montée, et cet évidement assez profond près du noyau, devient nul près de la circonférence.

On a aussi taillé la sous-face des marches pour augmenter la hauteur de passage. Car, lorsque l'escalier à noyau est étroit, il est nécessaire d'élever jusqu'à $0^m 18$ et même $0^m 20$ le pas de chaque marche, afin d'obtenir toujours un minimum nécessaire de $2^m 10$ de passage, même en cas de suppression d'un ou deux girons pour les paliers.

Le nom de vis Saint-Gilles donné à ces escaliers circulaires n'est pas très justifié, car, s'il existe un escalier de ce genre à Saint-Gilles, du Gard, d'autres l'ont précédé et au xii° siècle l'escalier à vis était depuis bien longtemps en usage. Il n'a cessé d'être employé qu'au xvi° siècle, à l'époque où les changements survenus dans l'habitation et dans les usages de la vie lui ont fait préférer les escaliers droits.

Les variétés de formes qu'il affectait montrent assez bien les services qu'il a pu rendre. A Notre-Dame, dans les tours, l'escalier à noyau est évidé sur tout son périmètre. Chaque marche apparente porte une petite pile qui soutient à son tour la marche de la révolution suivante. Cet évidement est indispensable à l'intérieur, pour éclairer la montée.

Une maison d'Avallon indique bien aussi l'avantage de l'escalier circulaire pour économiser la place. Une porte basse d'une maison du xve siècle donne accès à un escalier à noyau, dont les

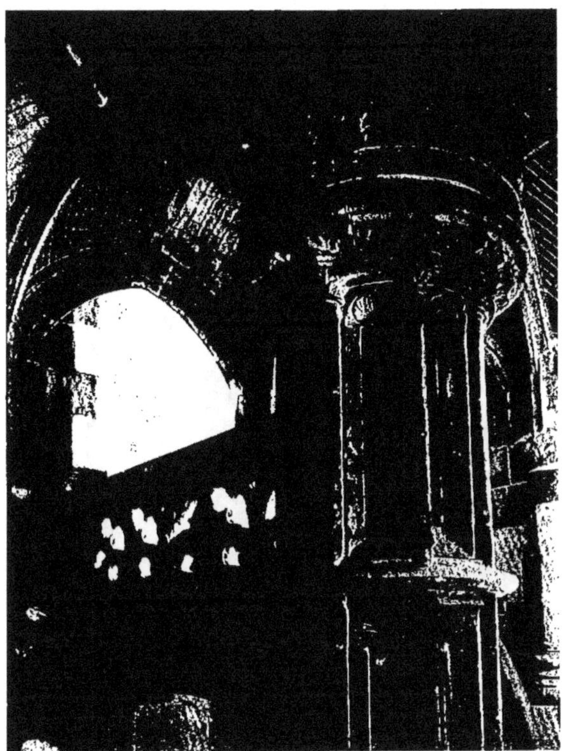

Fig. 104. — Couronnement de l'escalier à vis de l'aile Louis XII au château de Blois. Décoration de la surface du noyau par des niches et des colonnettes.

marches se profilant au-dessus de la porte, soutiennent en encorbellement une partie du mur circulaire de l'escalier.

Le plus souvent, c'est sur des encorbellements ou sur des trompes qu'étaient soutenues les tourelles des escaliers secondaires, greffés sur les escaliers principaux. Le Palais de Justice de Beauvais a son beffroi desservi par un escalier de ce genre.

A l'hôtel des Ambassadeurs de Dijon (fig. 88) l'escalier principal situé dans un angle de la cour et dont le mur est évidé par
un grand arc, facilitant la construction à jour des limons et des
balustrades, se prolonge par un petit escalier à vis, desservant

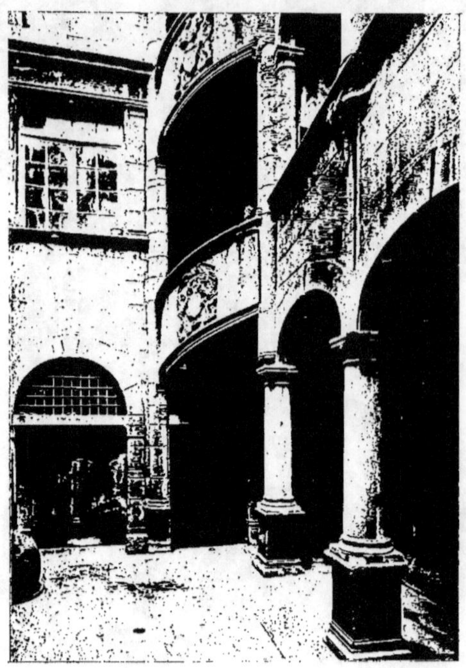

Fig. 105. — Escalier circulaire dans l'angle d'une cour de maison à Montferrand.
xvi⁰ siècle. Appareillage des limons dans la grande baie éclairant l'escalier.

les combles. C'est la disposition usitée pour les hôtels particuliers, à la fin du xve siècle et au commencement du xvie, que
la cage extérieure soit carrée, polygonale ou circulaire.

Les escaliers du Palais Ducal de Dijon, de l'ancien Hôtel de
Ville de Bourges, du Logis Barrault à Angers (fig. 103), sont
ainsi conçus, et, au dernier étage, le noyau se prolonge en un
faisceau de nervures sur lesquelles prennent appui les comparti

ments d'une voûte annulaire dont les arcs formerets et doubleaux
sont reçus au droit des murs sur des culs-de-lampe.

Une disposition du même genre existe à l'escalier de l'aile

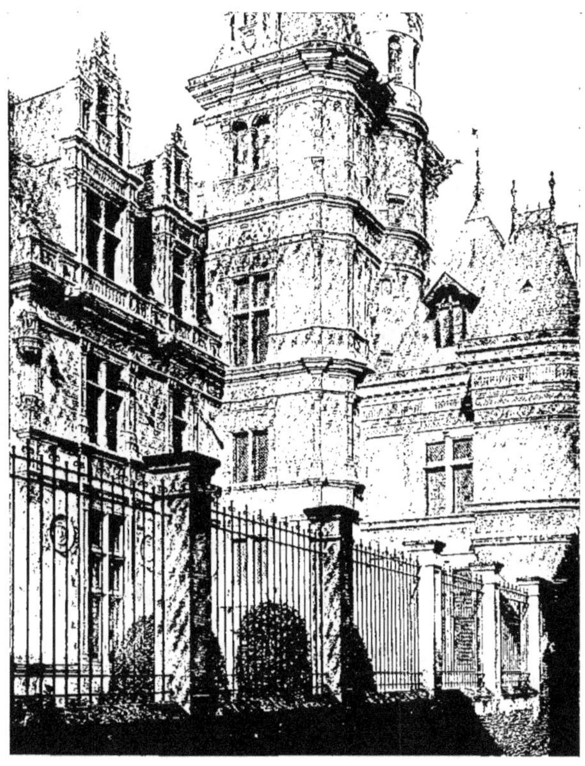

Fig. 106. — Escalier à vis à la rencontre des deux corps de logis de l'Hôtel Pincé à Angers.
Prolongement de l'escalier par une tourelle portant sur encorbellement et sur trompe.

Louis XII, au château de Blois. Ici, l'escalier est plus large,
et le noyau plus épais a reçu des décorations de niches en
même temps qu'il se prêtait à l'agencement d'une main courante
(fig. 104).

Quand l'escalier est étroit (maison dite de Tristan l'Ermite, à

Tours, dont l'escalier a son noyau et ses voûtes en briques), la main courante est prise aux dépens du mur. Au château de Montmort, comme au château d'Amboise, une rampe cavalière contourne l'escalier à noyau.

Les escaliers de la fin du xvᵉ siècle sont très nombreux en France; ils sont presque toujours placés à l'extrémité d'une

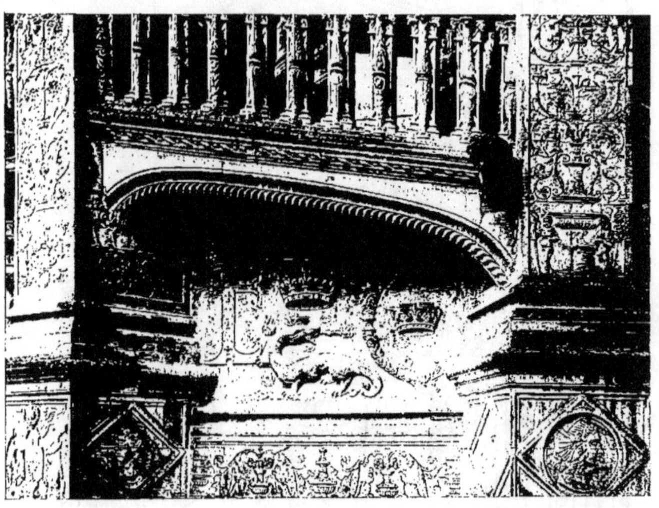

Fig. 107. — Grand escalier de l'aile de François Iᵉʳ au château de Blois. Marches portées sur voûte rampante.
Contreforts épaulant cette voûte ; paliers de repos entre les contreforts.

galerie (hôtel Jacques Cœur, à Bourges, maisons à Montferrand) fournissant accès couvert à l'escalier.

Les arcs de la galerie, comme on le voit à Montferrand, contrebuttent les limons soutenant l'appui et qui portent les marches (fig. 105).

A l'intérieur de l'édifice, l'escalier à noyau est souvent ajouré sur sa circonférence. On en a un remarquable exemple à l'escalier qui dessert les orgues de l'église Saint-Maclou de Rouen.

Un des derniers escaliers à noyau est celui qui fut construit au château de Châteaudun à la fin du xvᵉ siècle ou au commencement du xviᵉ. Bien que la forme traditionnelle subsiste à l'in-

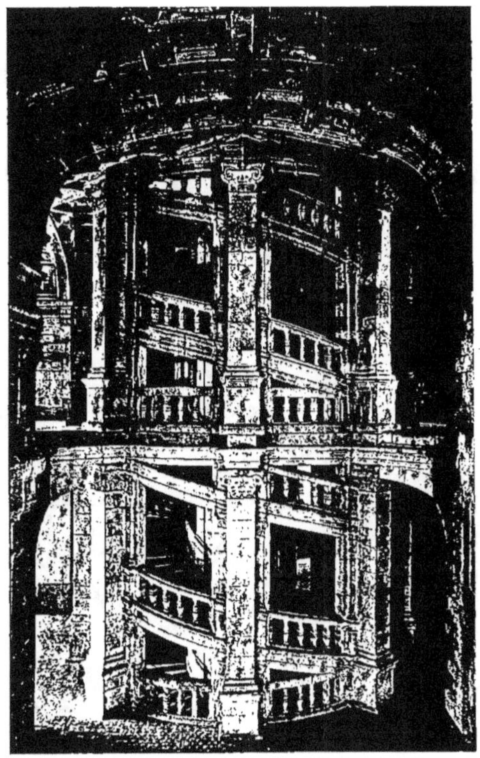

Fig. 108. — Escalier central à deux volées se superposant au château de Chambord. Départs diamétralement opposés. Vue prise au moment de l'enlèvement d'un plancher et laissant voir la cage dans la hauteur de deux étages.

térieur, l'escalier aboutit à chaque étage à une galerie découverte, dont le parti décoratif est vraiment superbe, mais qui semble plutôt faite pour les paliers d'un escalier droit, à double volée, que pour les paliers d'un escalier à vis.

Au contraire, à l'hôtel de Pincé d'Angers, construit de 1522 à 1535, le pavillon de l'escalier accuse nettement, par le décrochement des fenêtres, le mouvement des marches et la hauteur de la partie pleine, au-dessus de la dernière baie, laisse deviner

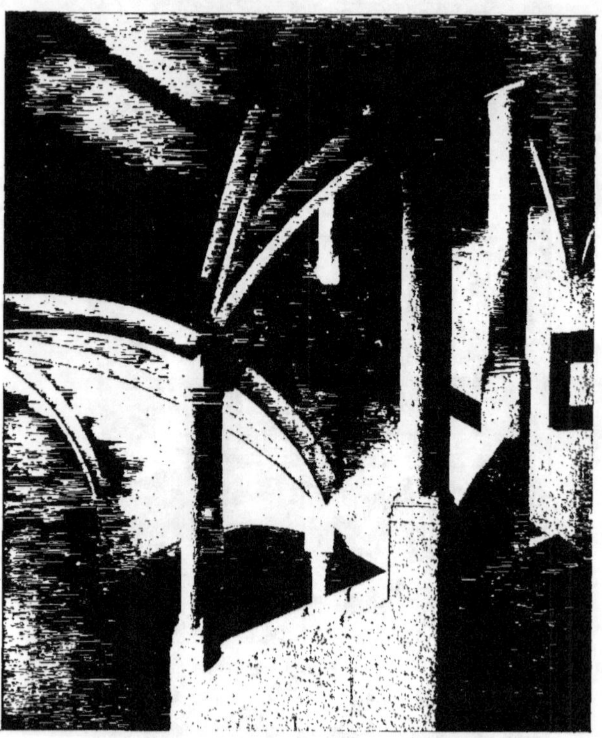

Fig. 109. — Escalier à cage évidée et colonnettes placées aux angles de la cage pour
soutenir les arcs qui portent le limon.
Ancien château, aujourd'hui Hôtel de Ville d'Aix-les-Bains.

l'emplacement de la voûte annulaire qui, là comme au Logis Barrault, retombe sur le noyau (fig. 106).

C'est d'ailleurs un chef-d'œuvre de taille de pierre mettant en œuvre les trompes coniques pour le soutien des pans coupés sous les marches, les encorbellements et les trompes pour le soutien de l'escalier en tourelle et les tailles en gorges pour les sous-faces des marches.

L'escalier de l'aile de François Iᵉʳ, au château de Blois, demeure comme le type et le chef-d'œuvre de ces escaliers à noyau central très développé, dont les voûtes rampantes motivaient l'établissement aux angles de contreforts de butée, entre lesquels venaient se placer les balustrades (fig. 107) ; quant au noyau décoré de colonnettes et d'arabesques, il portait une main courante suivant le mouvement des marches:

Les escaliers d'angle au château de Chambord sont moins bien étudiés et moins bien construits, mais l'escalier central offre une disposition très originale, étant composé de deux volées accessibles chacune à l'extrémité d'un diamètre, et circulant l'une au-dessous de l'autre autour d'un noyau central évidé, qui porte la célèbre lanterne, dominant les terrasses (fig. 108).

L'évidement du mur, autour duquel circulaient les marches, conduisait naturellement à la disposition de piles et d'arcs à jour, soutenant des limons dont l'escalier du château d'Aix (Hôtel de Ville) offre un remarquable exemple, et dont les dispositions se confondirent bien vite avec celle des escaliers droits (fig. 109).

VI

LES BALUSTRADES ET APPUIS, LES BALCONS
ET LEURS SUPPORTS

Parmi les éléments de composition des ouvrages de pierre, les balcons et appuis, ajourés ou pleins, offrent un intérêt particulier ; plus que tous les autres, en effet, ils sont liés à l'échelle humaine, qui est bien la meilleure des règles de proportion, puisque les monuments sont faits pour l'usage de l'homme.

Du jour où le programme des édifices publics ou des habitations privées comporta la superposition d'étages, l'appui devint une nécessité pour prévenir les accidents. Il était indispensable de protéger contre une chute possible les passages établis à la base des combles, et qu'on dut multiplier à différentes hauteurs, pour rendre accessibles les parties de la construction qu'il fallait entretenir. Pour des raisons d'un autre ordre, il était nécessaire de clore par des appuis ou des balustrades des parties réservées dans des monuments religieux ou civils.

Dès l'origine de l'art chrétien en Occident, les architectes donnèrent au programme nouveau deux solutions : l'une consistait à évider, suivant la forme des ornements dessinés, la dalle de pierre ou de marbre formant appui : c'est le parti adopté à Ravenne pour des clôtures de chapelles au viᵉ siècle (fig. 110). Une autre solution était la décoration par la sculpture en bas-relief d'un appui plein : les monuments vénitiens de style byzantin en offrent de nombreux exemples. C'est la clô-

ture du chœur du dôme de Torcello (fig. 111) ; ce sont aussi
les appuis des galeries découvertes à l'église Saint-Marc de
Venise, œuvres du xⁱⁱᵉ siècle, peut-être même antérieures. A
Saint-Marc, les appuis sculptés forment des panneaux encadrés
dans des pilastres et couronnés par une moulure continue.

Cette disposition fort simple fut usitée dès l'époque méro-

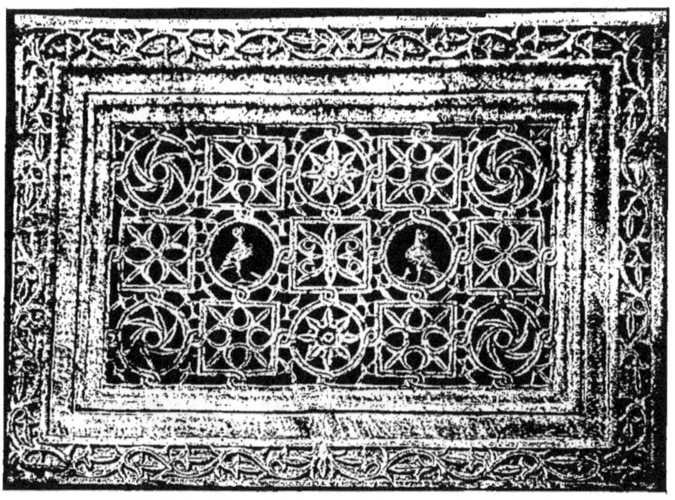

Fig. 110. — Appui traité en broderie à jour formant clôture d'une chapelle
à l'église Saint-Apollinaire de Ravenne.

vingienne dans l'architecture française et des rapprochements
peuvent être faits entre les fragments d'anciens appuis conservés dans des cryptes, comme celle de Saint-Seurin de Bordeaux,
et ceux qui subsistent encore dans les églises de Grèce, à
Saint-Luc de Phocide, par exemple, ou dans les édifices byzantins de l'Italie.

Lorsque les appuis sont ajourés, la décoration linéaire soutient la décoration animale ou florale ; les clôtures ou « iconos-
tases » des églises grecques, par exemple celle de l'abside de
Theotokos, à Saint-Luc de Phocide, caractérisent ce mode de
décor.

En France, dès la fin du XIIe siècle, la tendance était plutôt
aux claires-voies qu'aux murs pleins ; il n'est donc pas surprenant que, dans nos cathédrales, les galeries de circulation, soit

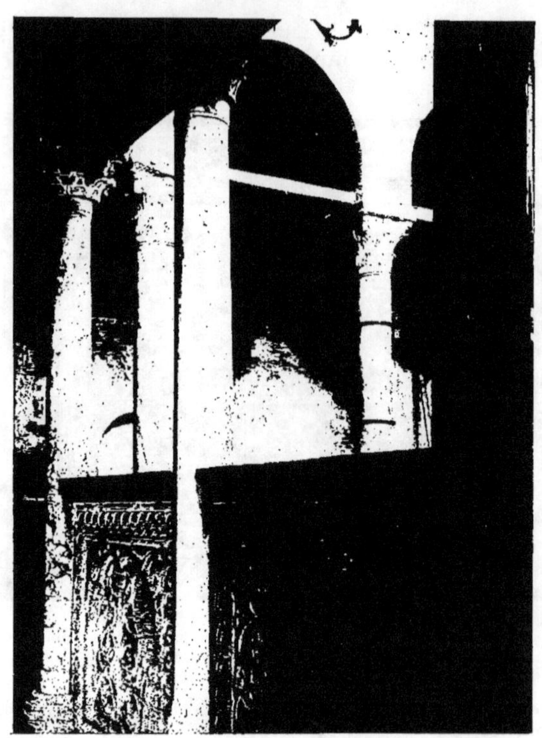

Fig. 111. — Appui plein décoré de sculptures en bas-relief formant clôture
de chœur au dôme de Torcello.

à l'intérieur, soit à l'extérieur, assurant une protection indispensable, aient été le plus souvent traitées à jour. La nécessité
des appuis de pierre coïncidait avec la disposition très logique
des passages qui, au XIIe siècle, étaient déjà ménagés au travers
des piliers, en vue de faciliter l'accès, à l'intérieur comme à
l'extérieur, des fenêtres garnies de vitraux et de rendre pos-

sible la surveillance des tribunes et des combles des basses
nefs. Dans les églises du xii° siècle, à la cathédrale d'Angers
par exemple, ou à l'église abbatiale de Fontevrault, les circula-

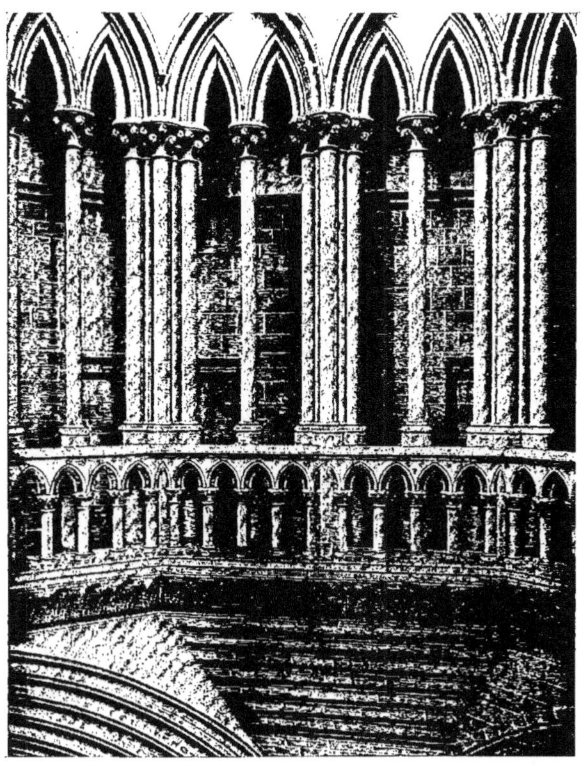

Fig. 112. — Appui intérieur au départ de la « Tour lanterne » du transept
à la cathédrale de Coutances ; arcatures évidées dans des dalles.

tions intérieures sont à découvert et ne sont pas protégées. Il
en était de même à la cathédrale de Poitiers, et c'est sans doute
à la suite d'accidents qu'on se décida à adopter, à l'extérieur
comme à l'intérieur, une disposition de galeries formées de
petits supports, piliers ou colonnes, soutenant des arcatures.

A l'intérieur, ces galeries de service ou triforiums ne comportent le plus souvent d'autre protection que des colonnes qui sont d'ailleurs assez rapprochées ; à l'extérieur, on reconnut bien vite la nécessité de murs d'appui continus : ils étaient constitués par de petites piles soutenant une arcature trilobée, ou par des motifs circulaires à quatre lobes formant une série de panneaux, reliés entre eux de travée en travée par des mains courantes en pierre.

A la cathédrale de Bayeux les passages découverts sont, à l'intérieur comme à l'extérieur, formés d'arcatures trilobées, dont les moulures se prolongent sur les piédroits, ou s'amortissent sur les chapiteaux de colonnettes doubles. La disposition de galeries élevées est rare à l'extérieur et on donnait le plus souvent aux appuis une hauteur de 1 mètre à 1^m 10 suffisante pour prévenir tout danger de chute.

A la tour centrale de la cathédrale de Coutances, c'est encore une galerie d'arcatures à colonnes qui protège le passage situé au-dessus des encorbellements (fig. 112). A la cathédrale de Paris, c'est une balustrade continue, à hauteur d'homme, qui défend le passage longeant la base des combles, et la balustrade est évidée dans de grandes dalles, qui trouvent leurs points d'appui sur les pinacles surmontant les contreforts. Sur les tours, ce sont aussi des dalles, évidées par des arcatures à quatre lobes, qui constituent l'appui fait à l'échelle humaine et dont la hauteur peut servir de repère pour apprécier la grandeur du monument (fig. 113).

Exceptionnellement, à Reims, dans l'église du sacre, la galerie d'arcatures, à la base du comble, ne constitue pas un appui, mais une décoration de couronnement pour le mur, et on ne peut affirmer que la hauteur de cette galerie soit au bénéfice de l'effet général du monument.

Les balustrades en forme d'arcatures à quatre lobes furent en usage du xiie au xive siècle dans tous les monuments de style français : ce sont des balustrades ainsi tracées qui couronnent les chapelles absidales de la cathédrale de Leon en Espagne et des tracés analogues, quoique plus compliqués, ont été adoptés pour les appuis à la base du clocher de l'église Saint-Pierre de

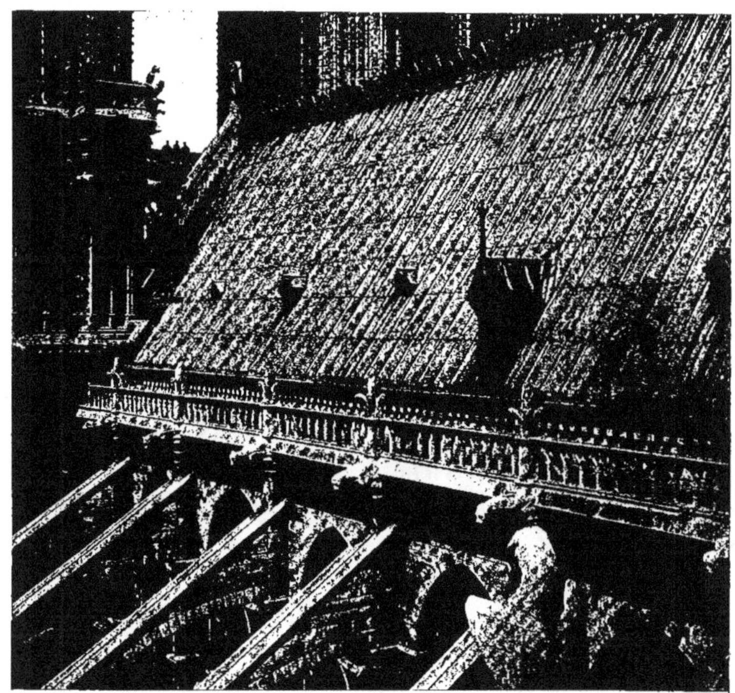

Fig. 113. — Appui continu en pierre à la base des combles
de la cathédrale de Paris.

Caen ; à la cathédrale de Tréguier, les galeries à deux étages du transept, qui datent du XIVe siècle, ont aussi leurs appuis ajourés en forme de quatre lobes (fig. 114) : on reconnaissait l'utilité des appuis pour les circulations intérieures. Dans les châteaux, l'appui fit partie du chemin couvert et fut construit en pierre sur mâchicoulis quand la fortification permanente remplaça les hourds mobiles en bois (Château de Sully, Loiret).

Au xve siècle les appuis sont, comme les meneaux des croisées, soumis à des tracés linéaires très ingénieux mais aussi très compliqués. On en fait emploi généralement pour les chapelles basses, qui sont comprises entre les contreforts des basses nefs, comme on le voit aux églises Saint-Gervais et de la Trinité à Falaise.

A l'église Saint-Michel de Bordeaux, où la disposition des couvertures basses nécessitait une surveillance active à cause de la multiplicité des cheneaux, les balustrades ajourées se poursuivent sur tout le périmètre et, sur les pignons du transept, elles sont portées en encorbellement afin d'élargir le passage.

A l'ancienne cathédrale de Bazas, dont le portail est du xiiie siècle, on refit, à la fin du xve siècle, les contreforts de la façade et le remplissage de la rose. La balustrade qui couronne le portail date de cette époque.

Ces tracés se maintinrent au début du xvie siècle, comme on le voit à la chapelle du Saint-Esprit de Rue (Somme) dont la décoration, extrêmement riche, éveille le souvenir de l'ornementation adoptée vers la même époque dans nos provinces du Nord, en Espagne et en Flandre.

Les balustrades de la galerie intérieure, à la cathédrale de Séville sont, comme celles de nos cathédrales françaises, à l'échelle humaine, et composées comme les nôtres de grandes dalles ajourées que renforcent de petits piliers. Une disposition analogue existe à l'église de Saint-Jean-des-Rois de Tolède. Les balustrades de la grande tribune des orgues n'existent plus, mais celles des tribunes de la nef et du chœur sont encore en place, et leur décoration ajourée est d'une extraordinaire richesse. Ces tribunes sont isolées les unes des autres, et, dans les travées intermédiaires, c'est une crête, dentelée à jour, qui les réunit.

La même richesse est à signaler dans les jubés qu'on édifiait simultanément vers la fin du xve siècle, à Troyes, dans l'église de la Madeleine (fig. 115), en Bresse dans l'église de Brou, en Flandre dans l'église Saint-Gomaire de Lierre ; mais on peut bien apprécier sur ces trois jubés les qualités de goût et de

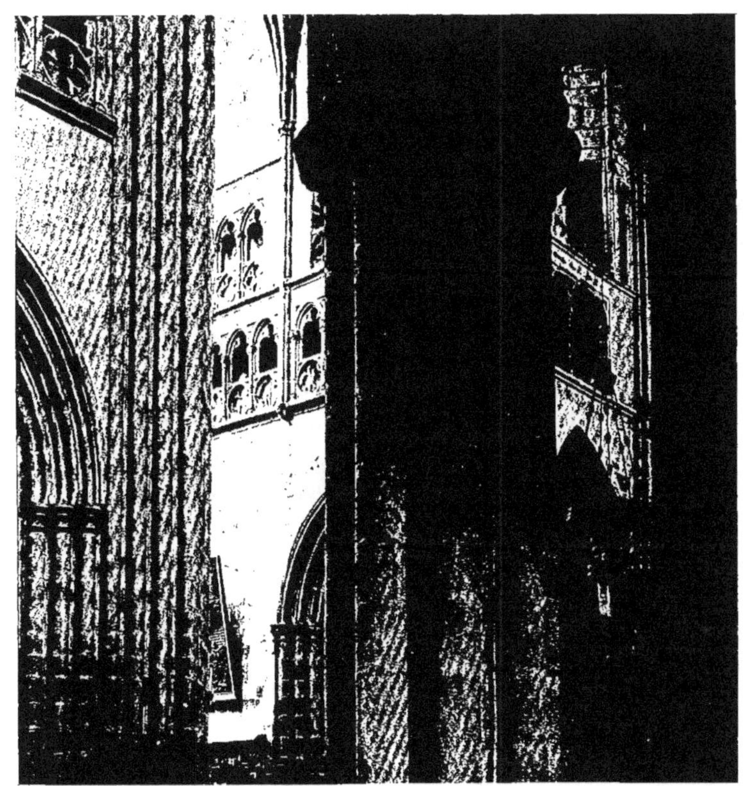

Fig. 114. — Galerie intérieure de circulation à deux étages dans le chœur et le transept de l'ancienne cathédrale de Tréguier.

mesure qui sont particulières à l'art français et qui font du jubé de la Madeleine à Troyes une œuvre exquise, tandis que les jubés de Lierre et de Brou, dus à des artistes des Flandres, ont une exubérance de sculpture qui nuit à l'effet d'ensemble.

Le rappel de l'échelle humaine est indispensable à l'appréciation de la grandeur réelle. On le voit bien au Palais Ducal de Venise où les appuis ajourés, dont la hauteur ne dépasse guère un mètre, mettent en valeur les colonnes et les arcatures qui soutiennent le plafond de la galerie du premier étage (fig. 40).

Dès la fin du xv° siècle on tendait, comme on le voit sur les balcons de l'hôtel de Jacques Cœur à Bourges, à varier le décor. On chargeait les cercles quadrilobés de fleurettes, de crochets, d'armes parlantes ; on variait à plaisir les divisions linéaires d'une balustrade, comme on le fit à l'église de Saint-Germain-l'Auxerrois de Paris, et nous avons vu qu'au Palais de Justice de Rouen, si la balustrade avait la hauteur d'appui de trois pieds, fixée par la tradition, elle était surmontée de grandes arcatures ajourées qui reliaient entre elles les lucarnes et formaient un magnifique décor.

Le retour aux formes antiques modifia, dès le début du xvi° siècle, la décoration des appuis, qu'on refit pleins, pour y développer une sculpture de bas-relief faite de médaillons, de rinceaux, de patères, etc... Ainsi sont composés les appuis de la chapelle qui fut ajoutée en Espagne, au xvi° siècle, à l'abside de la cathédrale de Leon. Dans les pays comme l'Auvergne, où l'emploi de matériaux volcaniques ne pouvait comporter un grand développement de sculpture, on se contenta souvent, comme on le fit à la maison consulaire d'Aurillac, d'accuser l'appui par une moulure.

Mais souvent aussi, l'appui plein reçut des armoiries ou des figures en bas-reliefs. Ainsi sont traités les appuis d'un édicule polygonal, saillant sur le pignon d'un presbytère de Nuremberg. et c'est une décoration analogue qui fut adoptée pour la maison au Toit d'Or d'Innspruck.

A Salamanque, les balustrades de la cour intérieure de la maison des Coquilles sont encore traitées à jour, et de formes assez compliquées.

A Blois, un hôtel du xvi° siècle, tel que l'hôtel d'Alluye,

comportait bien à l'instar du château, une galerie double à deux
étages précédant l'escalier ; les appuis du premier étage sont
pleins, décorés, suivant le goût du jour, de médaillons d'empe-
reurs inscrits dans des couronnes de feuillages (fig. 116). Au château d'Écouen, les appuis ne sont accusés que par des moulures.

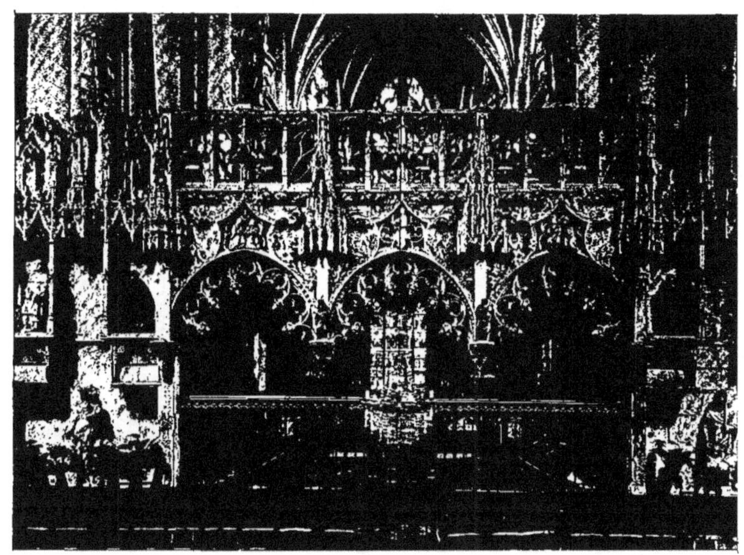

Fig. 115. — Appui du Jubé de l'église de la Madeleine à Troyes.

Cependant dans l'aile du château de Blois, édifié sous
François Ier, où les appuis de fenêtres sont pleins et chargés
d'armoiries ou d'emblèmes, la balustrade à hauteur de la base
du comble est magnifiquement décorée de balustres, alternant
avec les initiales couronnées du Roi et de la Reine. L'idée de
traiter en sculpture ajourée de lettres ou de devises une balustrade d'appui, a été d'ailleurs souvent appliquée du xve au
xvie siècle, à l'église de La Ferté-Bernard par exemple, ou au
clocher de l'église de Louhans.

Au château de Blois, les balustrades rampantes de l'escalier ont donné lieu à une composition charmante (fig. 107) : de fins balustres enrichis de feuillages s'adossent à des pilastres dont les chapiteaux et les bases, appuyés sur des moulures rampantes, suivent le mouvement des marches.

Une disposition du même genre avait été adoptée pour la balustrade du jubé de la cathédrale de Limoges. De gracieux balustres y alternent avec des pilastres qui, tantôt sont décorés d'arabesques, tantôt servent d'appui aux niches abritant des figures de haut-relief (fig. 117).

A Chambord, l'exécution rapide de l'édifice ne permettait point l'étude ni la réalisation d'œuvres aussi parfaites ; on y employa des balustres, petites colonnettes à double panse évidée d'une gorge vers le milieu, et constituant les supports de la main courante. Cette disposition avait évidemment l'avantage de la rapidité d'exécution, car les balustres étaient tournés suivant un type unique ; aussi l'appliqua-t-on aux rampes de l'escalier intérieur à double volée.

Dans l'école parisienne, on avait conçu autrement l'application des ordres à l'ordonnance d'un balcon. Sur la façade de l'église de Belloy, la balustrade est formée d'une ordonnance de petites colonnettes, très finement étudiées à la manière des colonnettes d'ordre ionique en bois sculpté, qui forment la balustrade de la tribune au château d'Écouen. A la chapelle d'Écouen, ce sont de hautes consoles de pierre qui portent la tribune.

C'étaient là des raffinements auxquels se plaisaient les maîtres français du xvie siècle, les Pierre Lescot, les Philibert de l'Orme et les Jean Bullant, et qui se maintinrent sous les règnes de François Ier et de Henri II. Sous Henri II, l'introduction dans le décor des entrelacs, associés à des cartouches de forme souple et à une ornementation florale, modifia sensiblement le décor des balustrades, et fut le point de départ d'une évolution caractéristique du décor, dont on trouve la trace en Allemagne et dans les pays du Nord jusqu'au xviie siècle. Il faut reconnaître toutefois qu'en passant la frontière, la décoration traditionnelle s'est singulièrement alourdie.

A partir du XVIIe siècle, les appuis de pierre ne sont plus formés que de balustres dont les profils, un peu lourds sous Louis XIII, sont plus élégants au temps de Louis XIV. Les balustrades entrent, comme on le voit à Versailles, dans le décor

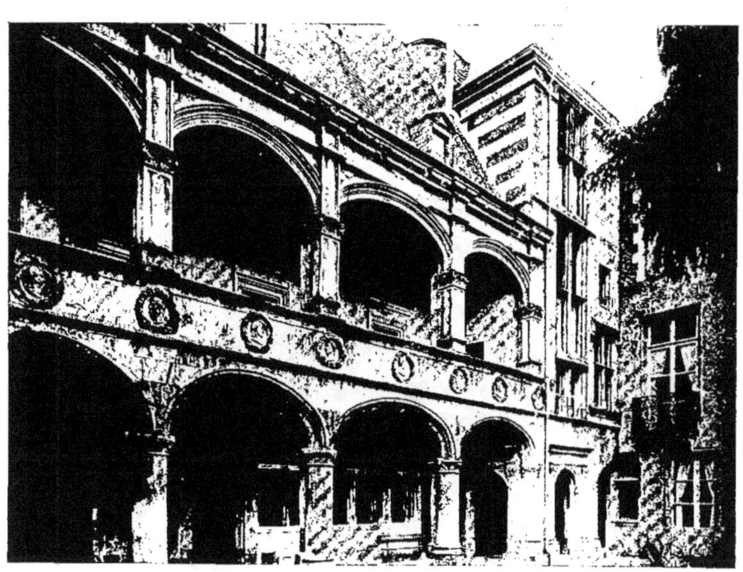

Fig. 116. — Appui plein décoré de médaillons à la galerie du 1er étage de l'Hôtel d'Alluye à Blois.

des jardins, couronnant des murs de terrasse comme à l'Orangerie, ou formant au-dessus des combles qui ne sont plus apparents, une sorte d'attique ajouré, que divisent des piédestaux portant des vases ou des groupes de figures.

C'est qu'en effet, sous Louis XIV, les artistes se préoccupaient beaucoup plus des effets d'ensemble que des détails, et il ne leur répugnait pas de répéter sur toutes les terrasses de Versailles le même type de balustre.

On ne peut méconnaître d'ailleurs l'effet dû aux répétitions d'une même forme, et dont on avait fait usage dès le xvie siècle, aussi bien au château de Chambord qu'au château de Serrant.

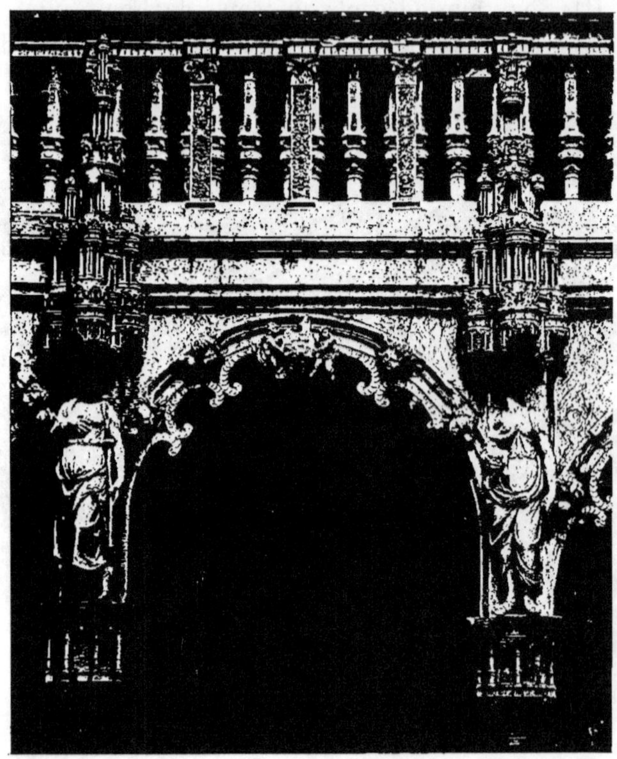

Fig. 117. — Appui du Jubé de la cathédrale de Limoges. Alternance de pilastres et de balustres dans la balustrade.

Dans certaines régions, particulièrement à Bordeaux, les tailleurs de pierre pratiquaient encore au xviie siècle, avec une ingéniosité remarquable, l'usage des appareils les plus compliqués, soit pour soutenir les escaliers et leurs balustrades, soit pour supporter des tribunes. On a un remarquable exemple de trompes cylindriques ainsi employées, pour les tribunes de l'église Notre-Dame à Bordeaux ; mais les balustrades étaient en fer forgé.

A Versailles, les balustrades les plus intéressantes sont celles

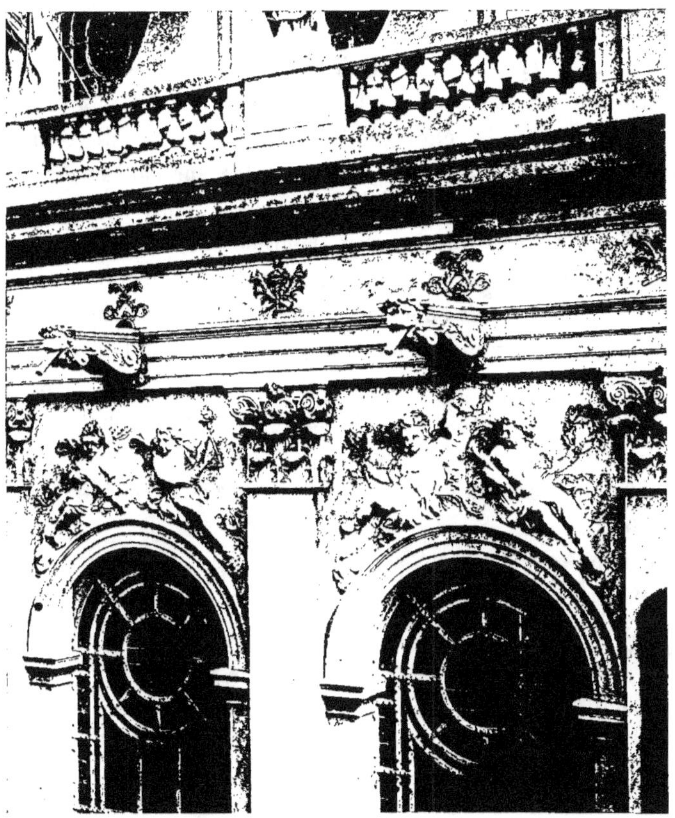

Fig. 118. — Balustrade d'appui au couronnement de la chapelle
du château de Versailles.

de la chapelle (fig. 118); elles ont été exécutées à l'intérieur en bronze ciselé. Les socles et mains courantes étant en marbre, il s'agissait là d'une décoration intérieure d'une exceptionnelle richesse qui justifiait une étude particulière; mais à l'extérieur,

l'emploi des balustrades de type uniforme était général aux XVIIe
et XVIIIe siècles ; on peut citer comme l'un des meilleurs types,
celui qui fut employé dans la cour de l'hôtel de Soubise. (Archives
nationales.)

Le problème des balustrades est aujourd'hui ce qu'il était jadis,
et la solution varie suivant que l'appui de pierre est pris entre
les tableaux d'une baie, ou que le balcon est complètement isolé.
Dans ce dernier cas, le choix de la matière pour la dalle du balcon n'est pas indifférent ; cette dalle portée sur saillies de consoles ou soutenue par un profil d'encorbellement, doit être en
pierre dure, imperméable à l'eau, et taillée en pente jusqu'à un
profil de larmier, si le balcon est de petite dimension ; jusqu'à
un caniveau recueillant l'eau aux extrémités, et la projetant au
dehors par des gargouilles ou des tuyaux, si la dalle, qui doit
être monolithe, a une grande surface. Si le balcon se développait en longueur, il serait indispensable de le composer de dalles
à joints recouverts de telle sorte que l'eau puisse s'écouler à
l'extérieur, dalle par dalle, suivant des pentes écartant l'humidité
des joints.

Pour l'appui, on adopte souvent le principe de balustres ou
de colonnettes, posés sur une plinthe continue et supportant une
main courante : les colonnettes ou balustres sont des monolithes
dont la portée sur la plinthe est préparée par un lit de pose
ménagé entre les glacis. Il faut en effet que la main courante,
comme la plinthe, aient leur face de dessus taillée en pente, pour
éviter tout séjour d'eau. Au cas où l'évacuation est faite par
caniveau pris dans la dalle, les pentes de la dalle réservent aussi
le lit de pose de la plinthe, et, de place en place, sont pratiqués
les évidements nécessaires au passage de l'eau. Il est entendu
que la plinthe, comme la main courante, étant très exposée aux
intempéries, doit être en pierre très résistante (fig. 119).

Lorsque le balcon est porté en saillie sur des consoles, il
importe, aussi bien pour la bonne construction que pour l'effet,

que le profil de ces consoles soit très étudié en vue de la résistance qu'elles doivent offrir à un effort qui atteint son maximum au droit de l'encastrement de la console.

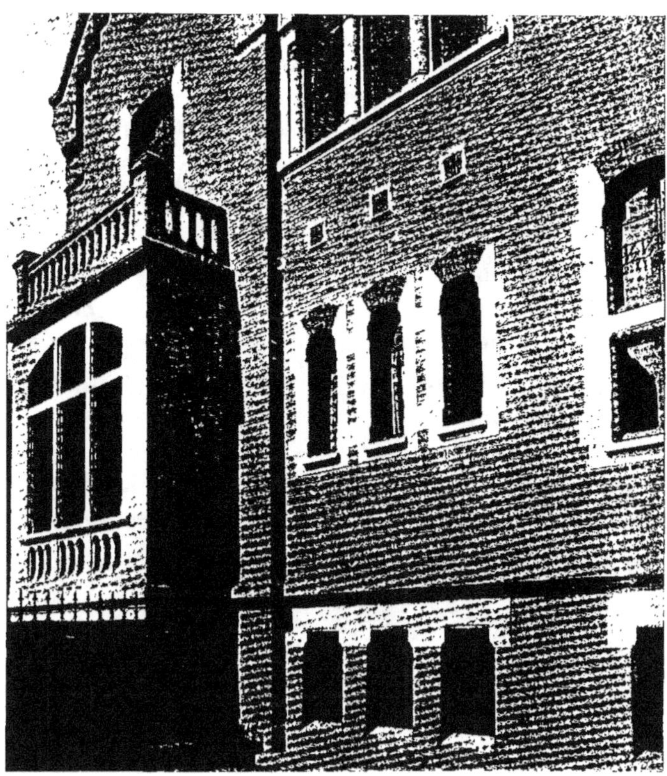

Fig. 119. — Balustrade d'appui sur la terrasse d'un hôtel particulier avenue Henri-Martin (Œuvre de L. Magne).

La décoration d'un appui de balcon en pierre n'est pas assujettie à une ordonnance de colonnettes ou de balustres. Si ce balcon saillit en avant d'une pièce de réception, formant motif dans le décor d'une façade, il peut être intéressant de décorer plus librement la dalle d'appui comprise entre la main courante et la plinthe, et de traiter à jour la sculpture qui y est appliquée ; cette disposition a été adoptée pour les grands et petits balcons d'hôtels construits il y a trente ans, avenue de Villiers. Il importe en ce cas de réduire l'épaisseur de la dalle d'appui et, pour assurer sa résistance, il est bon de ménager au sommet et à la base de la dalle, comme on le ferait pour des panneaux de bois, des languettes qui s'engagent dans des rainures de la main courante et de la plinthe. A défaut de ces languettes, on peut employer une barre de cuivre posée sur champ formant chaînage et encastrée aux angles des balcons dans des pilastres qui donnent aux dalles un bon soutien.

Lorsque le balcon est en tableau, les piédroits de la baie font office de pilastres soutenant les cadres de pierre dans lesquels, soit par un chaînage vertical de cuivre, soit par des languettes de pierre, on assure la rigidité des panneaux. Il est inutile d'insister sur l'importance de ces procédés de construction dont dépend la résistance et par conséquent la durée de l'œuvre.

La pierre nous apparaît de plus en plus comme la matière la plus propre à prouver la nécessité, pour toute composition décorative, de l'accord des formes avec la structure.

VII

LES CHEMINÉES

Piédroits, corbeaux et linteaux.
Hottes inclinées ou verticales. Arcs de décharge.

La construction d'une cheminée en pierre est, à elle seule,
tout un enseignement de composition décorative. Le programme
en est très précis : la cheminée doit fournir en effet un âtre, de
dimensions suffisantes, pour donner le maximum de chaleur
rayonnante ; elle doit en outre évacuer, par un conduit pris dans
le mur, la fumée à l'extérieur.

Si ce conduit peut être de section restreinte, par rapport à la
dimension de l'âtre, il est évident que la fumée, résultant de la
combustion, ne change de volume que graduellement et que,
malgré le tirage d'un haut conduit, cette fumée serait refoulée
dans la pièce au lieu d'être évacuée, si elle ne pouvait se
détendre dans une sorte de cône ou de pyramide creuse, raccordant l'âtre avec le tuyau vertical.

Une cheminée ainsi composée doit être assez large pour permettre à plusieurs personnes de se grouper autour du feu, et
comme l'évacuation de la fumée exige l'établissement d'une
hotte saillante rejoignant le conduit, il faut que cette hotte,
droite ou inclinée, soit assez basse pour recueillir la fumée, assez
haute cependant pour qu'une personne debout ne risque pas de
la heurter de la tête.

Mais si la hotte doit être saillante, les piédroits qui limitent l'âtre ne doivent au contraire avoir qu'une saillie réduite, afin de ne pas encombrer la pièce.

Or ces piédroits sont tenus de porter, par encorbellement sur des sommiers, l'étroite languette de pierre qui forme la hotte ou coffre montant jusqu'au plafond, languette mince à la partie inférieure, mais qui s'épaissit en montant à l'intérieur pour se raccorder avec le conduit vertical. La construction de la partie basse de la hotte ou manteau, qu'elle soit réalisée par un linteau ou par un clavage, exige, pour éviter toute poussée ou flexion, l'incorporation dans le mur de forts sommiers recevant les abouts du manteau, sommiers qui, maintenus par la charge du mur supérieur, font obstacle à tout écartement des assises de la hotte.

Toutes ces conditions d'équilibre, qu'il est indispensable de remplir, déterminent avec précision les éléments de la composition d'une cheminée de pierre, et la fonction de chacun d'eux. Dès le xiiie siècle, en France, les architectes avaient bien compris les nécessités de structure d'une cheminée, et la décoration qui pouvait y être appliquée.

Les piédroits arrondis ou polygonaux, pour éviter les angles vifs toujours gênants, sont prolongés par des encorbellements de chapiteaux ou de consoles, sous les sommiers de la plate-bande qui porte la hotte, et, en raison des exigences de la construction, les cheminées se superposent d'étage en étage, chaque âtre se prolongeant par un coffre étroit mais long, afin d'éviter la saillie des souches, qui accusent à l'extérieur les conduits de fumée.

D'autre part, avec les planchers de bois apparent, il importait d'écarter du feu les chevêtres ou lambourdes qui encadraient le coffre saillant : il était donc naturel que ce coffre déterminât l'emplacement du foyer de la cheminée situé au-dessus, le coffre de la cheminée inférieure passant derrière celui de la cheminée supérieure, et, comme une partie du plancher eût reposé sur la hotte, on la déchargeait par un arc reportant le poids sur les piédroits.

Les cheminées les plus anciennes ne comportaient pas de super-
positions ni d'adossements de coffres : le tuyau d'évacuation de la
fumée correspondait à une cheminée unique ; il était cylindrique,
et se terminait au-dessus
du comble par une toiture
conique de pierre, sur-
montant une série de fentes
verticales laissant passage
à la fumée, tout en ména-
geant la protection du conduit contre la pluie.

Une construction très
ancienne, dite maison des
Anglais ou Maladrerie, et
qui est située au bord de
l'Isle, près de Périgueux,
conserve deux de ces che-
minées anciennes, dont les
couronnements réalisent
cette évacuation de la fumée et cette protection des
conduits. La hotte de l'une
d'elles est tronconique, formant saillie à l'intérieur de
la pièce, et n'étant en quelque sorte que l'évasement
du tuyau cylindrique. C'est
aussi la disposition des

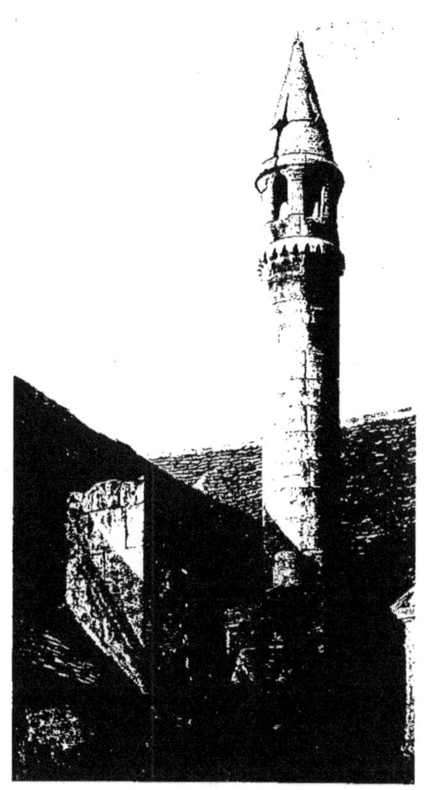

Fig. 120. — Souche de cheminée à l'abbaye de Noirlac (Cher). Protection du conduit cylindrique
par une toiture conique.

cheminées que l'architecte Revoil a relevées, l'une à l'abbaye de
Senanque, l'autre dans une maison de Saint-Gilles. Une cheminée
du même genre existe dans les dépendances de la cathédrale du Puy.

Les couronnements des souches cylindriques ou polygonales
existent encore en assez grand nombre : on peut citer un cou-

ronnement de ce genre à Brantôme, plusieurs autres à Figeac.
L'un des plus remarquables est conservé à l'ancienne abbaye de
Noirlac (Cher) (fig. 120).

C'est une colonne creuse, couronnée de petits piliers sur lesquels s'appuie une toiture conique, sorte de mitre de pierre qui
protège le coffre tout en donnant passage à la fumée. La colonne
a une base à sa sortie du comble, et sur la souche s'accusent des
solins suivant la pente du toit. Une cheminée analogue existe à
Bayeux.

Au xiiie siècle la hotte est légèrement inclinée, accusant extérieurement le cône, ou plutôt la pyramide creuse où se détend
la fumée. C'est la disposition employée à Aigues-Mortes, pour
la cheminée de la tour dite de Constance, et les arêtes de la
hotte sont enrichies par des crochets; la hotte elle-même est
décorée d'écailles. Lorsque la salle était grande, on ne se con-
tentait pas d'une seule cheminée; la salle dite des Chevaliers,
au Mont-Saint-Michel, est chauffée par deux cheminées monumentales dont les hottes inclinées reposent sur des plates-bandes
clavées. Bien que le clavage soit à crossettes, c'est-à-dire que les
claveaux reposent l'un sur l'autre en vue d'atténuer la poussée,
celle-ci est contrebutée par d'énormes sommiers pris dans
l'épaisseur du mur, et par conséquent très chargés (fig. 121).

Ce système de clavage à crossettes et de sommiers de butée
est aussi apparent dans la cheminée d'une maison de la rue
Orthabadial, à Figeac; non seulement la hotte est déchargée
par la plate-bande ainsi appareillée, mais la languette du fond
de l'âtre, qui se prolonge jusqu'au sommet de la souche, est
aussi déchargée par un arc apparent, sous lequel la partie du
mur correspondant à l'âtre est faite en matériaux réfractaires,
ce qui évitait la calcination de la pierre au contact du foyer.

Dans de grands édifices comme les abbayes, ou les résidences
princières, les cheminées ont pris des développements extraor-
dinaires. Si la tour d'Evrault à Fontevrault était vraiment,

comme le croit Viollet-le-Duc, une cuisine, le mode d'évacuation des fumées par une grande pyramide octogonale couronnant la salle centrale, et par de larges tuyaux à toiture conique

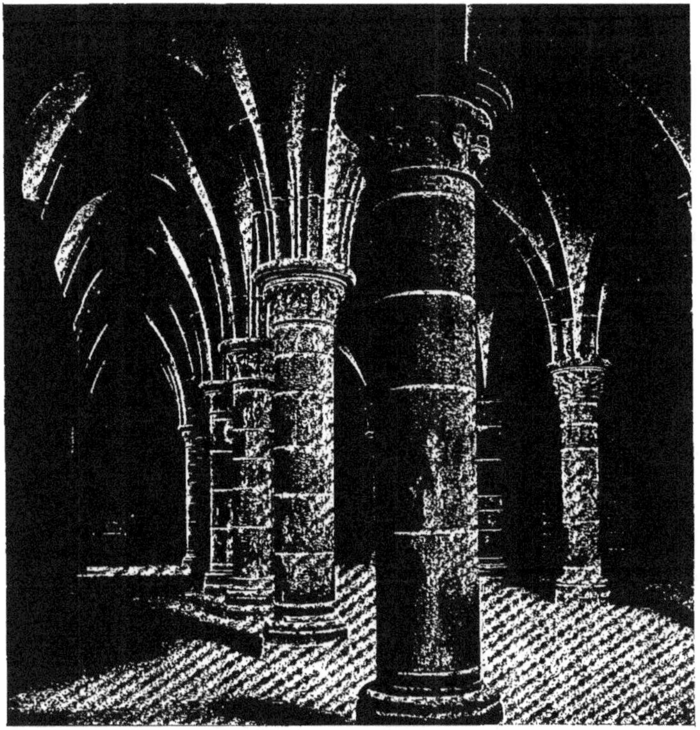

Fig. 121. — Cheminées dans la salle des Chevaliers au Mont Saint-Michel.
Hottes inclinées sur manteaux clavés à crossettes.

correspondant à chaque absidiole, se prêtait à l'effet décoratif
le plus saisissant. Mais où se trouvaient les foyers? La destination supposée d'une chapelle funéraire eût donné d'ailleurs le
même effet décoratif.

A Paris les cuisines dites de Saint-Louis, occupant une partie du sous-sol du Palais de Justice, comportaient une série

L'Art appliqué aux Métiers. — I.   14 d'âtres disposés autour de la salle, et de hottes dont les manteaux sont construits à crossettes, à peu près comme ceux des cheminées du Mont-Saint-Michel.

Une disposition analogue existe dans les cuisines dépendant de l'ancien Palais Ducal de Dijon, et les hottes, disposées autour de la salle pour recueillir la fumée, sont complétées par un tuyau central, partant de la voûte qui couvre le milieu de la cuisine, et dont les arcs sont reçus par des piliers sur lesquels s'appuient les manteaux des cheminées adossées.

Une disposition du même genre existe encore au château de Montreuil-Bellay, en Anjou, et, autant qu'il est possible d'interpréter la miniature des heures du duc de Berry représentant le château de Saumur, les cuisines du château, établies dans la seconde enceinte, s'accusaient extérieurement par la saillie d'une souche centrale évacuant la fumée.

La disposition la plus magnifique qui soit connue est celle de la cheminée à triple foyer de la grande salle du Palais de Justice de Poitiers, conception géniale de l'architecte Guy de Dammartin qui fut, pendant près de trente ans, maître général des œuvres du duc de Berry et qui réédifia partiellement pour le duc le Palais de Poitiers.

Cette cheminée occupe entièrement le pignon de la grande salle, qui est complètement évidé par les fenestrages entre les coffres, ne conservant comme parties pleines que les contreforts nécessaires à la stabilité du pignon. Aux angles de la salle sont des escaliers conduisant à une galerie qui circulait au-dessus du manteau à la base des fenêtres (fig. 122).

La division des foyers rendait sensible la grandeur de cette composition : les colonnettes et les corbeaux qui les surmontaient n'interrompaient pas la décoration du manteau faite de larges feuilles prises dans les moulures et d'écussons portés par des anges. Un grand emmarchement formait soubassement à cette magnifique cheminée.

Une miniature des très Riches Heures du duc de Berry, conservée au Musée de Chantilly, montre le duc donnant une
audience le dos au feu d'une cheminée (fig. 123). La disposi-

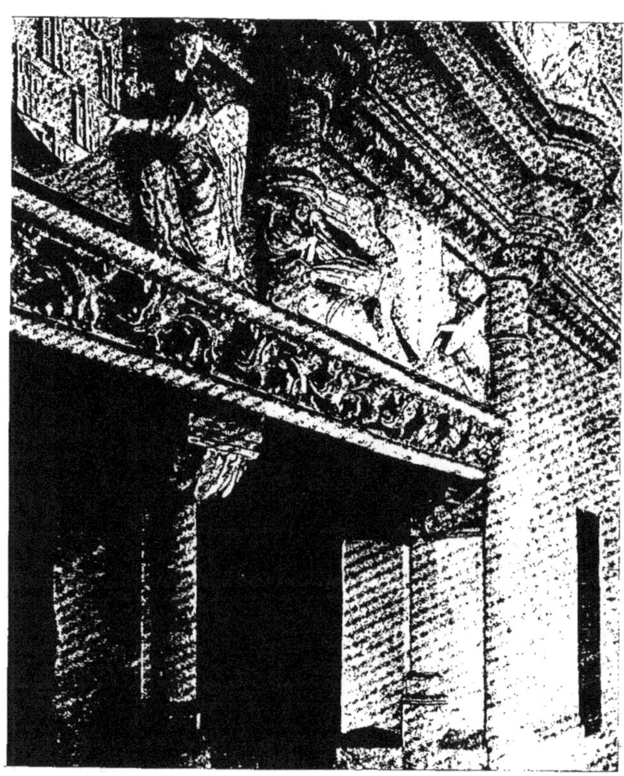

Fig. 122. — Cheminée à triple foyer du pignon de la grande salle au Palais de Justice
de Poitiers. Linteaux ornés couronnant les trois foyers.

tion est celle des cheminées qui, au cours des réparations du
château de Saumur, ont été démurées. Les carreaux en céramique émaillé indiquent la place réservée au prince par une
mosaïque de pièces émaillées plus riches que celles du surplus
du carrelage.

Sans doute des œuvres telles que la cheminée de Poitiers

sont exceptionnelles, mais des cheminées beaucoup plus modestes et d'un caractère plus intime, comme la cheminée du XVe siècle conservée au Musée de Cluny et ornée d'une frise dont les sujets sont empruntés soit aux âges de la vie soit aux cérémonies du mariage, ne sont pas moins intéressantes à étudier au point de vue de la structure et de la forme. Le linteau très nettement encadré par des moulures qui limitent les bas-reliefs, s'appuie sur des sommiers soutenant un arc, sous lequel existe la hotte inclinée, et au-dessus duquel le mur saillant se prolonge verticalement pour soutenir le foyer de l'étage supérieur. Il est impossible d'imaginer une décoration s'accordant mieux avec la structure et en rendant mieux compte (fig. 124).

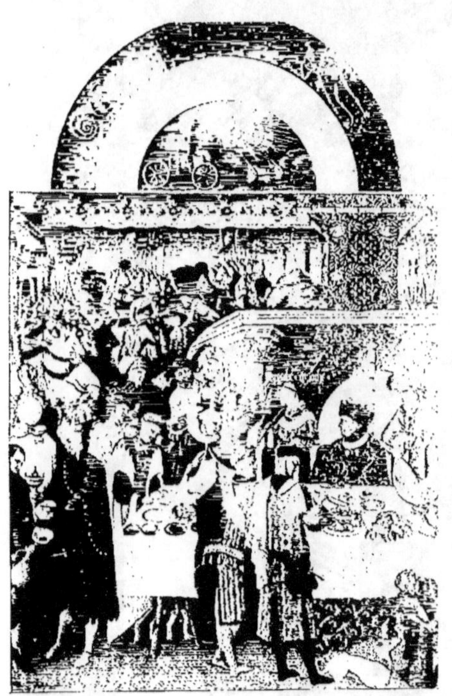

Fig. 123.— Miniature des Très Riches Heures du duc de Berry représentant le duc donnant une audience le dos au feu.

Certaines cheminées du château de Chinon, du château de Martigné-Briand en Anjou, traitées beaucoup plus simplement et comprises actuellement dans des édifices à demi ruinés, expliquent le mode de construction et notamment les encorbellements indispensables au soutien des piédroits. Une charmante cheminée du XVe siècle, où sont figurés en bas-relief les

moutons du Berry, est conservée dans l'ancien Hôtel de Ville
de Bourges (aujourd'hui petit lycée).

D'ailleurs dans des résidences seigneuriales organisées pour
la défense, par exemple au château de Saumur, les cheminées,
même dans les salles
de réception, sont
décorées assez sim-
plement d'après les
mêmes principes. Ce
sont des feuillages cir-
culant dans les mou-
lures ou des écussons
saillants sur le man-
teau. Ce mode de dé-
coration a été em-
ployé pour une che-
minée du château de
Dunois à Beaugency.

Parfois, comme on
le voit au château du
Plessis-Bourré con-
struit à la fin du xv^e
siècle, le manteau est
orné d'arcatures et
la hotte se prolonge
verticalement, ne pre-

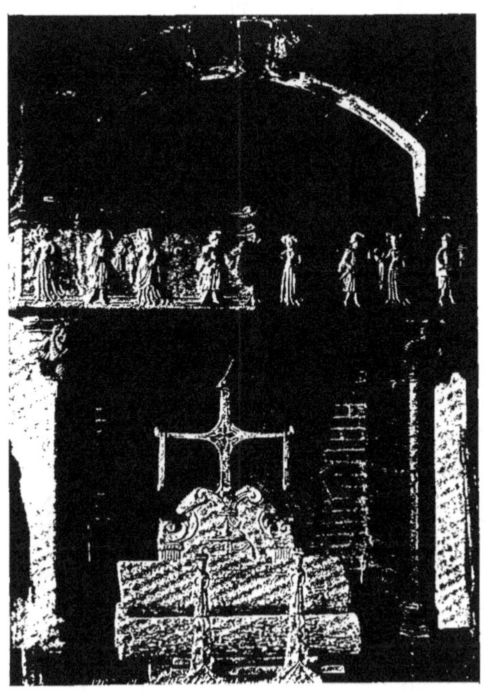

Fig. 124 — Cheminée du xve siècle au Musée de Cluny.
Arc de décharge protégeant la hotte et le linteau orné.

nant son inclinaison qu'au-dessus d'une corniche de couronnement.

C'est une disposition assez fréquente des cheminées construites
vers la fin du xve siècle et un acheminement vers les hottes verticales dont l'usage se généralisa au xve, parce que cette forme
se prêtait mieux à l'emploi des éléments décoratifs, pilastres,
balustres ou médaillons plus ou moins inspirés de l'art antique.

A Dijon, la cheminée de la grande salle du château, où sont exposés les tombeaux des ducs, est un monument d'architecture, comprenant au-dessus du manteau une grande baie d'applique, divisée par des meneaux, et s'appuyant aux angles sur des niches et contreforts.

La cheminée du château de Josselin, dans le Morbihan, a aussi sa hotte verticale ornée de chiffres et d'armoiries. Elle repose, suivant la tradition, sur les tailloirs très évasés de piédroits peu saillants.

En Flandre, où l'on exagérait, au xve siècle, la décoration exubérante de l'art français du Nord, les cheminées comportent souvent l'emploi des matériaux différents, pierre, marbre, bois, et la partie supérieure de la hotte, qui est souvent exécutée en bois, est étudiée pour s'accorder avec la décoration du plafond. Les cheminées de l'Hôtel de Ville de Courtrai et de la salle du Franc, au Palais de Justice de Bruges, rendent bien compte de ce genre de composition.

En France, le décor à l'antique eut surtout pour conséquence l'adoption du coffre vertical qui se prêtait assez bien à l'interprétation sur le manteau d'un entablement couronnant les piédroits, et qui supportait une ordonnance de pilastres, dont les intervalles étaient garnis de médaillons, de chiffres ou de cartouches.

Parmi les plus belles cheminées de cette première époque de la Renaissance française, on peut citer celles du château de Montal dans le Lot, ou encore une cheminée du château de Saint-Ouen à Chemazé, dans la Mayenne.

En Italie on conserva longtemps encore les dispositions qui avaient été adoptées en France pour le manteau supportant une hotte inclinée.

Une cheminée du Palais Ducal de Venise, une autre du Palais Ducal d'Urbin présentent une ordonnance de piédroits peu saillants, colonnes ou pilastres, soutenant de grandes con-

soles encastrées dans la muraille et sur lesquelles s'appuie un
linteau simulant un entablement complet. A Venise, la frise est
ornée de rinceaux et de palmettes ; au Palais d'Urbin elle est

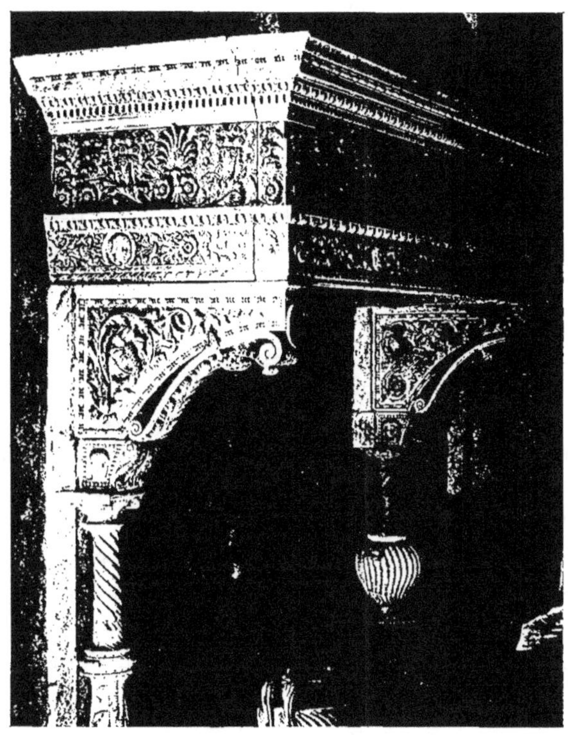

Fig. 125. — Cheminée au Palais Ducal de Venise. Corbeaux saillants sur les piédroits
pour le soutien du linteau.

occupée par une ronde d'enfant. A la cheminée du Palais Ducal
de Venise (fig. 125), la construction du linteau est très nettement accusée à sa jonction avec le sommier. Ce linteau a peu
d'épaisseur, ce qui est explicable par la nécessité de recueillir
la fumée dans la pyramide creuse où elle doit se détendre.

Lorsque l'étage était bas, la hauteur du vide sous le manteau étant déterminée par la hauteur de l'homme, il ne restait que peu de place au-dessus du manteau. Ainsi à Blois, dans l'hôtel d'Alluye, le manteau porté sur des consoles est surmonté d'une sorte de grande frise ornée des armes de France, qui forment saillie sur un fond d'hermines et de fleurs de lis; au-dessus, c'est une gorge à ornements sculptés qui soutient l'enchevêtrure du plafond.

Une disposition analogue existe dans une ancienne cheminée du manoir d'Omerville (Seine-et-Oise) et on retrouve dans l'âtre l'arc de décharge en brique limitant la partie à remplir en matériaux réfractaires dans la hauteur du foyer, celle qu'on isolait encore du feu en la protégeant par une plaque de fonte dite de contre-cœur. En Anjou, on peut citer encore un grand nombre de cheminées anciennes de cette époque. (Hôtel des Pénitentes à Angers, prieuré de Saint-Rémy-la-Varenne, etc.)

Une cheminée à hotte de brique reposant sur un manteau de pierre que soutiennent deux colonnes très simples a été conservée au dernier étage de l'hôtel construit à Angers pour le maire élu Jean de Pincé ; mais aux étages inférieurs, les cheminées des salles de réception avaient été détruites, par suite des changements survenus dans l'affectation de l'hôtel. Elles n'étaient plus accusées que par les enchevêtrures des plafonds, qui déterminaient exactement la position des coffres verticaux et par la trace qu'ont laissée sur les murs les arrachements des différents éléments de construction, pris dans les assises de hauteur très différentes, manteau formant entablement, consoles, pilastres, etc... C'est ainsi qu'il a été possible de reconstituer les cheminées des grandes salles lors de leur affectation à un musée qui a reçu la collection Turpin de Crissé (fig. 126).

C'est sur des données analogues qu'a été rétablie la cheminée du grand salon du premier étage au château de Serrant.

La cheminée, telle qu'elle était comprise depuis le xiiⁱᵉ siècle, formait un des éléments principaux de la décoration d'une

grande salle et la tradition en maintenait encore l'usage au
XVIIᵉ siècle. Une fort belle cheminée de l'hôtel de Vogüé à
Dijon en fournit la preuve. D'autres existent encore au château
de Cadillac (Gironde) (fig. 127), les motifs de figures dans le

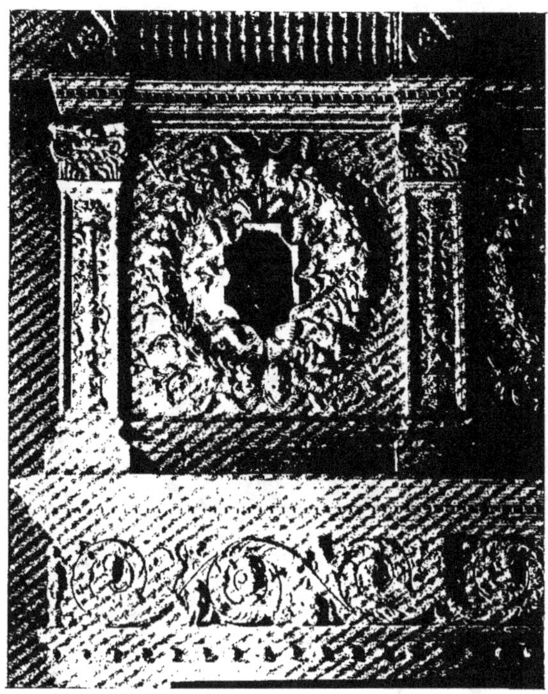

Fig. 126. — Hotte verticale de la cheminée de la grande salle
reconstituée à l'Hôtel de Pincé, à Angers.

goût italien y sont très développés. Au château de Maisons la
cheminée, dite de Condé, forme encore, entre deux fenêtres, un
grand motif saillant, mais dont l'âtre est extrêmement réduit et
encadré par une sorte de chambranle. C'est au-dessus que se
développe, sur un piédestal soutenant des figures de captifs
agenouillés, de part et d'autre d'un trophée d'armes dont un

médaillon du prince occupe le centre, un bas-relief représentant Condé sur un char de triomphe.

On voit qu'il s'agit là d'une œuvre de sculpture très intéres-

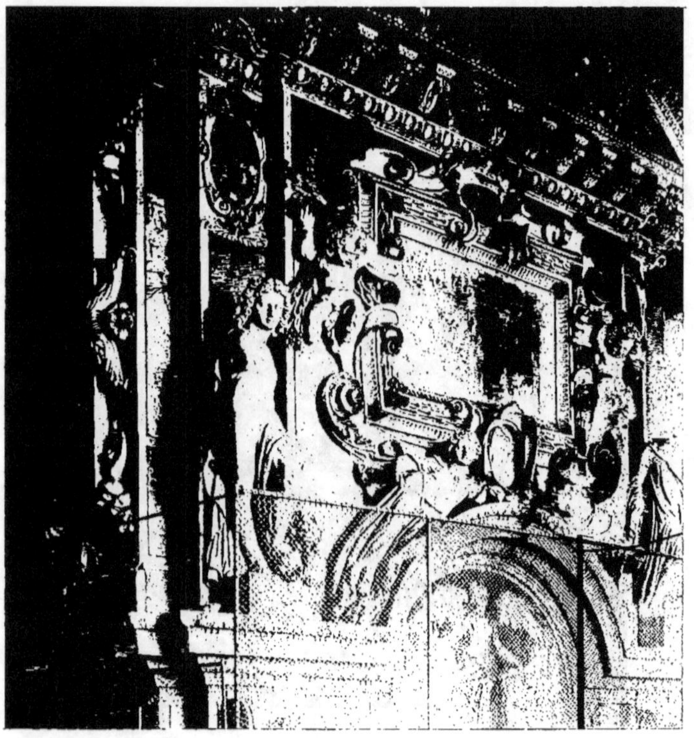

Fig. 127. — Cheminée du commencement du XVIIᵉ siècle au château de Cadillac (Gironde).

sante par elle-même, mais qui s'applique mal à la structure d'une cheminée.

C'est un acheminement vers une disposition nouvelle de la cheminée, considérée comme réduite à son âtre entouré d'un chambranle de marbre que surmontait une tablette, destinée à

porter une garniture de bronze, et dont les grands appartements
de Versailles offrent de nombreux exemples.

En même temps s'était développé le goût pour les glaces qui,

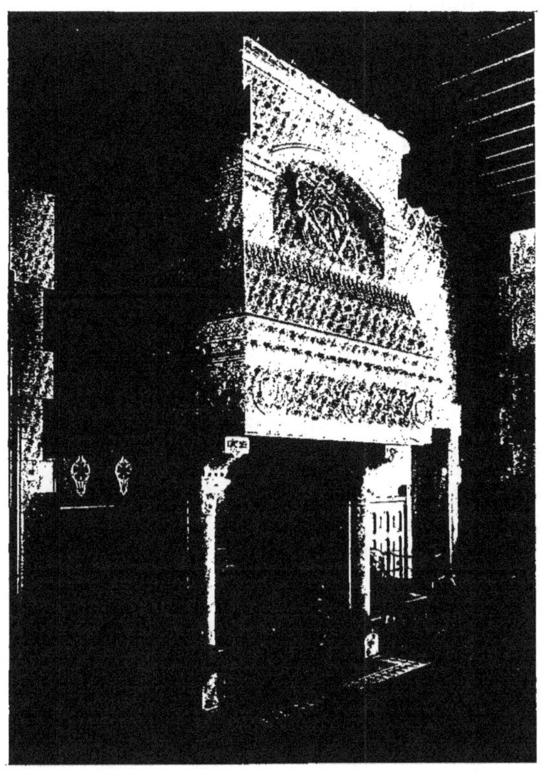

Fig. 128. — Cheminée moderne en pierre à l'Hôtel de Bethisy, avenue Henri-Martin
(Œuvre de L. Magne).

par réflexions successives, semblaient agrandir les pièces principales et qu'on plaça bientôt sur la tablette de la cheminée.

L'or devenant un élément de décoration pour les châteaux,
il était naturel pour ces chambranles de cheminée de préférer à
la pierre les marbres colorés qui s'harmonisaient avec le bronze

doré (cheminée de la salle du Conseil à Versailles) et depuis la
fin du xvııᵉ siècle jusqu'à nos jours, la cheminée banale de
marbre, qu'on change au gré du locataire, a remplacé, presque
partout, la cheminée de construction.

On peut le regretter, car les essais faits de nos jours de cheminées bien construites, ayant leurs piédroits et sommiers
incorporés dans les murs au moment de la construction, leur
manteau et leur hotte bien appropriés à leur destination et
bien décorés, prouvaient que la cheminée peut, aujourd'hui
comme jadis, en dépit des chauffages de calorifères à basse ou
haute pression, fournir à un grand salon ou à une grande salle
à manger (fig. 128) un élément essentiel de décor, que ne don-
neront jamais les pastiches en staff ou en carton-pâte des cheminées anciennes, pastiches ridicules et qui ne peuvent être d'aucun usage parce qu'ils sont incapables d'être utilisés ni pour le
chauffage ni pour l'évacuation de la fumée.

VIII

LES VOUTES

1° La coupole et ses dérivées. — La voûte en arc de cloître.

L'emploi de la voûte de pierre a été extrêmement limité dans l'antiquité. Les voûtes égyptiennes, celles des sanctuaires du temple d'Abydos ou de quelques salles du temple de Deir-el-Bahari, sont construites par encorbellement d'assises à lits horizontaux, évidés pour substituer aux dalles d'un plafond une surface courbe, taillée aux dépens de l'épaisseur de la pierre.

Les voûtes des tombes à coupole de l'Argolide, quoique procédant du même principe d'encorbellement, sont plus intéressantes, parce que leur forme répond mieux à leur mode de structure. Cette forme est ovoïdale et les assises, qui s'élèvent en saillie les unes sur les autres, formant une série d'anneaux concentriques qui, diminuant progressivement, sont taillées suivant un rayon de courbure qui ménage la matière et utilise bien sa résistance (fig. 129).

La voûte répondait d'ailleurs à une nécessité de construction ; elle permettait la couverture de salles dont la largeur dépassait la longueur des monolithes pouvant former plafond. Dans l'état actuel de nos connaissances, nous ne savons pas bien si la voûte en petits matériaux façonnés est antérieure ou postérieure à la voûte de pierre montée par encorbellement de lits horizontaux. Est-ce, ainsi qu'on pourrait le croire, la pénurie de matériaux calcaires qui a déterminé, en Chaldée, le façonnage de la terre en matériaux réguliers, susceptibles de former les assises d'un mur ou les encorbellements d'une voûte? Il est difficile de l'affirmer, car dès l'époque thébaine et même auparavant, on construisait en Égypte, des voûtes de briques séchées au soleil en élevant le plus haut possible les sommiers par lits horizontaux pour fermer sans difficulté le sommet de la voûte en posant les briques suivant des joints convergents. Pour les voûtes en berceau ainsi construites, on appuyait contre le mur pignon les premières tranches de la voûte de briques en leur donnant une inclinaison suffisante pour que la terre humide pût faire adhé-

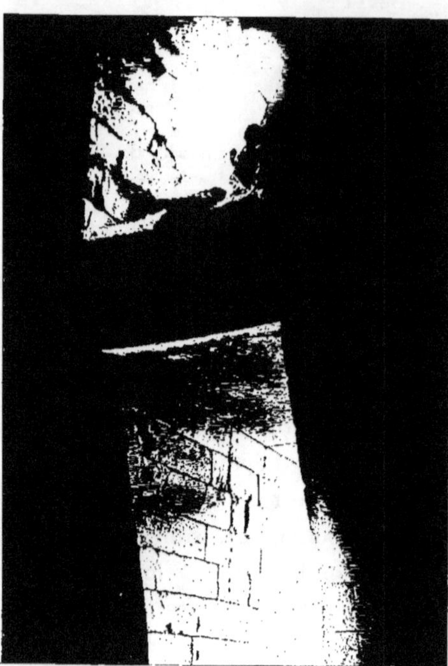

Fig. 129. — Tombe couverte en coupole à Mycènes (Trésor d'Atrée). Construction par encorbellement d'anneaux concentriques à lits horizontaux.

rer chaque tranche nouvelle à celle déjà placée, sans qu'il fût nécessaire d'établir des cintres en charpente. C'est par un procédé analogue qu'étaient construites des voûtes de galeries d'égouts dans le palais assyrien de Khorsabad et les combinaisons qui permettaient de monter les voûtes sans cintres ont été constamment pratiquées en Orient.

L'histoire des monuments de la Perse est trop peu connue pour qu'on puisse préciser la date des palais de Firouz-Abad et de Sarvistan ; on croit cependant celui de Firouz-Abad contemporain des dynasties achéménides. S'il en était ainsi, cela tendrait à prouver que, dès les temps les plus reculés, on avait construit en Chaldée des voûtes en petits matériaux dont l'usage s'était propagé jusqu'en Perse au v⁰ ou au iv⁰ siècle avant notre ère.

La remarque est d'autant plus intéressante que les coupoles persanes de Sarvistan s'appuient sur des murs construits en matériaux calcaires par l'intermédiaire de niches ou de voûtes, les unes sphériques, les autres coniques, qui paraissent être les premiers essais connus de passage du plan carré au plan

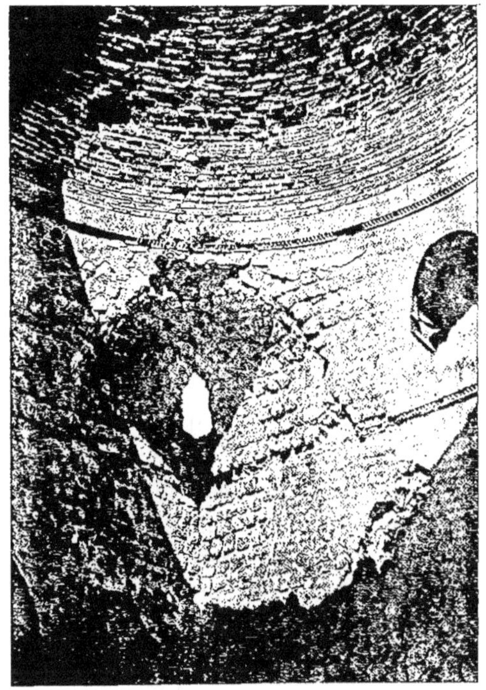

Fig. 130. — Salle couverte en coupole au Palais de Sarvistan (Perse). Raccordement par une trompe conique des murs rectangulaires avec la coupole.

polygonal ou circulaire, aboutissant à la coupole sur trompes et à la coupole sur pendentifs (fig. 130).

Dans l'Inde et dans les pays d'Extrême-Orient, la coupole appareillée par lits horizontaux n'a jamais cessé d'être en usage. C'est la coupole sans poussée, de forme ovoïdale, se rapprochant peu à peu de la forme conique, qui fut définitivement adoptée en Occident pour les flèches de clochers (flèches coniques de Notre-Dame de Saintes ou du Saint-Front, de Périgueux) reposant aussi sur le plan carré des murs par l'entremise de trompes d'angle. En Orient, les voûtes des monuments Khmers et particulièrement celles des galeries du sanctuaire d'Angkor-Watt, caractérisent bien la voûte construite par encorbellement.

Dans l'Empire grec, dont l'art subit la double influence de la Grèce antique et de la Perse Sassanide, l'emploi de la coupole sur pendentifs semble avoir précédé celui de la coupole sur trompes.

Dans un tracé théorique de la coupole sur pendentifs, c'est la diagonale du carré qui donne le diamètre de la sphère et sur les piliers quadrangulaires s'élèvent de grands arcs doubleaux qui coupant la sphère, laissent entre eux des triangles sphériques raccordés au sommet sur un des parallèles, au-dessus duquel se poursuit la calotte sphérique fermant la voûte. C'est le parti qui a été adopté par les architectes, originaires d'Asie Mineure, qui édifièrent sur pendentifs l'énorme coupole de Sainte-Sophie, à Constantinople (fig. 131).

Cette coupole fut construite en petits matériaux posés par tranches inclinées suivant l'usage ancien et bien qu'il ait été difficile jusqu'ici d'analyser la construction des pendentifs, on peut croire que ceux-ci sont construits en encorbellements : on évitait ainsi la poussée de ces pendentifs et on utilisait au contraire leurs poids comme surcharge des piliers afin de mieux contrebuter les poussées de la voûte sphérique et des arcs doubleaux.

Dans un pareil système, très différent du système de construction antique, où l'on n'agissait que par charges verticales, ce sont des forces vives que l'on met en action et qu'il faut équilibrer par des forces de sens contraire.

De là, deux modes de contrebutée, résultant de l'emploi de différents systèmes de voûtes : tantôt en effet les efforts à vaincre se subdivisent et sont réduits par des berceaux, des

voûtes d'arêtes et des voûtes en arcs de cloître, amorties sur des
contreforts ; tantôt, pour donner plus d'ampleur à la salle principale, comme on le fit à Sainte-Sophie de Constantinople, ce
sont de grandes voûtes hémisphériques qui s'opposent à la

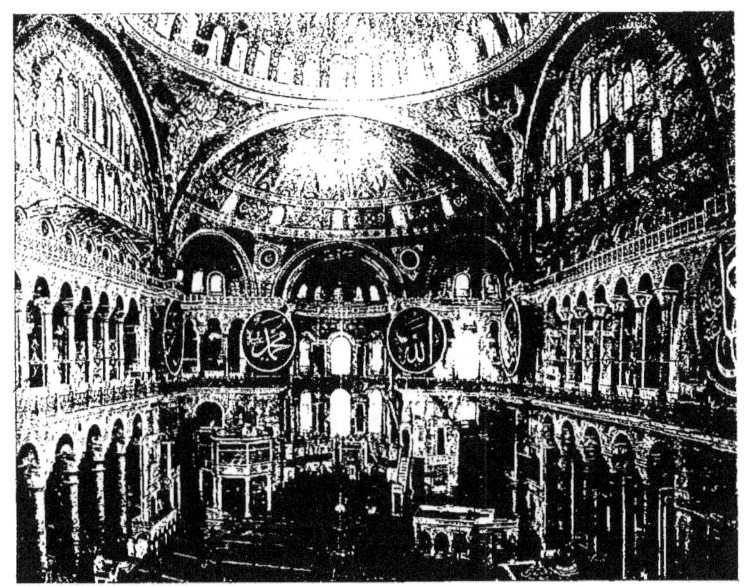

Fig. 131. — Coupole sur pendentifs à l'église Sainte-Sophie à Constantinople.

poussée transmise par les doubleaux et qui l'amortissent sur des
murs extérieurs d'épaisseur suffisante.

Le mode de construction des coupoles sur pendentifs est
celui qui prévalut dans l'art byzantin du ve au viiie siècle ; on
en trouve de nombreux exemples à Constantinople, à Salo-
nique et, au xiie siècle, on construisait encore, à Venise, les
coupoles de l'église Saint-Marc sur les mêmes données. Celles
des églises de Mistra, dans le Péloponèse, étaient construites
de même, du xiiie au xve siècle ; toutefois, sur les pendentifs
on élevait un tambour cylindrique percé de fenêtres alternant

avec des niches et sur lequel reposait la coupole hémisphérique. (Église de la Peribleptos de Mistra.)

L'art byzantin, héritier de l'art oriental, lui empruntait le goût des revêtements en matières précieuses et la construction des voûtes et murs en petits matériaux s'accordait avec l'application, sur la surface, des mosaïques d'émail formant un revêtement continu.

Dans l'Empire grec, sous les dynasties macédoniennes, on employa concurremment les pendentifs, les trompes et les niches sphériques pour porter les coupoles surélevées, et à l'extérieur les murs prolongés sur plan carré s'amortissaient par des glacis sur les tambours des coupoles. De ces divers systèmes de construction dérivent les méthodes employées en France à partir du xie siècle et appliquées de préférence dans la grande école d'Aquitaine qui a couvert de ses œuvres les provinces de l'Ouest depuis le Languedoc jusqu'à l'Anjou. On y rencontre les applications les plus variées de la coupole, limitées, d'abord, semble-t-il, à la travée carrée du transept, au-dessus duquel s'élevait généralement un clocher, lorsque la nef et le transept étaient voûtés en berceau ; la voûte de pierre appareillée en cul-de-four ou quart de cercle était réservée dans ces églises, comme dans les églises syriennes, aux absides et absidioles circulaires, ouvertes sur le transept ou sur le chœur.

Mais la coupole fournissait un moyen excellent de couvrir de larges nefs, à une époque où les voûtes en berceau, exerçant leur poussée sur les murs latéraux munis de contreforts insuffisant, provoquaient le déversement des murs et s'écroulaient misérablement.

On appliqua donc, aux nefs et aux transepts, la disposition de voûtes en coupoles, qui exigeait la division de la nef en travées de forme carrée, et l'établissement de points d'appui suffisamment résistants pour annuler la poussée due à la calotte sphérique et aux arcs doubleaux : la calotte sphérique a géné-

ralement un rayon de courbure différent de celui du pendentif,
le centre de la coupole dont elle fait partie étant surélevé.

En France il était naturel d'utiliser les carrières d'excel-
lente pierre qu'on trouve dans toutes les provinces et parti-

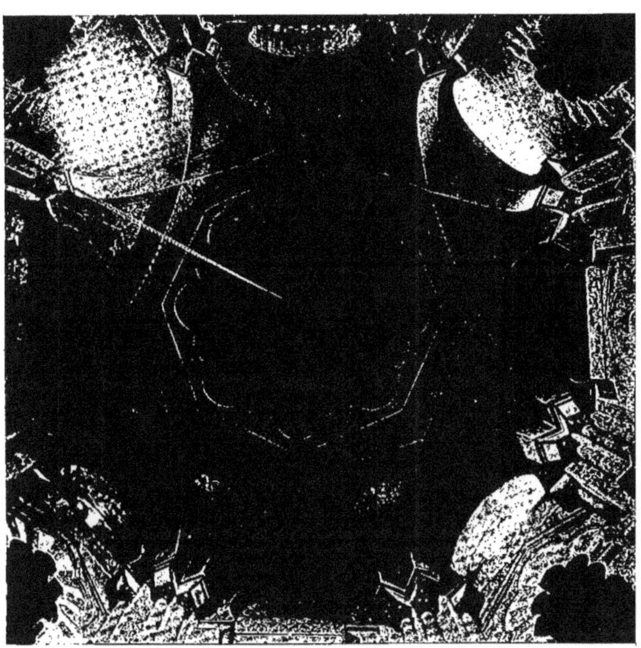

Fig. 132. — Coupole établie sur arcs entrecroisés à la Kebla
précédant le mihrab de la mosquée de Cordoue.

culièrement en Poitou, en Saintonge et dans le Périgord.

C'est donc en pierre calcaire appareillée que furent construites ces coupoles et suivant la tradition orientale, les pendentifs formèrent de solides encorbellements opposant par leur
masse et par leur surface de frottement une résistance aux
poussées. Dans ce système, les clochers du transept, prenant
appui sur des supports montés par lits horizontaux, consoli-
daient ces supports, au lieu de leur transmettre des poussées,

et, sauf à ne pas atteindre la charge d'écrasement pour les piles, contribuaient à la stabilité de l'ensemble.

Un autre système de coupole avait été appliqué dans quelques églises anciennes d'Arménie, celui d'arcs s'entrecroisant de deux en deux supports, pour passer du plan carré au plan octogonal et déterminer ainsi dans la voûte la base d'une calotte octogonale prête à recevoir le décor des mosaïques. La salle ou Kébla précédant le mihrab à la mosquée de Cordoue, caractérise magnifiquement ce mode de structure (fig. 132) dont une autre voûte, celle de la chapelle San-Fernando dans le même édifice, donne l'interprétation à une époque postérieure. On trouve encore à Tolède, à l'entrée de l'ancienne mosquée qui devint l'église Cristo de la Luz, une interprétation à échelle réduite de ces voûtes à nervures croisées.

En Perse, c'est la coupole bulbeuse, à couronnement conique, faite en petits matériaux et entièrement revêtue à l'extérieur de céramique émaillée, qu'on adoptait définitivement à partir du xii\u1d49 siècle. (Tombeau à Ghadam-Gah, xiii\u1d49 siècle.)

Nous ne connaissons pas très exactement les dates des coupoles appareillées construites en France. On cite, parmi les plus anciennes, celle de l'église de la Cité, à Périgueux, dont la longueur a été réduite, et dont une travée démolie laisse voir par arrachements la construction en encorbellement des pendentifs. Il est possible que ces coupoles aient été revêtues extérieurement de pierres apparentes dont les assises, taillées en écailles, suivaient la forme de la coupole. Tantôt les écailles étaient verticales, laissant entre elles des vides pour l'écoulement des eaux, tantôt elles suivaient la pente du dôme, simulant les tuiles d'une toiture. Des écailles de ce genre ont été récemment découvertes à l'extérieur de la coupole de l'église de Moirax (Lot-et-Garonne).

A l'église abbatiale de Fontevrault, le transept est couvert par une coupole sur pendentifs, et le chœur par une voûte

hémisphérique prolongeant une voûte en berceau qui se répète
sur les bras du transept. Le bas-côté, contournant le chœur,
est fermé par une voûte annulaire (fig. 133), et les voûtes des

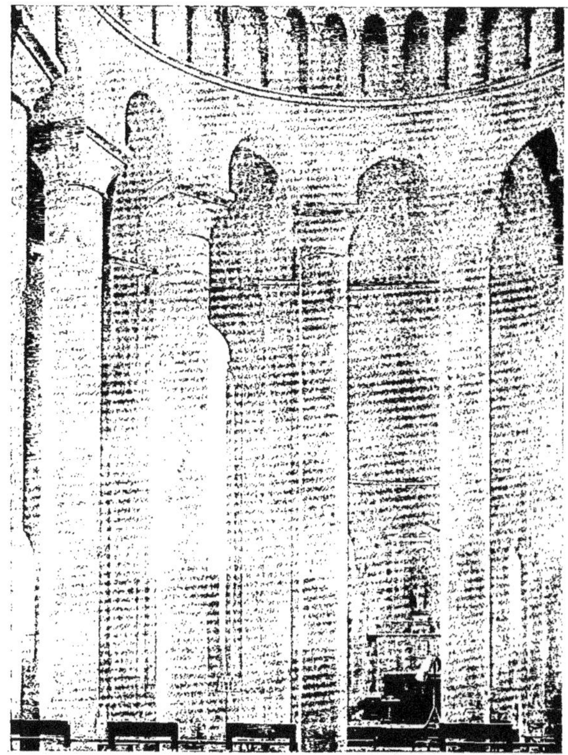

Fig. 133. — Voûte annulaire du déambulatoire contournant l'abside à voûte hémisphérique
de l'église abbatiale de Fontevrault (Maine-et-Loire).

absidioles sont en quarts de sphères. C'est la partie la plus
ancienne du monument, elle date des premières années du
xiiᵉ siècle, et semblait devoir être continuée par une triple nef
édifiée sur plan poitevin, analogue à celle de l'église de Saint-
Savin. Mais une autre disposition fut prise, et la nef formée de
quatre travées carrées voûtées en coupoles (fig. 134) est actuel-

lement, avec l'église Saint-Front de Périgueux et la cathédrale d'Angoulême, l'un des types les plus complets des grandes églises à coupoles élevées au xIIᵉ siècle en Aquitaine.

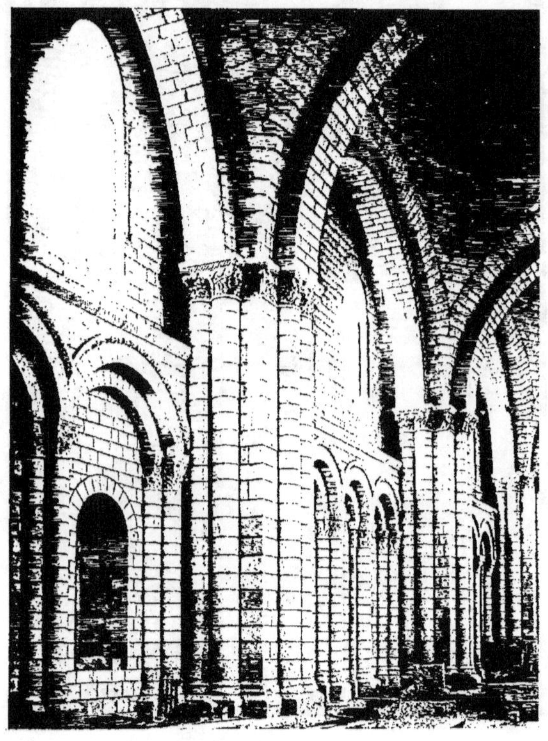

Fig. 134. — Nef de quatre travées couvertes en coupoles sur pendentifs
à l'église abbatiale de Fontevrault.

D'ailleurs, la coupole sur pendentifs avait été adoptée de bonne heure en Anjou : il en existe une au transept de l'église Saint-Martin d'Angers, qu'on peut dater du xIᵉ siècle, et qui offre cette particularité d'avoir été peinte du xIIᵉ au xIIIᵉ siècle, suivant des tracés d'appareils voisins des tracés méridiens,

qu'on adoptait à cette époque pour les voûtes bombées dérivées des coupoles, qui sont caractéristiques, en Anjou et en
Poitou, et qu'on confondrait à tort avec des voûtes d'arêtes ;
ce sont en effet des coupoles sur pendentifs, qui ne sont plus
appareillées suivant les parallèles de la sphère, et dont les joints
se rapprochent dans chaque travée d'une direction méridienne,
s'entrecroisant sous des arcs diagonaux saillants, dont le principal office est de former couvre-joints, mais qui pouvaient
aussi être utilisés pour le cintrage.

Lorsque ces coupoles atteignaient de grandes dimensions, on
dut avoir l'idée de les renforcer par des nervures ; c'est le cas
de la coupole octogonale sur trompes coniques, qui existe
encore au clocher de l'église de Nouaillé en Poitou (fig. 135).
Ce n'était pas d'ailleurs un cas isolé ; l'église de Montagne
(Gironde) offre un exemple très intéressant d'une coupole sur
pendentifs, dont les angles sont renforcés par de grands arcs
diagonaux soutenant les pendentifs, et dont les joints d'appareils sont dirigés suivant les parallèles de la sphère. A l'église
de Lusignan, c'est la voûte hémisphérique de l'abside qui a été
renforcée par des nervures.

C'est aussi la disposition prise au clocher isolé qui dépendait
de l'ancienne abbaye de Saint-Aubin à Angers, et dont la coupole est soutenue par des arcs diagonaux, amortis dans l'arc
annulaire qui entoure le passage, réservé au centre de la voûte,
pour le passage des cloches. On voûtait encore en coupole au
xive siècle le transept de l'église de Nantilly à Saumur (fig. 136),
la coupole étant nervée.

On a cherché à préciser les influences d'écoles françaises qui
s'exerçaient en Espagne du xiie au xiiie siècle ; peut-être trouve-
rait-on quelques renseignements en rapprochant de ces coupoles nervées d'Anjou et d'Aquitaine celles qui existent encore
sur la travée sud du transept et sur les bas-côtés de l'ancienne
cathédrale de Salamanque, dont la nef fut voûtée plus tard sur

arcs ogives, ainsi que l'attestent les corbeaux ajoutés au-dessus des chapiteaux des piliers, pour recevoir la retombée de ces arcs.

D'ailleurs, à la vieille cathédrale de Salamanque, comme aux

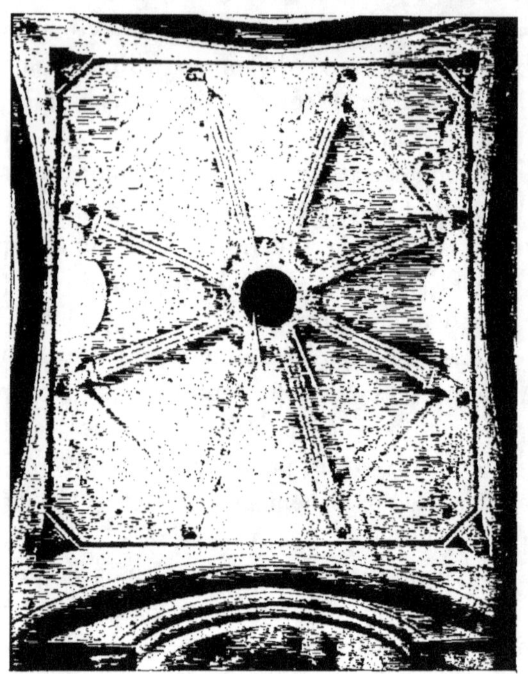

Fig. 135. — Coupole nervée sur tambour soutenu par trompes coniques à l'église de Nouaillé (Vienne).

cathédrales de Toro et de Zamora, c'est une coupole sur tambour qui couronne la croisée du transept, et à Salamanque, cette coupole est couverte en pierre à l'extérieur, et décorée d'écailles, suivant la disposition qu'on rencontre si fréquemment dans notre école de l'Ouest, notamment au clocher de Notre-Dame de Saintes, ou sur les absidioles et la salle centrale de la tour d'Evrault à Fontevrault, œuvre du début du

xII^e siècle, témoignant à l'intérieur, par les ingénieux passages
du plan carré au plan polygonal, de la survivance en Anjou des
traditions empruntées aux arts de l'Orient.

Les édifices de l'Anjou élevés au xII^e siècle sont traités avec

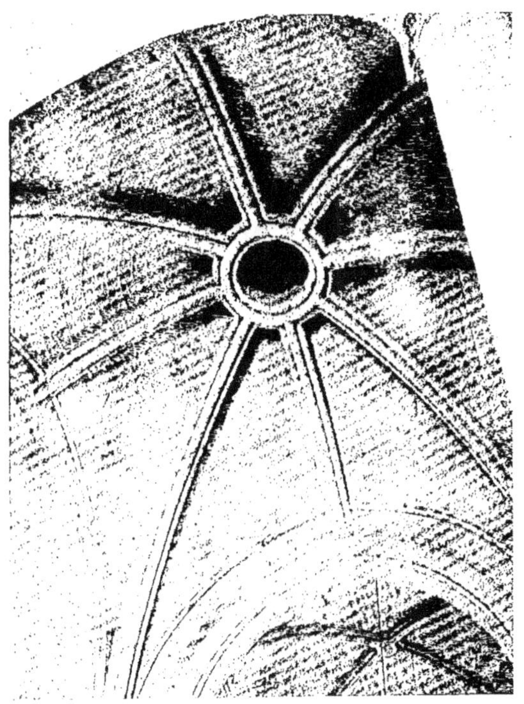

Fig. 136. — Coupole nervée du xive siècle. Transept de l'église de Nantilly à Saumur.
Remplissages appareillés suivant les parallèles de la sphère.

une ampleur qu'on rencontre rarement dans les écoles des provinces voisines, et les problèmes de la construction des voûtes
dérivées de la coupole y ont été abordés avec une franchise,
qui fait de l'école angevine, affiliée à l'école poitevine, le foyer
d'une évolution artistique presque aussi importante que celle
qui eut lieu dans l'Ile-de-France et dans les provinces du
domaine royal.

Dans l'école de l'Anjou et du Poitou, c'est à la coupole que
se rattachent les différents systèmes des voûtes qui, après s'être
développés dans nos provinces françaises, ont passé en Angleterre et en Espagne. Des observateurs superficiels ont confondu
les voûtes angevines avec les voûtes sur croisées d'ogives, dont
les premiers essais furent faits dans quelques églises de l'Ile-de-
France au début du xiie siècle, et dont l'abside de l'église abbatiale de Saint-Denis fournit un type parfait. Les ogives, ou arcs
de renfort en pierre appareillée, formaient en quelque sorte des
cintres permanents, suivant les arêtes des voûtes, et facilitaient
la pose de remplissages de pierre appareillée, appuyés sur cette
ossature d'arcs doubleaux, diagonaux et formerets.

Dans les voûtes dites « domicales » de l'Anjou et du Poitou,
voûtes sphéroïdales ou ovoïdales, il n'y a point, à proprement
parler, d'arêtes, bien que des arcs diagonaux divisent la surface
à couvrir. Les arcs diagonaux, d'abord épais et décorés de
sculpture, comme ceux de la cathédrale d'Angers (fig. 137), soutiennent les triangles sphériques de véritables coupoles, dont les
joints d'appareils dirigés des arcs doubleaux et formerets vers
les arcs diagonaux s'entrecroisent derrière ces arcs, sans cesser
de faire partie de la voûte sphérique.

Ce mode de construction est tout à fait apparent dans le
chœur de l'église Saint-Martin à Angers, où la chute d'une
branche d'arc diagonal a pu se produire sans compromettre la
solidité de la voûte, qui est indépendante de l'arc diagonal.
C'est là une différence essentielle avec la voûte de l'Ile-de-France
sur croisée d'ogives, pour laquelle la chute d'une nervure
entraînerait la chute de la voûte.

Les voûtes domicales de la cathédrale d'Angers ou celles
de l'église de la Couture au Mans, dérivent si bien des coupoles,
que leurs piliers tracés aux angles d'un carré sont formés des
mêmes éléments que ceux des travées de la nef de l'église
abbatiale de Fontevrault, que les arcs de l'étage inférieur sou-

tiennent, comme les arcatures de Fontevrault et d'Angoulême, les passages découverts, traversant les piles, qui circulent à la base des grandes fenêtres, et que les travées sont encore conso-

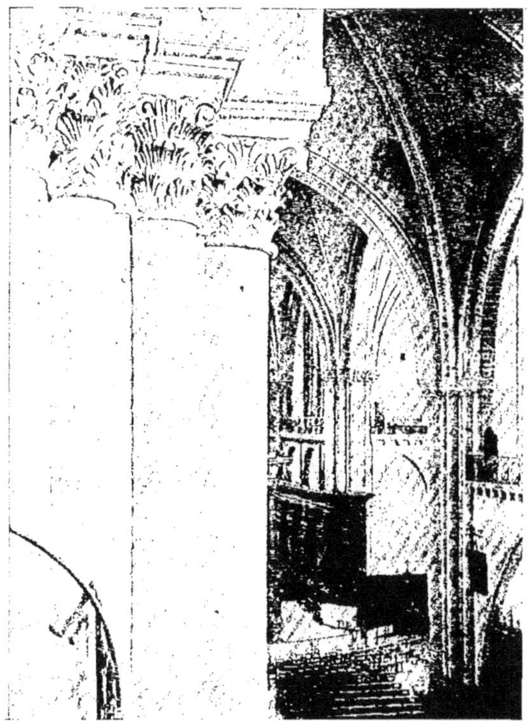

Fig. 137. — Voûtes dérivées de la coupole mais appareillées sur nervures croisées à la cathédrale d'Angers.

lidées à l'extérieur, là comme à Fontevrault, par de petits contreforts divisant les baies jumelles qui éclairent la nef.

La cathédrale de Poitiers peut être considérée comme le chef-d'œuvre de cette école de l'Ouest : elle en résume en effet tous les avantages, dus à l'ampleur des travées de la triple nef dont les voûtes s'élèvent à même hauteur et par les magnifiques proportions qui en résultent, l'écartement des piliers donnant libre passage à la vue et déterminant les effets perspectifs les plus grandioses (fig. 138). Lorsqu'on examine les voûtes du chœur de la cathédrale de Poitiers sur l'extrados, au milieu des charpentes,

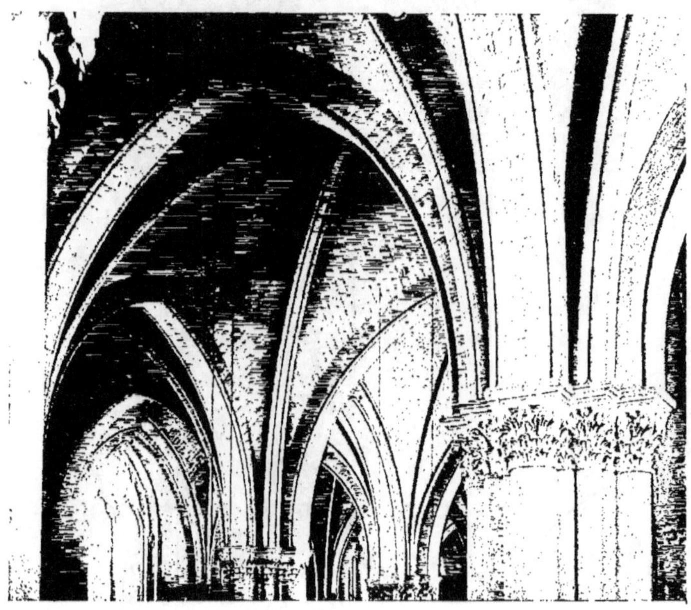

Fig. 138. — Voûte dérivée de la coupole sur le chœur de la cathédrale de Poitiers. Appareil des remplissages s'entrecroisant derrière les nervures.

la forme sphérique apparaît nettement et laisse voir les tracés des joints qui se croisent sur les arcs diagonaux dont la voûte est indépendante (fig. 139).

La disposition de trois nefs de hauteur égale se retrouve en Anjou, à l'église du Puy-Notre-Dame.

La voûte sur croisée d'ogives de l'Ile-de-France avait facilité l'évidement des murs entre piliers et l'ouverture de grandes baies projetant à l'intérieur des flots de lumière colorée par des

vitraux. Il ne pouvait en être de même en Anjou et en Poitou,
à cause de la forme bombée des voûtes qui exerçaient sur les
murs une poussée latérale, continue, et qui nécessitait en conséquence une épaisseur considérable des murs latéraux, tandis

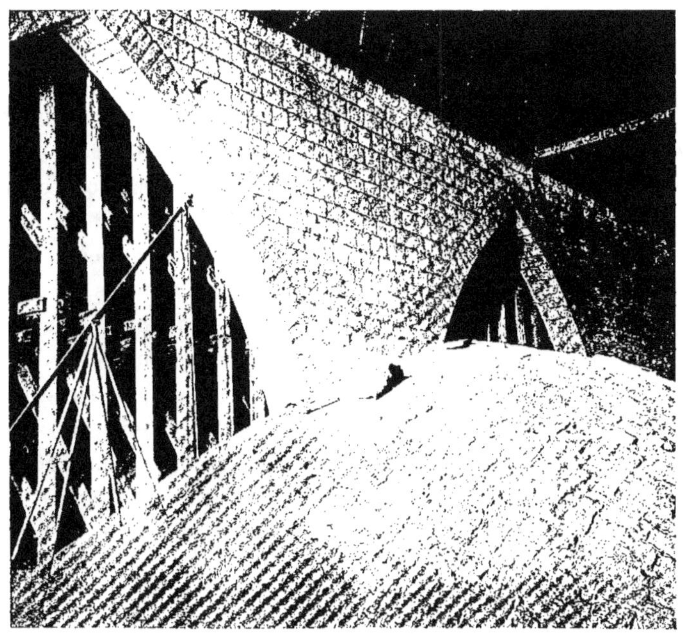

Fig. 139. — Vue prise dans le comble au-dessus des voûtes du chœur de la cathédrale
de Poitiers indiquant le mode d'appareil des coupoles.

que dans le système dérivé des voûtes d'arêtes, le mur entre les
piles n'était plus qu'une clôture qu'on évidait à son gré. C'est
encore là une différence essentielle et caractéristique, qu'on
reconnaît au simple examen du plan d'une église de l'Ile-de-
France ou d'une église de l'Anjou.

A cet égard, la grande salle à colonne de la fin du xiie siècle,
qui formait la salle des malades à l'ancien hôpital Saint-Jean
d'Angers (fig. 140), est le type le plus complet qui puisse être

cité de ces voûtes dérivées de la coupole, bien équilibrées les unes par les autres, et reportant sur des murs extérieurs, épais et percés de rares fenêtres, toutes les poussées.

On chercha, en Anjou et en Poitou comme on l'avait fait dans l'Ile-de-France, à utiliser le nouveau système de voûtes pour donner plus de lumière à l'intérieur des édifices et aussi pour couvrir, au moyen de voûtes terminales, des chevets rectangulaires pour lesquels, faute de place sans doute, on avait dû renoncer à la forme circulaire ou polygonale de l'abside.

D'ailleurs, concurremment avec les coupoles, on avait employé en Aquitaine la voûte en berceau pour couvrir des nefs d'églises dont les bas-côtés étaient voûtés d'arêtes et ces voûtes en berceau de la nef centrale, même bien contrebutées, avaient le grand défaut d'obscurcir l'édifice. C'est afin de parer à cet inconvénient que pour certaines églises, à Airvault, à Saint-Jouin-de-Marnes, dans plusieurs travées de la nef, on substitua aux voûtes en berceau des voûtes nervées du système angevin, en vue de pouvoir prendre des jours directs pour l'éclairage de la nef centrale. C'était un expédient qui s'étendit aux églises de style français édifiées en Espagne et notamment à la nef de l'ancienne cathédrale de Salamanque, dont les voûtes furent construites sur croisées d'ogives.

Mais, pour des constructions nouvelles, on conserva le tracé sur plan carré commandé par la coupole et, lorsqu'il y eut trois nefs d'inégales dimensions, les nefs latérales eurent en largeur la moitié de la largeur de la nef principale afin qu'à une travée de nef principale correspondissent deux travées de nefs latérales.

Pour éviter tout encombrement on se contenta, pour séparer les nefs, de colonnettes monolithes en pierre dure sur lesquelles retombèrent les arcs doubleaux et divisant dans la travée centrale, à l'aide de diagonaux secondaires retombant sur les colonnes, la surface à couvrir, on fut conduit à une combinaison

très originale de voûtes triangulaires ayant aux angles de la
travée centrale l'office de trompes de raccordement.

Cette création, due aux architectes angevins, s'étendit à

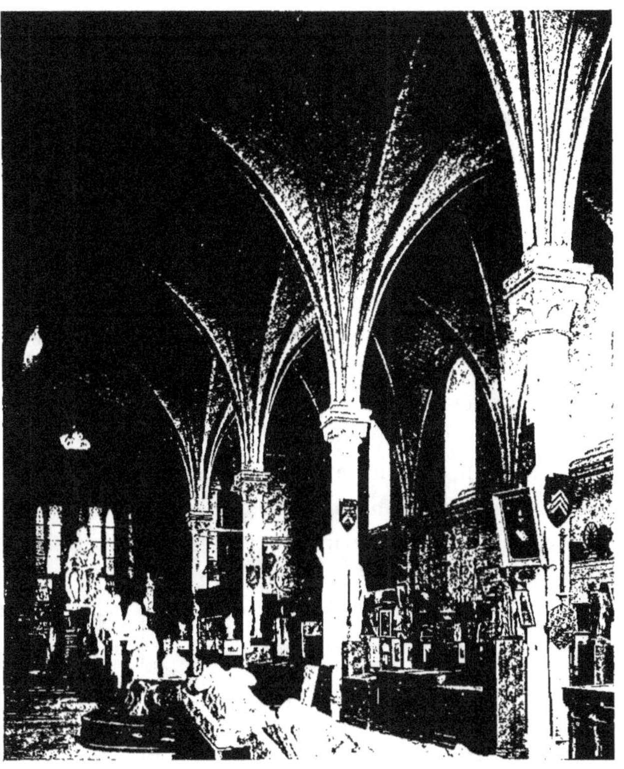

Fig. 140. — Voûtes bombées dites domicales du type angevin sur la grande salle
de l'ancien hôpital Saint-Jean (aujourd'hui musée) à Angers.

presque toutes les églises construites au début du XIIIe siècle en
Anjou, où elle est caractérisée par les voûtes de trois édifices
importants : celle de la première travée de l'église de Mouliherne,
celle du chœur de l'abbaye d'Asnières et celle du chœur de
l'église Saint-Serge à Angers : elle a, dans cette dernière église,

l'ampleur coutumière aux monuments angevins (fig. 141). L'arc réduit à une moulure torique finit par s'incorporer aux remplissages de la voûte au lieu de former un élément distinct de construction.

Chaque pays voisin prit du système des voûtes françaises ce qui convenait à son tempérament ; en Angleterre on fut surtout séduit par la décomposition de la voûte en une série d'éléments qui, correspondant à un rayon de courbure unique se groupaient, au départ de la voûte en faisceau de nervures, faciles à construire par sommiers à lits horizontaux, et se prolongeant jusqu'à des clefs intermédiaires ; elles servaient de soutien à des arcs secondaires qui, subdivisant chaque triangle de voûte, facilitaient la pose des remplissages et formaient à la surface de la voûte comme un réseau de nervures, contribuant à l'effet décoratif, et sur lesquelles se détachaient en saillie des clefs sculptées.

Il n'est pas surprenant qu'après l'accession au trône d'Angleterre de princes de souche angevine, des Plantagenets, l'art angevin ait passé la mer comme l'avait fait, un siècle auparavant, l'art normand. Ce qui est à remarquer, c'est la sécheresse apparente des applications d'art français qui ont été faites en Angleterre et dans lesquelles souvent le sentiment artistique est en défaut. Il semble qu'on tende surtout à développer dans un sens pratique les combinaisons de nervures en vue de leur facile exécution. C'est dans cet esprit qu'on adopte pour le départ des arcs un rayon de courbure unique, donnant pour chacun d'eux les mêmes panneaux et qu'on prolonge ces arcs par leur tangente.

En Espagne, l'influence de l'art angevin est tout autre : il semble, au contraire, que tout en adoptant les méthodes de structure imaginées en France, on cherche à les développer dans le sens de la décoration. Cependant cette tendance ne s'accuse guère avant le xve siècle.

Au xiiie siècle, des voûtes telles que celle des chapelles du

transept, à l'église du couvent de las Huelgas, près Burgos, sont
absolument des voûtes angevines, donnant aux angles un raccord de voûtes triangulaires en forme de trompes, et fournissant

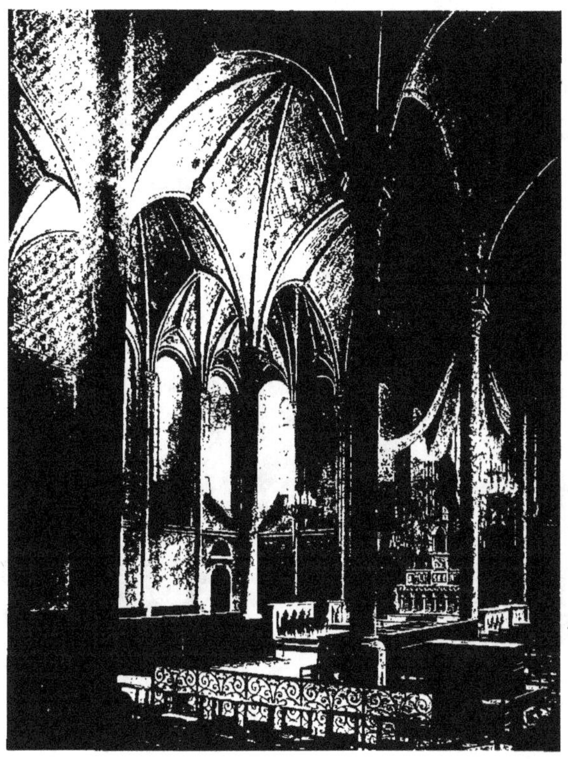

Fig. 141. — Voûtes domicales sur chevet carré avec voûtes triangulaires de raccord
aux angles sur le chœur de l'église Saint-Serge à Angers.

ainsi l'illusion d'une voûte terminale en forme d'abside sur un
chevet carré.

La même disposition de voûtes sur plan triangulaire existe au
transept de l'église de San-Pedro d'Avila (fig. 142) ; la voûte
paraît dater du XIVe siècle ; elle offre cette particularité que les

triangles appuyés sur les trompes sont appareillés suivant les parallèles de la sphère, tandis que ceux qui s'appuient sur les formerets des quatre baies du tambour éclairant le transept ont leurs joints d'appareil normaux à ces formerets.

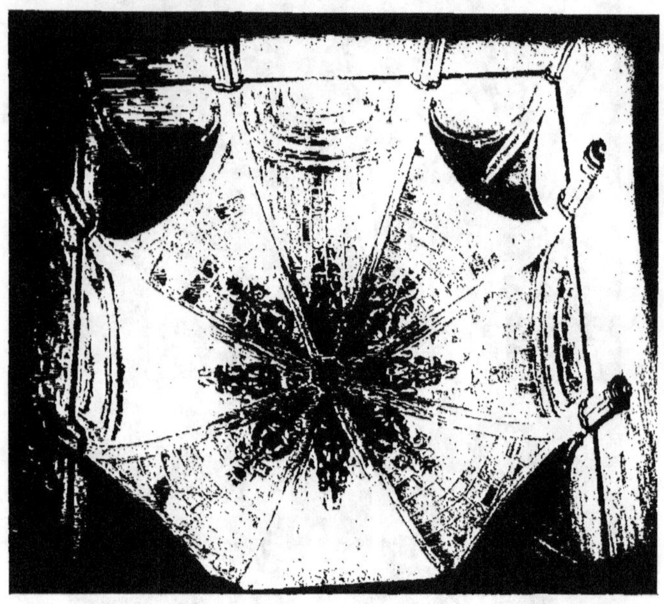

Fig. 142. — Voûtes angevines raccordées aux quatre angles par des voûtes triangulaires sur le transept de l'église San-Pedro d'Avila. Appareil des remplissages suivant les parallèles de la sphère pour les triangles de voûtes compris entre les pénétrations des baies du tambour.

L'usage des trompes, pour établir sur le plan carré d'une chapelle une voûte octogonale, a reçu une magnifique application dans une grande chapelle dépendant de l'église San-Gil, à Burgos (fig. 143). Ici, la voûte octogonale dérive aussi nettement de la coupole, ayant ses appareils concentriques tracés suivant des parallèles, et, conformément à la disposition signalée à San-Pedro d'Avila, les voûtes triangulaires, correspondant aux baies d'éclairage, ou aux pans coupés portés sur trompes, sont appareillés normalement aux arcs formerets ou parallèlement aux arcs de faîte. Tous ces arcs se réunissent par des clefs sur une cou-

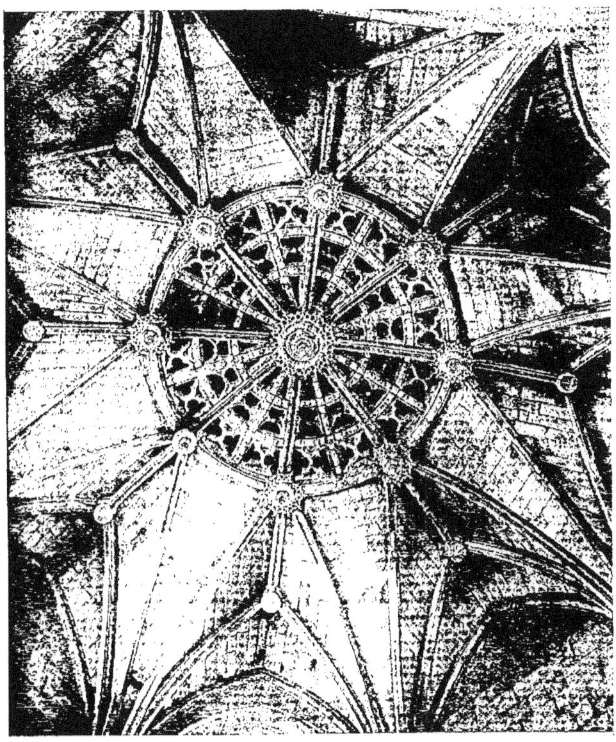

Fig. 143. — Voûte en étoile couvrant la grande chapelle du xvᵉ siècle à l'église San-Gil de Burgos. Triangles de remplissage appareillés suivant les parallèles de la sphère.

ronne, dont les anneaux concentriques prennent appui sur le prolongement des arcs de faîtage et dont les intervalles sont évidés à jour, contribuant à la plus magnifique décoration.

Il semble que, dès le xvᵉ siècle, le tracé de voûtes en forme d'étoile ait été constamment appliqué en Espagne : la cathédrale de Burgos en fournit trois exemples : l'un du xve siècle, dans la chapelle du connétable; l'autre de même époque, dans la première chapelle de la nef, au sud ; le troisième du xvie siècle, sous la croisée du transept. Dans ces diverses voûtes, c'est toujours une coupole qui fait le fond sur lequel se détachent les arcs dessinant au centre une étoile enrichie de panneaux sculptés à jour et de clefs saillantes, tandis que les baies d'éclairage, qui sont au nombre de huit dans la chapelle du connétable, déterminent en quelque sorte des pénétrations dans la voûte sphérique et sont appareillées suivant le principe des voûtes d'arêtes.

La tradition des voûtes dérivées de la coupole était si bien ancrée dans l'art angevin, que même au xvie siècle, au moment où on revient aux voûtes en berceau ou à des voûtes d'arêtes divisées en arcs et panneaux sculptés, comme celles de l'église de La Ferté-Bernard, on traçait encore les voûtes des salles basses de l'hôtel Pincé suivant les procédés en usage qui n'avaient jamais cessé d'être employés du xiiie au xvie siècle, ainsi qu'en témoignent les coupoles nervées des transepts des deux églises de Saumur, l'église Saint-Pierre et l'église de Nantilly.

Mais à partir du xvie siècle, au moment où l'art français subit l'influence de l'art italien, les traditions de nos écoles différentes s'affaiblissent et parfois se confondent ; l'originalité de l'école de l'Ouest disparaît au xviie siècle dans l'uniformité d'un enseignement officiel et le système de voûtes dérivées de la coupole est pour un temps abandonné.

2° Les voûtes dérivées du berceau et de la voûte d'arête.

Voûtes sur croisée d'ogives. Voûtes annulaires.
Avantage de la composition des voûtes en pierre appareillée.

La substitution de voûtes en pierre aux charpentes des basiliques exigeait des méthodes de construction très souples correspondant aux dispositions variées des églises chrétiennes d'Occi-

dent : elle a puissamment contribué à la création, en France, du
système original d'architecture qui a permis la réalisation en
pierre d'œuvres grandioses, caractérisant le génie de notre race.

La coupole d'origine orientale a été, ainsi que nous l'avons vu,
le point de départ dans nos écoles de l'Ouest d'une série d'essais
qui, au xiie siècle, aboutissaient à la construction de monuments
considérables, tels que l'église Saint-Front de Périgueux, la cathédrale d'Angoulême et la nef de l'église abbatiale de Fontevrault.

L'emploi de la pierre pour les coupoles qu'on édifiait soit sur
pendentifs, soit sur trompes sphériques ou coniques, n'avait
pas modifié sensiblement le système de construction des coupoles
byzantines, faites en petits matériaux. On employait la coupole
sur pendentifs pour les nefs des grands édifices, de préférence à la
coupole sur trompes ou niches, dont l'application la plus intéressante avait été faite à la cathédrale du Puy, où le passage du
plan carré au plan octogonal est réalisé par la niche sphérique.
C'est le système d'amortissement dont on trouve l'origine en
Perse avant l'ère chrétienne et qui fut d'usage constant dans
l'Empire grec dès le vie siècle de notre ère.

La coupole avait reçu en France de nombreuses applications,
particulièrement dans l'école d'Aquitaine. La voûte en berceau,
de construction simple, couvrait généralement les nefs et c'est à
la croisée du transept que la rencontre des berceaux, au lieu
d'aboutir à une voûte d'arêtes, déterminait l'établissement sur
plan carré de quatre grands arcs doubleaux, soutenant sur pendentifs ou sur trompes une calotte sphérique, qui fermait la travée centrale, et au-dessus de laquelle on édifiait le clocher.

Cette disposition diffère un peu de celle qui avait été adoptée
par les Byzantins et suivant laquelle on élevait, sur pendentifs
ou sur trompes, un mur cylindrique, en forme de tambour, évidé
de fenêtres et de niches, visible de l'intérieur et servant d'appui
à une demi-coupole.

En France, les clochers du transept qu'on édifiait soit en

Bourgogne (Anzy-le-Duc), soit en Saintonge (Aulnay), soit en Auvergne (Orcival ou Issoire), s'élevaient au-dessus de la coupole et n'étaient le plus souvent accessibles que par des escaliers extérieurs.

Dans les églises à une ou trois nefs, la voûte centrale est toujours un berceau (église de Saint-Savin, église d'Aulnay, église de Lichères); les bas-côtés étaient voûtés tantôt en berceau comme à Lichères, tantôt en voûtes d'arêtes comme à Saint-Savin; les voûtes basses équilibraient le berceau central; mais le plus souvent les murs extérieurs étaient insuffisants pour la butée et les contreforts pris dans la hauteur des grandes voûtes ne reposaient pas sur des piles assez épaisses pour contribuer de façon efficace à la stabilité. Aussi un grand nombre de ces voûtes en berceau s'écroulèrent-elles peu de temps après leur construction (voûtes des nefs des églises de Lichères, de Rioux, de Retaud, etc.).

La poussée des voûtes en berceau et les moyens de l'équilibrer donnèrent lieu dans chacune de nos écoles provinciales à des recherches et à des solutions très variées. En Auvergne, des constructeurs avisés eurent la pensée de contrebuter par des demi-berceaux, établis au-dessus des tribunes, la poussée de la voûte centrale et donnant aux murs extérieurs une épaisseur suffisante, ils ont assuré la stabilité du système.

D'autre part, ils résolurent très habilement la difficulté que présentait l'établissement de voûtes sur les galeries circulaires contournant le chœur. A Fontevrault, comme nous l'avons dit, cette galerie était couverte par une voûte annulaire qui reposait d'un côté sur le mur extérieur, de l'autre sur les colonnes intérieures et les arcs reliant une colonne à l'autre faisaient pénétration dans cette voûte annulaire, que des arcs doubleaux, rayonnants, divisaient en travées de forme trapézoïdale.

A Saint-Savin c'étaient les arcs entre la nef et le bas-côté qui prolongeaient les berceaux dont la rencontre avec les berceaux des basses nefs de même hauteur déterminait la voûte d'arête.

En Bourgogne, à Vézelay par exemple, les voûtes d'arêtes, construites toujours en blocage, formaient des travées, isolées par les doubleaux.

Les seules voûtes d'arêtes qu'on sut construire alors étaient

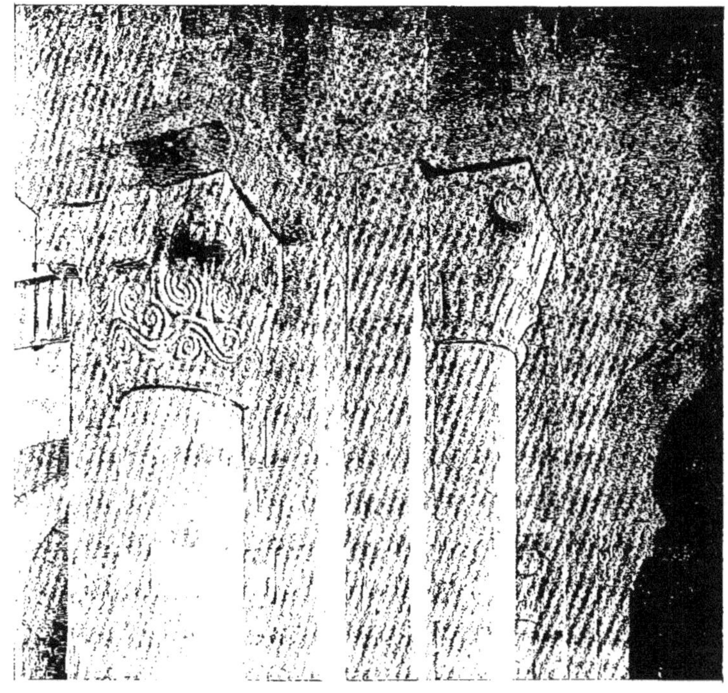

Fig. 144. — Voûte d'arêtes du bas-côté nord à l'église de Morienval (Oise).
Construction de la voûte en matériaux de remplissage.

des voûtes d'arêtes sur plan carré résultant de la pénétration de berceaux de même ouverture. Ainsi sont établies les voûtes de la crypte de Jouarre, qui reposent sur des colonnes isolées et celles du bas-côté de l'église de Morienval (Oise) qu'on peut attribuer au xi° siècle (fig. 144). La construction d'une voûte d'arêtes sur plan rectangulaire présente des difficultés qui exigent l'exécution de cintres très bien combinés. Aussi pendant longtemps, en Bourgogne comme en Poitou, continuait-on à voûter les nefs en berceau, tout en couvrant les bas-côtés par des voûtes d'arêtes sur plan carré.

En Normandie les grandes églises de Caen, celle de l'abbaye de Jumièges, dont les bas-côtés et la tribune étaient couverts par des voûtes d'arête, conservaient pour leur nef principale une charpente apparente. C'était une prudente mesure, car sauf dans le système auvergnat, qui fut appliqué aux grandes églises abbatiales de Conques (Aveyron), de Saint-Sernin de Toulouse et de Santiago de Compostela en Espagne, le défaut de butée amenait la déformation et souvent la ruine des voûtes en berceau.

D'autre part, lorsqu'on eut l'idée, pour satisfaire au développement du culte des saints, d'établir autour du chœur des églises des chapelles rayonnantes et sur le transept des chapelles orientées, il fallut construire les voûtes d'arêtes sur plan trapézoïdal, ce qui était difficile ; en effet, si l'on suppose la pénétration dans un berceau tournant d'arcs d'ouvertures inégales, l'arc intérieur reposant sur deux colonnes consécutives du chœur et l'arc extérieur soutenu par les colonnes adossées au mur de bas-côté, il est évident que ces arcs d'ouverture différente pénètreront à des hauteurs différentes dans le berceau tournant, et qu'il en résultera une difficulté réelle d'exécution. En ce cas, les pénétrations se feront suivant des courbes de tracé très compliqué.

Pour faciliter la solution du problème, on eut l'idée, en Auvergne comme en Poitou et en Bourgogne, de relever beaucoup au-dessus du tailloir des chapiteaux du chœur, la naissance des petits arcs et de faire coïncider le niveau de leurs clefs avec celui des clefs des arcs formerets de plus grande ouverture, adossés au mur extérieur. Il était ainsi possible de régulariser le tracé et d'amener la clef au milieu du berceau tournant, à la rencontre des arêtes diagonales. Toutes les églises d'Auvergne, celles du Notre-Dame-du-Port à Clermont, celles de Saint-Nectaire (fig. 145) et d'Orcival ont leurs arcs du chœur ainsi disposés et ce parti fut adopté en Poitou, en Bourgogne, en Touraine.

Lorsqu'on eut la pensée, pour simplifier le problème, de con-

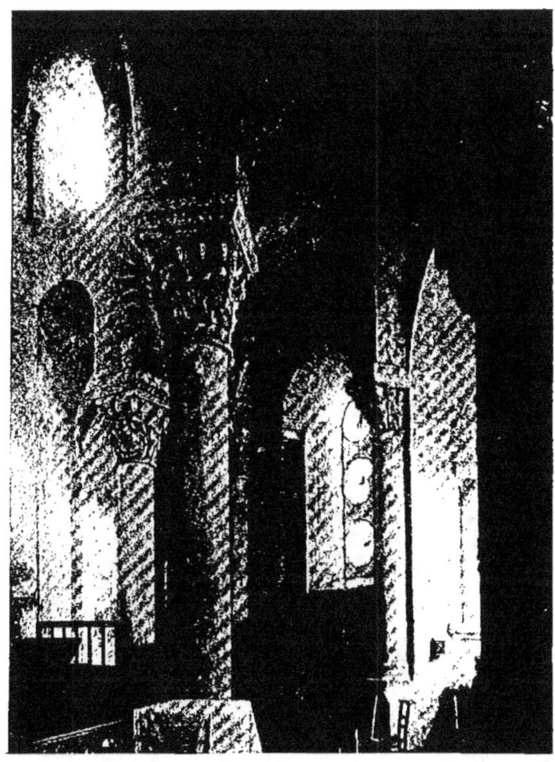

Fig. 145. — Voûte de déambulatoire à l'église de Saint-Nectaire (Puy-de-Dôme). Relèvement des naissances des arcs du chœur pour faciliter la construction de la voûte trapézoïdale.

stituer avec la pierre des arcs indépendants portant les remplissages, le tracé des voûtes des galeries contournant le chœur ne présenta plus les mêmes inconvénients.

Il est assurément très difficile d'affirmer avec précision dans quel édifice fut fait ce premier essai d'arcs indépendants; car on

en trouve des exemples vers le commencement du xiie siècle,
dans des églises du Midi, aussi bien que dans les anciennes
églises de l'Ile-de-France. Dans la crypte de l'église Saint-
Eutrope à Saintes apparaît un premier essai d'arcs de pierre

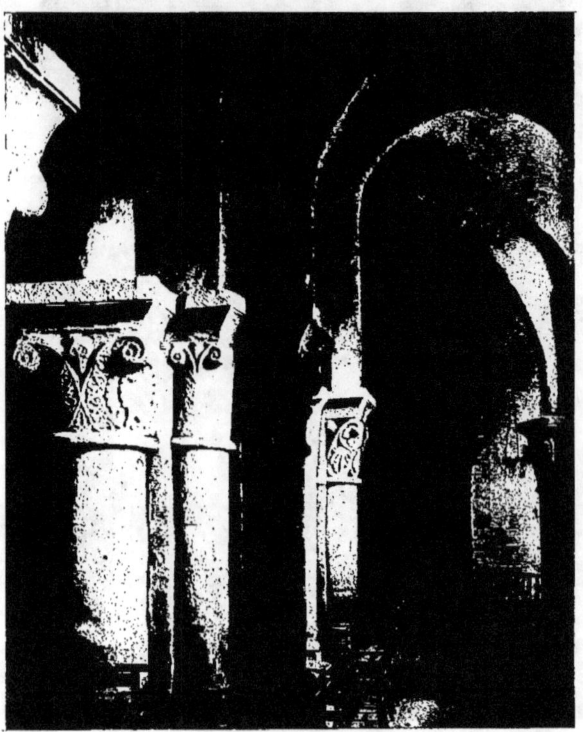

Fig. 146. — Voûte d'arêtes sur les bas-côtés du chœur dans la crypte de l'église Saint-
Eutrope à Saintes. Arcs doubleaux de forme torique prolongeant la colonne.

indépendants. Ce sont les doubleaux, affectant la forme d'une
grosse moulure cylindrique qui semble prolonger la colonne
accolée au pilier (fig. 146). Mais c'est incontestablement dans les
vallées de l'Oise et de la Seine que la semence trouva le terrain
favorable à son développement et qu'en moins d'un demi-siècle

on passa d'essais rudimentaires, comme ceux des voûtes à nervures des absides de Morienval, à une méthode sûre comme
celle dont les voûtes absidales de l'église abbatiale de Saint-
Denis, ou de l'église Saint-Martin-des-Champs à Paris, sont
l'expression.

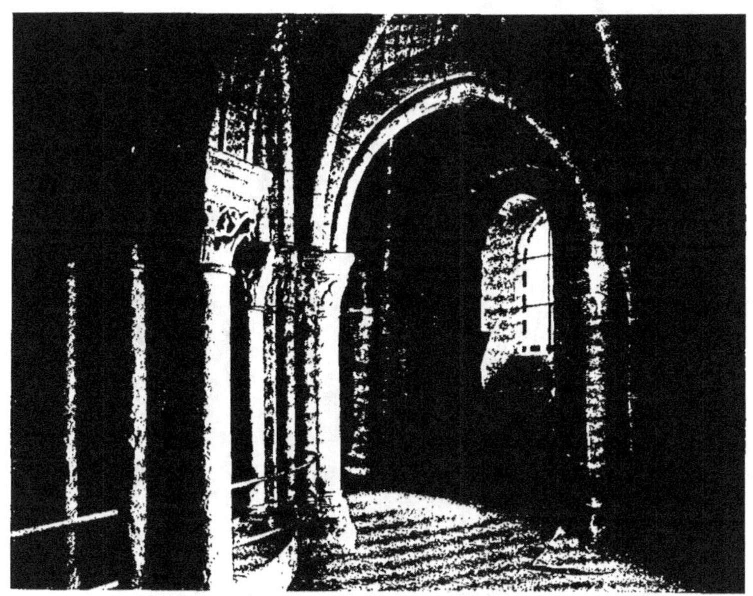

Fig. 147. — Voûte d'arêtes sur les tribunes du chœur à la cathédrale de Senlis.
Indécision de la retombée des arcs diagonaux sur les tailloirs des chapiteaux non orientés.

Cependant on passa par de nombreux tâtonnements. Sur les
tribunes du chœur de la cathédrale de Senlis on trouve bien
l'emploi des arcs diagonaux renforçant la voûte, des arcs ogives,
et c'est aussi une grosse moulure torique qui les constitue ; mais
le tailloir du chapiteau qui reçoit l'arc ogive est mal orienté
(fig. 147). Lorsqu'on a voûté le déambulatoire de la cathédrale de
Langres, on était encore embarrassé de régler le croisement des
arcs diagonaux ; les clefs, qui sont à leur rencontre, sont mal cen-

trées et s'inclinent vers le chœur. Au contraire, dans le déambulatoire de la cathédrale de Noyon (fig. 148), on ne s'est pas
préoccupé de maintenir les deux branches des diagonaux dans

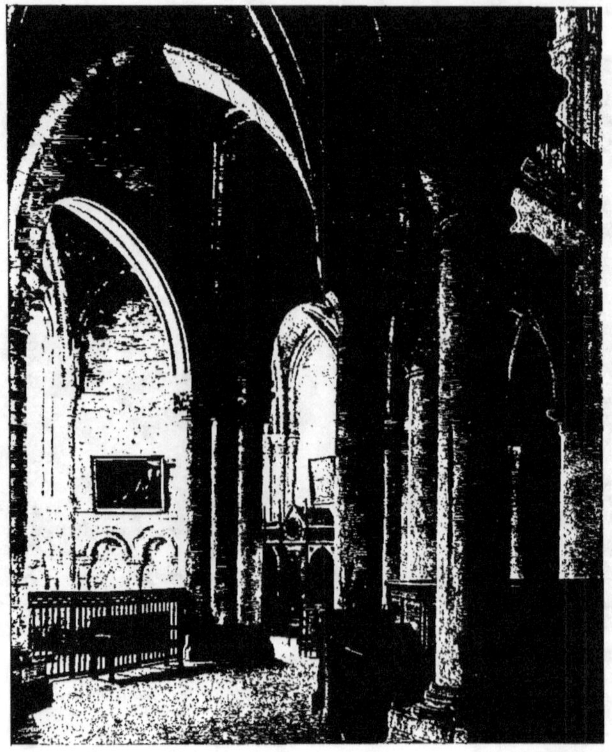

Fig. 148. — Voûte du déambulatoire à l'ancienne cathédrale de Noyon. Adaptation parfaite des chapiteaux aux retombées des arcs diagonaux doubleaux et formerets.

un même plan vertical ; la solution apparaît beaucoup plus nette
et l'artiste a compris l'élasticité de la méthode nouvelle. On la
voit appliquée dès lors au pourtour du chœur de l'église de
Saint-Étienne à Caen, tandis que sur la nef, les voûtes construites à la fin du XIIᵉ siècle sont des voûtes dites sexpartites,

voûtes sur plan carré, groupant, pour une division en six triangles, les voûtes de deux travées de nef.

Ces voûtes sexpartites, qui semblent avoir pris naissance dans

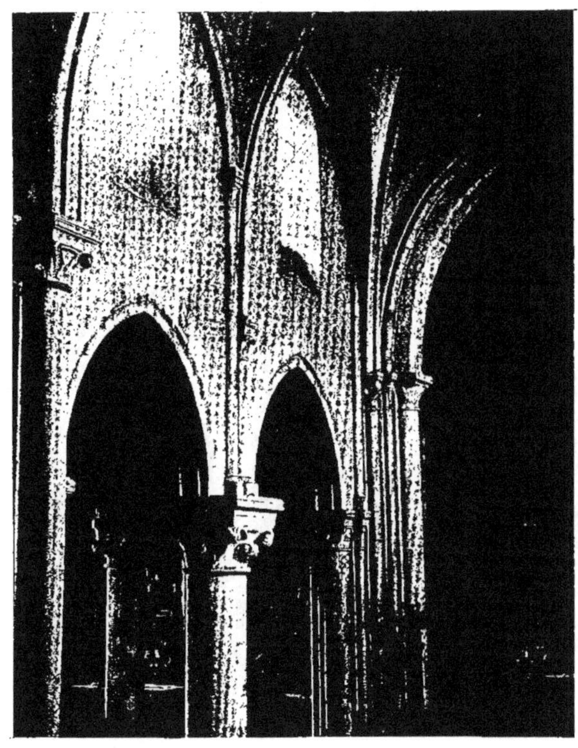

Fig. 149. — Voûte sexpartite de deux travées sur le chœur de l'église de Beaumont-sur-Oise. Analogie avec la disposition de la voûte du chœur de l'église Saint-Julien-le-Pauvre à Paris.

le Nord de la France et en Normandie, se sont développées dans la région parisienne, car on les rencontre, à la fin du xiie siècle, sur la travée du chœur de Saint-Julien-le-Pauvre à Paris, aussi bien que sur la travée du chœur de l'église de Beaumont (fig. 149) : leur emploi s'explique par le préjugé qui subsistait

de la nécessité du plan carré pour la voûte d'arêtes aussi bien
que pour la coupole.

Cela est si vrai que dans deux églises du Nord de l'Italie,
souvent citées comme exemples d'églises à voûtes d'arêtes très

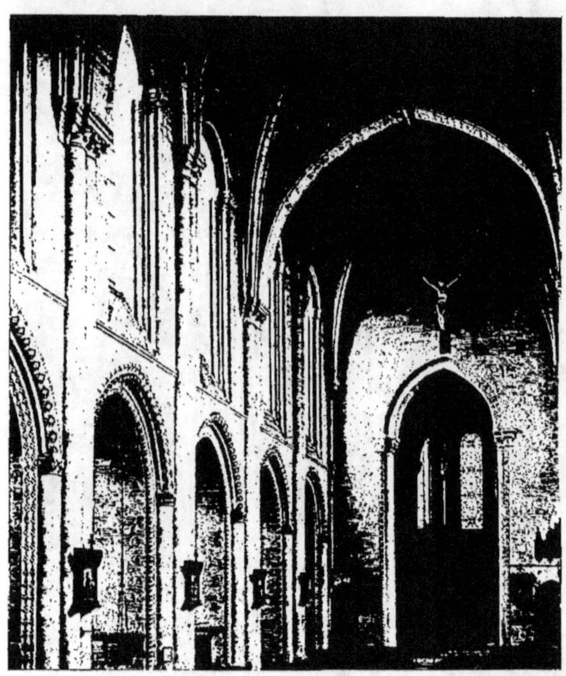

Fig. 150. — Voûtes sexpartites sur la nef de l'église de la Trinité à Angers.
Relèvement de la naissance de l'arc doubleau secondaire.

anciennes, bien qu'en réalité ces voûtes ne soient pas antérieures au xiie siècle, à Saint-Ambroise de Milan et à Saint-
Michel de Pavie, la largeur du bas-côté est la moitié de la largeur de la nef, de telle sorte que la division par travées carrées,
fasse correspondre une travée de voûte de la nef à deux travées
de voûtes du bas-côté. Le plan des piles dont la section est aug-
mentée ou réduite, suivant qu'elles correspondent à des arcs

doubleaux de nef ou à des arcs divisionnaires de bas-côtés, explique et justifie ce système de voûtes, bien que souvent, comme on le constate à Noyon (les moyens d'exécution s'étant perfectionnés au cours des travaux), des piliers alternés, pré-

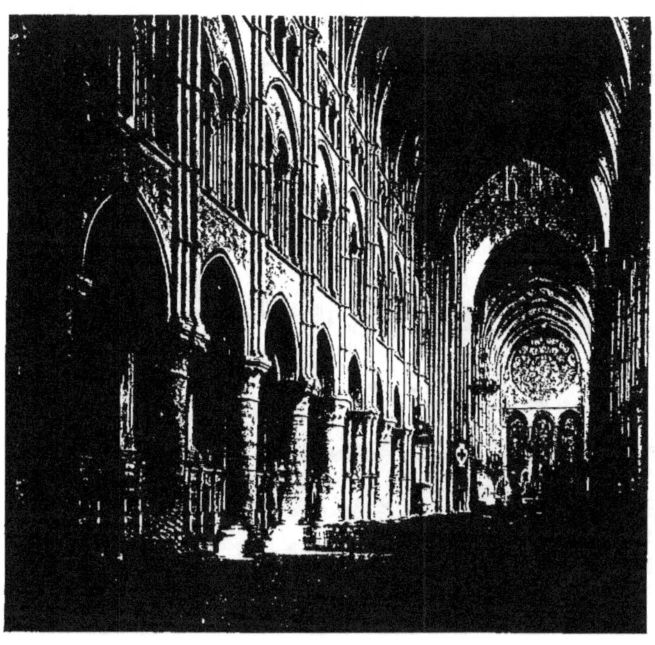

Fig. 151. — Voûtes sexpartites de la nef de la cathédrale de Laon.
Amortissement de toutes les charges sur des colonnes monocylindriques.

parés pour des voûtes sur plan carré, aient reçu des travées de voûtes rectangulaires.

Il y a d'ailleurs un rapprochement à faire entre les voûtes dérivées de la coupole et celles dérivées des voûtes d'arêtes, car elles ont passé par les mêmes périodes de tâtonnements ; j'en trouve la preuve dans les voûtes sexpartites de l'église de la Trinité d'Angers (fig. 150), voûtes bombées dont les arcs diagonaux accusent une arête saillante, et qui par cela même se distinguent des voûtes dérivées de la coupole.

La voûte sexpartite, couvrant deux travées de nef, se maintint longtemps dans l'École de l'Ile-de-France. On la trouve à Notre-Dame de Paris comme à la cathédrale de Laon, ayant

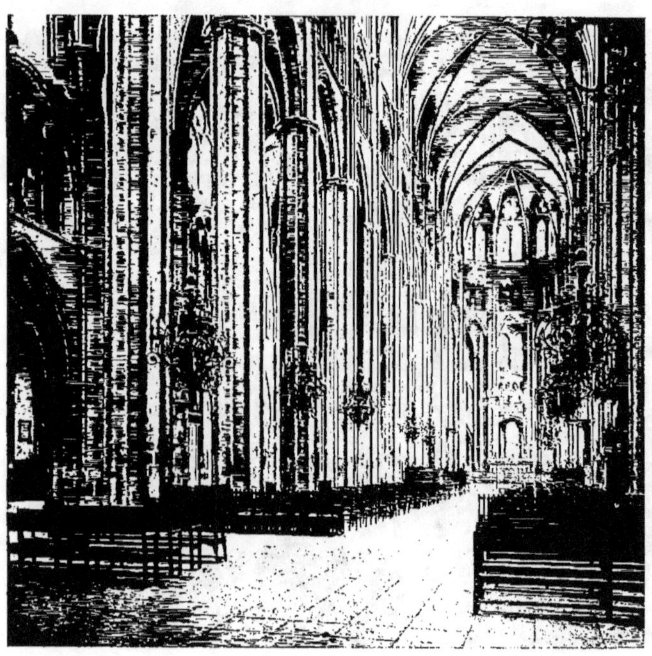

Fig. 152. — Voûtes sur croisée d'ogives à la cathédrale de Bourges. Division des piliers par les colonnes correspondant aux différents arcs et montant de fond.

comme soutien, des colonnettes qui prennent appui sur de grosses colonnes monocylindriques (fig. 151).

A Bourges toute la cathédrale qui ne comporte pas de transept a des voûtes rectangulaires sur arcs ogives et les colonnettes portant les arcs s'accusent en saillie sur les piliers, dès le sol de l'église (fig. 152).

Au début du xiiie siècle, à l'époque où on construisait le chœur de la cathédrale de Chartres, toutes les difficultés étaient résolues, et les arcs retombaient simplement sur un chapiteau magnifique à tailloir polygonal, bien étudié pour ces retombées (fig. 153).

A Bourges, où l'on semble s'être préoccupé de diviser les sup-

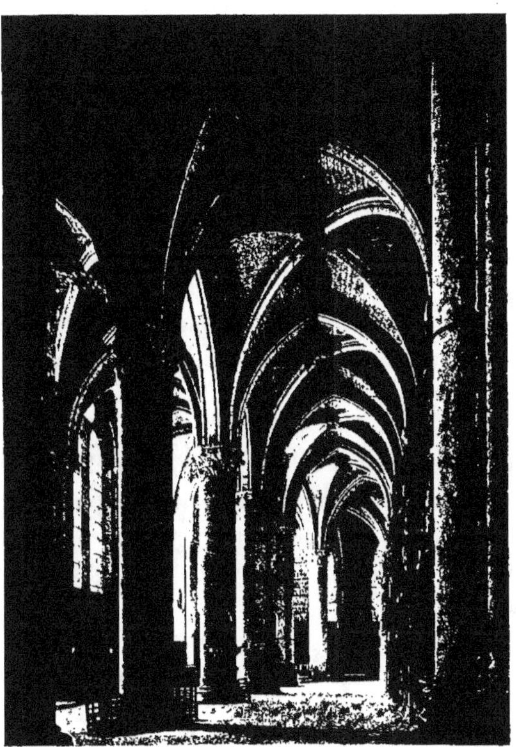

Fig. 153. — Voûtes sur croisée d'ogives du collatéral nord à la cathédrale de Chartres. Coïncidence parfaite entre la structure et la décoration.

ports pour correspondre à chacun des arcs, les colonnes groupées autour du pilier s'élèvent graduellement avec les bas-côtés, et donnent à l'édifice un aspect d'élégance, qui contraste avec l'effet de puissance des colonnes isolées du déambulatoire de Chartres.

La cathédrale de Tolède, que j'ai pu comparer à la cathédrale de Bourges, ayant comme elle ses bas-côtés étagés, et ses petites chapelles absidales séparées par des travées de voûtes triangulaires, raccordant les travées de voûtes sur plan carré qui correspondent aux chapelles, se prête à des observations analogues.

Il est à remarquer en effet que, dans des édifices de la dimension des cathédrales, le tracé par travées rayonnantes des voûtes du déambulatoire eût conduit à des différences excessives dans les dimensions des triangles d'une même voûte. Il était donc plus simple de diviser la voûte du déambulatoire en une série de travées alternées, les unes carrées, les autres triangulaires, ce qui permettait de régulariser les dimensions des pans de voûte, et d'obtenir une meilleure répartition des efforts.

Si les chapelles du déambulatoire étaient séparées les unes des autres par la portion du mur correspondant à la travée triangulaire, on utilisait ce mur pour éclairer le bas-côté en y pratiquant une fenêtre. Dans le cas où, comme à l'église de Notre-Dame de Châlons, on voulut grouper les chapelles en ceinture ininterrompue, de fines colonnettes remplacèrent le mur plein et, divisant l'entrée de la chapelle, sans produire aucun encombrement, contribuèrent à lui donner de belles proportions et à rendre sa grandeur apparente.

Dans les cathédrales du Nord munies de tribunes, comme celles de Noyon, de Laon ou de Paris, la tribune fournit le recul nécessaire pour jouir de l'effet des vitraux et de l'atmosphère colorée qui en résulte pour l'église. A la cathédrale de Chartres où il n'y a pas de tribunes, les magnifiques verrières de la nef et du transept sont vues en raccourci, et, si admirables qu'elles soient, ne donnent pas toute l'impression qu'on éprouve dans le chœur de la cathédrale du Mans, par exemple, où les vitraux du second bas-côté laissent pénétrer la lumière colorée jusqu'au sol.

Dès le commencement du xiiie siècle, au moins dans la région parisienne, la construction des voûtes sur nervures diagonales, sur arcs de renfort ou, comme on dit, sur « croisée d'ogives », était définitivement arrêtée, et l'artiste s'ingéniait à harmoniser le décor de ces voûtes, clefs, moulures d'arcs, amortissements, avec la décoration des supports, avec les chapiteaux à tailloir quadrangulaire, polygonal ou circulaire, dans lequel s'inscrivaient les sommiers d'arcs. (Églises de Saint-Leu-d'Esserent, de Beaumont, de Taverny, de Bougival, églises des abbayes d'Ourscamp et du Lys.)

A l'église abbatiale d'Ourscamp, la ruine des remplissages de la voûte laisse apparaître l'ossature de pierre, comme à l'église de l'abbaye du Lys apparaissent les sommiers d'arcs, qui permettaient l'exécution des voûtes après celle de la couverture; ils fournissent de précieux renseignements sur le mode de montage des assises et sur le groupement des arcs à la naissance.

La construction des premières assises d'une voûte par lits horizontaux s'imposait d'ailleurs, pour rendre possible l'exécution de sommiers recevant les moulures d'arcs, différant les unes des autres par le rayon de courbure et le profil, et qui, se pénétrant l'une l'autre pour réduire la section de la pile, devaient être prises dans le même morceau de pierre.

En élevant ces assises par lits horizontaux, on pouvait comprendre dans les sommiers les départs de plusieurs arcs, qui, se dégageant au fur et à mesure de la superposition des lits, et s'écartant du noyau central de la pile, ne prenaient l'appareil à joints normaux qu'à la hauteur où l'arc mouluré était complètement dégagé et commençait à porter le remplissage de la voûte. Ainsi, les premières assises à lits horizontaux rendaient, par leur saillie, l'exécution de l'arc indépendante de celle du mur, et c'était après l'exécution de la charpente et de la couverture, c'est-à-dire à l'abri de l'eau, qu'était posée l'ossature de pierre avec son garnissage en moellons appareillés de faible épaisseur.

En même temps, on réduisait, par la saillie des sommiers, l'ouverture de l'arc à joints normaux, et par suite la poussée, que diminuait encore la faible épaisseur des moellons de remplissage. Ceux-ci étant posés après la couverture, n'avait rien à redouter des intempéries.

Dans les voûtes simples sur croisée d'ogives, qui dérivent de la voûte d'arêtes, les arcs ogives ou diagonaux sont souvent tracés en plein cintre, alors que les formerets et doubleaux sont en arcs brisés. C'était un moyen d'éviter la surélévation des murs d'appui et des charpentes au-dessus des arcs, et en même temps d'éviter le bombement qui, dans les voûtes dérivées de la coupole, aboutit à une poussée de la voûte sur les murs latéraux.

Dans le système dérivé de la voûte d'arêtes, où les clefs des arcs sont à peu près au même niveau, la charge des triangles de remplissage est toujours reportée sur la pile et les poussées se combinent suivant une résultante perpendiculaire aux murs latéraux et dont l'arc-boutant, contrebuté par un contrefort extérieur, suit la direction.

Il existe toujours une indécision pour le point d'application de la poussée, qui varie suivant la forme de l'arc et qui, jusqu'ici, n'a pu être déterminé précisément par le calcul. Les données expérimentales ont seules fourni quelques renseignements sur la question si importante du passage des poussées et, si on laisse de côté le jargon scientifique, on doit reconnaître que les données d'expérience sont, aujourd'hui comme au moyen âge, celles qui peuvent le mieux déterminer la position et les dimensions des arcs-boutants et contreforts.

Il est même probable que c'est l'indécision des données du problème des poussées qui détermina les architectes des cathédrales à donner à l'arc-boutant, non relié avec le mur, une surface d'appui considérable et même à doubler les volées de l'arc-boutant pour « recueillir » les poussées dans la hauteur où elles peuvent se produire et pour les transmettre en sécurité au contrefort qui doit assurer l'équilibre.

Dans ces conditions, on comprend l'utilité des précautions prises pour adosser seulement au mur les arcs-boutants sans les y engager, afin de leur conserver l'élasticité désirable : pour le même motif, les arcs épais des doubleaux sont généralement des

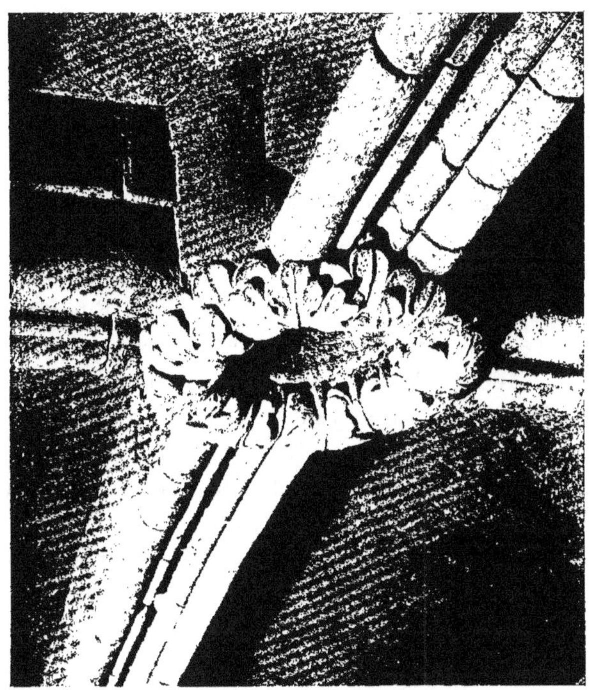

Fig. 154. — Une clef de voûte à l'église de Taverny.
Adaptation du décor floral au tracé de la clef.

arcs extradossés, superposés l'un à l'autre, et s'ils sont tracés en arc brisé, le joint est à la clef, de telle sorte que les deux branches d'arc, prenant appui l'une sur l'autre, puissent, en cas de tassement, ne pas provoquer la rupture de la clef.

Il n'en est pas de même pour les arcs diagonaux ou ogives qui portent les remplissages, et dont les clefs comprennent néces-

sairement les amorces de quatre branches d'arc amorties sur un
noyau central qui sert de support aux sculptures. Celles-ci,
comme on le voit soit à Taverny (fig. 154), soit au réfectoire de
Saint-Martin-des-Champs, soit à la cathédrale de Laon, fournissent les plus précieux exemples de l'application du décor
végétal à une forme circulaire.

On ne s'est pas, d'ailleurs, contenté de l'ornementation florale
pour ces clefs. L'artiste a fait appel à la figure humaine pour les
décorer et à l'église Notre-Dame d'Étampes des figures d'anges
font partie des clefs des voûtes du xiiie siècle.

L'emploi d'arcs indépendants pour l'ossature d'une voûte se
prêtait aux solutions les plus hardies. L'une des plus remarquables
est celle qui fut adoptée pour les voûtes du déambulatoire et de
la chapelle absidale de la cathédrale d'Auxerre. Elle est à rapprocher de celle qu'imagina l'architecte du chœur de l'église
Saint-Serge d'Angers. Mais à Auxerre la solution est plus nette
encore, parce que l'ossature en pierre est plus franchement accusée (fig. 155).

Divisant l'entrée de la chapelle en trois travées par deux sveltes
colonnes monolithes, l'architecte d'Auxerre a établi sur la travée
du déambulatoire une voûte à compartiments admirablement
combinée pour se raccorder à la clef avec la croisée d'ogives,
correspondant aux colonnes du chœur, et, du côté de la chapelle,
les colonnes monolithes s'accordent avec les divisions de la voûte
de la chapelle absidale, portant sur leurs chapiteaux les arcs
divisionnaires, dont la naissance est dans le plan des tailloirs,
et les arcs formerets des trois travées, dont les naissances se
relèvent jusqu'aux chapiteaux des colonnettes qui constituent,
avec les sommiers des grands arcs, et au-dessus des chapiteaux
des colonnes monolithes, des supports verticaux d'une extrême
ingéniosité.

D'ailleurs, ce relèvement sur colonnettes des naissances de
formerets était obligatoire dans ces voûtes dont les arcs ont des

ouvertures très différentes et, dans les absides polygonales, les arcs de branches égales qui se réunissent à la clef ont toujours un tympan de départ vertical qui sert d'appui aux colonnettes

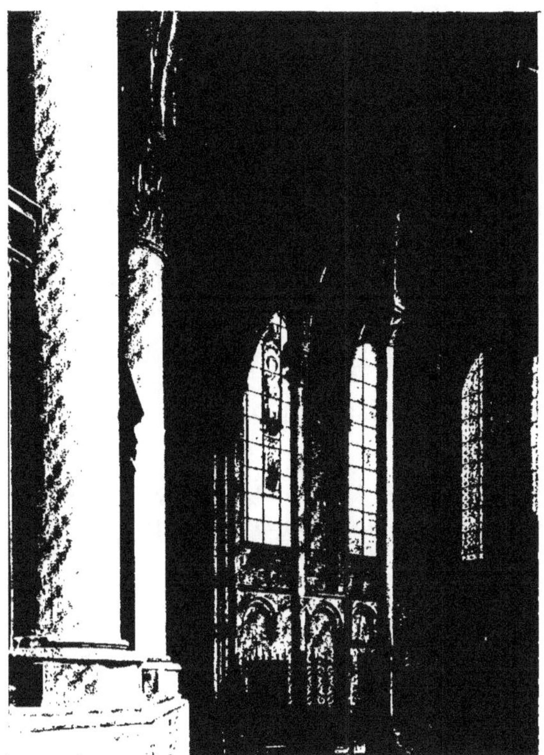

Fig. 155. — Colonnes monolithes facilitant le raccord des voûtes du déambulatoire avec celles de la chapelle absidale à la cathédrale d'Auxerre.

sur lesquelles se relèvent les naissances des formerets. (Chœur de l'église de Bougival.) Il en était de même pour les travées des voûtes sexpartites : leurs formerets, ayant une ouverture de moitié moindre que celle des doubleaux, ont aussi leur naissance relevée sur des colonnettes dont les bases reposent sur les chapiteaux des colonnes. (Nef de Notre-Dame de Paris, travée du chœur de l'église de Beaumont-sur-Oise.)

Ces finesses de construction n'ont pas toujours été bien comprises dans les écoles d'architecture des pays voisins, où ont été appliquées les méthodes créées par les artistes français. On a trop souvent, dans le Nord de l'Italie comme en Allemagne, copié des formes sans les déduire de nécessités de construction. D'ailleurs, l'influence de l'art français s'est plutôt exercée à la fin du xiiie siècle ou au commencement du xive, à une époque où on tendait, par une longue pratique, à formuler des principes de construction, sans qu'on poussât aussi loin qu'au début du xiiie siècle, les recherches et les efforts qui avaient abouti à la floraison magnifique et très variée de l'architecture dont notre pays fut le berceau, et qui donnaient à chaque édifice une personnalité.

Une église d'Allemagne, celle de Notre-Dame à Trèves, fournit cependant un remarquable exemple de l'application des méthodes françaises à un édifice très bien conçu, très bien exécuté et dont le chœur a les élégantes proportions de nos monuments les plus vantés.

La méthode de la construction des voûtes sur ossature de pierre une fois trouvée, s'appliquait naturellement à toutes les constructions civiles ou religieuses. On voûtait sur croisée d'ogives les cloîtres des cathédrales (cloîtres de Noyon, de Royaumont, de Burgos, de Leon), aussi bien que les salles à files de colonnes des résidences seigneuriales, des abbayes ou des habitations privées. (Voûtes de la Grange aux Dîmes, de la salle des Chevaliers du Mont-Saint-Michel, etc.)

La solution des problèmes les plus difficiles de la construction rendait les architectes de jour en jour plus audacieux et, aux formes robustes des édifices primitifs, succédaient les formes élancées des monuments élevés au début du xive siècle, tels que la cathédrale de Meaux ou la cathédrale de Leon. On y exagérait l'ajourage des murs en vitrant les galeries de triforium et en substituant aux combles en appentis des bas-côtés des combles en pavillon ou des terrasses pour dégager le fenestrage. Mais on ne peut méconnaître la splendeur de coloration qui en résultait pour les églises ainsi enrichies de ces mosaïques translucides, laissant à peine comme partie pleine les tympans des arcs de bas-côté et les piles cantonnées de colonnes soutenant les grandes voûtes. (Cathédrale de Leon en Espagne, église Saint-Urbain de Troyes.)

L'école normande était une école de constructeurs prudents, plus encore que de décorateurs et, même au xive siècle, on n'osa pas pousser aussi loin que l'avaient osé les architectes de Bourgogne la diminution de section des points d'appui, diminution que justifiait, à Auxerre par exemple, l'emploi de matériaux extrêmement résistants.

A la cathédrale de Rouen, les piliers qui séparent la nef des bas-côtés, quoique subdivisés par des colonnes, sont assez lourds et le système d'étrésillonnement qui y a été employé, pour porter sur des arcs les passages qui contournent les piles, alourdit encore ces piliers.

A la cathédrale de Coutances, le déambulatoire est conçu suivant les meilleures méthodes du xiiie siècle et l'emploi de colonnes isolées, soutenant les voûtes des bas-côtés, est d'un puissant effet; chaque arc est reçu sur le tailloir circulaire de la colonne, décoré de feuillages. Parfois, comme on le voit dans la sacristie de la cathédrale de Coutances, les supports semblent courts pour l'ouverture des arcs; c'était un moyen d'éviter le développement excessif en hauteur de la salle.

A Norrey (Calvados), la décoration est plus riche; une frise de feuillage court sous les fenêtres à l'intérieur et si les voûtes sur croisée d'ogives n'ont d'autre ornement sculpté que leurs clefs, la sculpture enrichit les archivoltes des baies sous les formerets (fig. 156).

A l'église de Tour (Calvados), on prenait à l'intérieur une partie des contreforts de butée dans lesquels étaient ménagés les passages et la voûte sur croisée d'ogives s'accommodait de cette décomposition.

Une des dispositions les plus caractéristiques des églises normandes, c'est l'évidement, à l'intérieur, des tours de transept. L'idée est analogue à celle des coupoles sur tambour cylindrique dont les édifices byzantins offrent tant d'exemples ; mais les constructeurs normands aimaient les solutions simples, et le passage du plan carré au plan octogonal est réalisé, soit à Saint-Sever, soit à Coutances, par l'encorbellement. Il semble que ces « tours-lanternes », dont l'église Saint-Ouen à Rouen offre la plus belle application, aient été en faveur dans la vieille Castille ; nous y avons signalé les dômes du transept de l'ancienne cathédrale de Salamanque et de la cathédrale de Toro.

Au début du xviᵉ siècle, on élevait sur le transept de la cathédrale de Burgos une tour-lanterne portée sur trompes, et le décor exubérant des supports s'étendit, à cette époque, aux autres parties de l'église, notamment aux galeries de triforium qui n'en furent pas améliorées.

Dès la fin du xivᵉ siècle dans l'école de l'Ile-de-France, on tendait à réduire le bombement des voûtes d'arêtes en élevant, presque au niveau des clefs des diagonaux, les clefs des doubleaux et formerets. Lorsque la voûte était de grande dimension, comme l'était celle du transept de la cathédrale d'Amiens, reposant sur des piliers dont les axes sont espacés de 14ᵐ 40, on avait été conduit par une déduction logique de l'emploi des ogives, c'est-à-dire des arcs formant l'ossature de la voûte, à diviser les triangles pour faciliter la pose des remplissages : ces arcs auxiliaires sont ceux qu'on désigne sous le nom de « liernes », occupant le faîte de la voûte, et ceux qu'on appelle « tiercerets » ou « tiercerons » qui soutiennent le milieu des liernes, déterminant à leur rencontre quatre clefs

disposées symétriquement autour de la clef centrale. Cette disposition qu'on retrouve adoptée, avec quelque variante, à la
voûte centrale du transept de la cathédrale de Bayeux (voûte

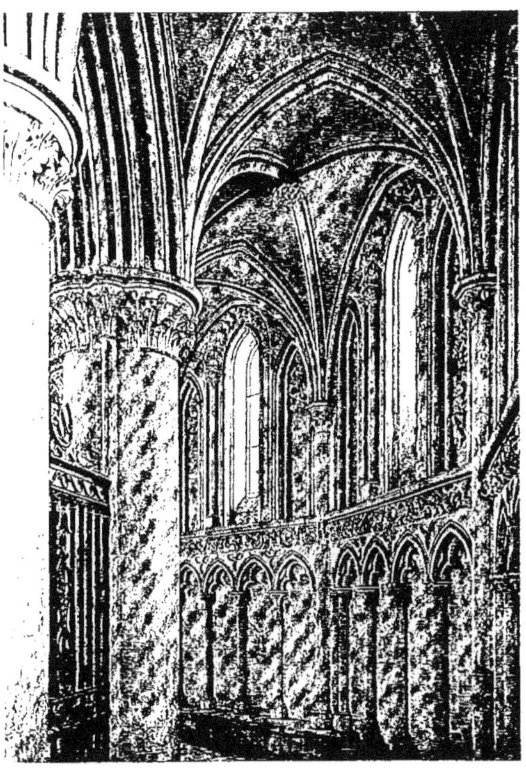

Fig. 156.   Voûte du collatéral à l'église de Norrey (Calvados).
Affinement des détails de l'architecture au XIVe siècle.

dans laquelle les liernes ne sont point soulagées par des tiercerons mais s'amortissent entre les diagonaux sur l'arc annulaire
qui entoure le passage des cloches), avait pour objet la réduction des hauteurs des murs résultant du tracé en plein cintre
des diagonaux et du relèvement des clefs des formerets et des

doubleaux, qui abaissaient au minimum la hauteur des murs pleins au-dessus des arcs.

On évitait ainsi une difficulté, celle de l'obstacle qu'opposaient les voûtes bombées au passage des entraits de charpente : ces entraits, si l'on veut éviter la poussée du comble sur les murs, doivent être à la base du comble et pour cela il est nécessaire que l'extrados de la voûte ne dépasse pas l'arasement des murs.

D'autre part, il était indispensable de ramener toutes les poussées des voûtes sur les piliers puisque, dans l'intervalle entre ces piliers, le mur ne devait plus former qu'une claire-voie garnie de vitraux.

Mais, si les lignes de faîte des triangles de remplissage étaient horizontales, il était utile de les renforcer par des « liernes », lesquelles ne pouvaient se soutenir par elles-mêmes qu'en étant prises dans l'épaisseur de la voûte suivant la méthode qu'on appliquait au xiiie siècle aux voûtes angevines.

Il parut plus simple de multiplier les tiercerons afin de soutenir par des clefs intermédiaires fournissant des repos aux branches de liernes, les points faibles de ces arcs presque horizontaux. On arrivait ainsi à diviser les voûtes sur croisée d'ogives, dérivant de la voûte d'arêtes, comme on avait divisé les voûtes domicales dérivant de la coupole, avec cette différence toutefois, que dans le système de l'école de l'Ile-de-France, les nervures forment toujours une ossature saillante à l'extérieur de la voûte, tandis que dans le système de l'école angevine, les nervures, réduites à des moulures toriques, font partie de la voûte domicale.

Les voûtes des bas-côtés de l'église de Saint-Riquier (Somme), œuvre de la fin du xve siècle, caractérisent par leurs réseaux saillants de nervures, cette tendance qui va s'accentuant du xve au xvie siècle, finissant par réduire les remplissages à des panneaux portés sur des arcs.

Dans le développement logique de ce système, il était naturel qu'on songeât à simplifier les tracés en donnant à tous les
arcs tiercerons un rayon de courbure égal à celui des diagonaux.

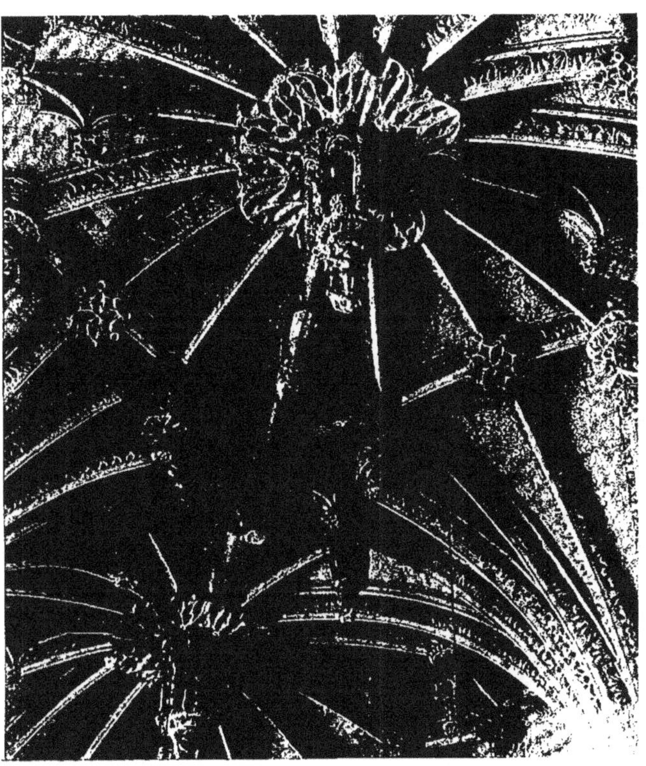

Fig. 157. — Voûte du xvie siècle formée de nervures saillantes se rencontrant sur des
clefs ornées distribuées autour d'une clef centrale.
Chapelle du Saint-Esprit à Rue (Somme).

On simplifiait ainsi considérablement les épures et ces arcs de
même rayon, groupés sur le noyau de la pile, donnaient au
départ de la voûte une sorte de surface convexe, d'aspect particulier, qu'on a comparée à un pavillon de trompette.

Ce système tendait à établir, sur le polygone de rencontre des

différents arcs, des clefs placées au même niveau. Les voûtes de
la chapelle du Saint-Esprit, à Rue (Somme) (fig. 157), fournissent un remarquable exemple de cette disposition adoptée par
l'école anglaise dès la fin du xve siècle et poussée même aux
extrêmes limites par le tracé de clefs de niveau réglant
d'avance la hauteur de la voûte ; clefs tracées sur un cercle dont
le centre est à la naissance des arcs sur les piles (le rayon de
courbure étant le même pour tous les arcs), ou clefs rectilignes
nécessitant des arcs de courbure différente. L'entrecroisement
des tiercerons et des liernes ou goussets, déterminait au sommet de la voûte l'emplacement des clefs et les formes des panneaux de remplissage. (Voûtes à Windsor, chapelle Saint-
Georges ; à Westminster, chapelle Henri VII, etc.)

Dans ces combinaisons le diagonal n'a plus de raison de se
distinguer d'un tiercon et tous les arcs ont un même profil.
C'est dans les provinces du Nord, en Picardie, en Artois, que
s'accuse cette tendance de la décomposition de la voûte sur
croisée d'ogives.

D'ailleurs on n'avait pas perdu en France l'usage des clefs
ornées de figures ; à l'église paroissiale du bourg de Batz, une
clef représente la Sainte Face du Christ portée par quatre
anges saillants sur les nervures.

La disposition des liernes et tiercerons est très nettement, mais
très simplement, accusée sur la voûte du transept à l'église Saint-
Maclou de Pontoise, voûte du xvie siècle dont les clefs ornées
s'accordent parfaitement avec la structure.

D'ailleurs, l'usage des voûtes sur nervures n'était pas limité
aux églises ; on traçait en berceaux rampants les voûtes des
escaliers à double révolution dès le commencement du
xvie siècle ; l'escalier du château d'Azay-le-Rideau est ainsi
voûté (fig. 158), et chacun des arcs de division se prolongeait
par un tympan vertical, de telle sorte que le remplissage se
posât sur une moulure horizontale, faisant partie de l'arc, et fût
réduit à un simple panneau sculpté.

Telle était, d'ailleurs, la disposition des voûtes du chœur à
l'église de la Ferté-Bernard et, comme les arcs étaient de grande
ouverture, leurs tympans s'ajouraient d'arcatures reposant sur
des colonnettes, les remplissages étant toujours réduits à des

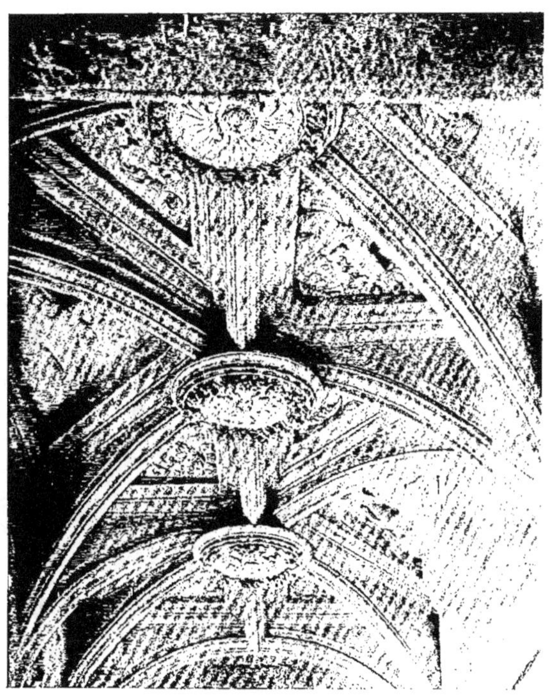

Fig. 158. — Voûte rampante dans l'escalier du château d'Azay-le-Rideau.
Prolongement des arcs par des tympans verticaux soutenant des dalles sculptées.

panneaux horizontaux à compartiments ornés de clefs pendantes.

Un tel système tendait à remplacer la voûte, lorsqu'elle était
de petites dimensions, par des plafonds en grandes dalles appareillées et clavées. De beaux exemples de cette disposition de
plafonds à combinaisons d'entrelacs sont conservés au château

de Serrant au-dessus des paliers d'escalier, tandis que les deux
volées d'escalier étaient couvertes, comme au Louvre, dans l'aile
de Pierre Lescot, par des berceaux rampants à caissons garnis
de bas-reliefs (fig. 159). Dans l'escalier du Louvre, des guir-

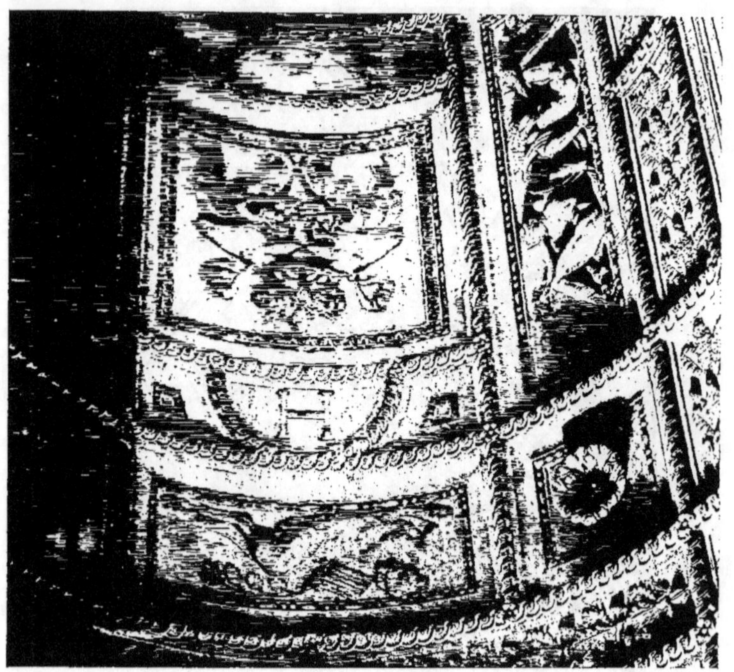

Fig. 159. — Voûte en berceau rampant soutenant les marches de l'escalier du Louvre
construit par Pierre Lescot au milieu du xvi⁰ siècle. Division de la voûte
en caissons sculptés par arcs doubleaux et nervures transversales.

landes de chêne, comprises entre deux moulures, forment les
champs d'encadrement des bas-reliefs.

Bien que ce genre de voûtes différât sensiblement des voûtes
du moyen âge, leur structure était encore parfaitement raisonnée. Elle est très accusée à l'intrados de la voûte en berceau
d'une église de Coïmbra (Portugal) (fig. 160), actuellement

transformée en remise à voitures et qui mériterait un meil-
leur sort, car c'est une des œuvres les mieux conçues qui
puissent caractériser le style français du milieu du xv1ᵉ siècle.

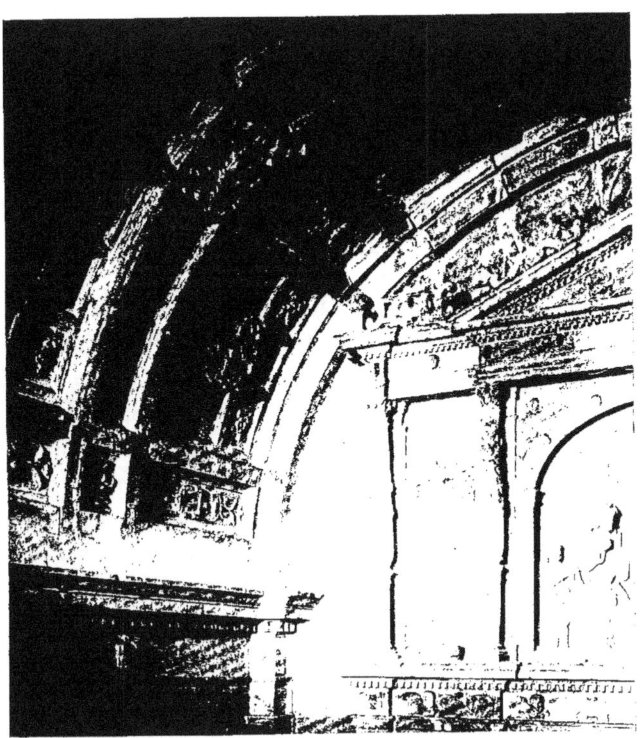

Fig. 160. — Voûte en berceau d'une église actuellement atelier de carrosserie, à Coïmbra
Portugal). Voûte de style français avec arcs doubleaux et nervures
transversales formant l'ossature des caissons sculptés.

Cette voûte est divisée en compartiments, dans le sens de la
longueur, par des arcs doubleaux formant en quelque sorte des
cercles doubles appareillés en grands morceaux et dessinant
avec d'autres arcs doubles faisant office de pannes, des caissons
moulurés, garnis de sculptures. C'est une des formes les plus

originales des voûtes à nervures entrecroisées limitant à des panneaux sculptés les remplissages.

Dès la fin du xvie siècle, après la période de guerres civiles et religieuses qui arrêta l'essor de l'art français, la voûte sur croisée d'ogives reçut peu d'applications, bien que des édifices importants tels que l'église Saint-Eustache et l'église Sainte-Geneviève (Saint-Étienne-du-Mont) à Paris, eussent encore leurs voûtes tracées suivant les méthodes imaginées en France au xiiie siècle.

On revenait, vers le xviie siècle, aux voûtes en berceau sur arcs doubleaux dans lesquels pénétraient les arcs des fenêtres et qui exigeaient, comme on le voit à l'église Saint-Sulpice ou à l'église de l'Oratoire de Paris, des contreforts massifs en forme de consoles qui font peu d'honneur aux architectes de cette époque. Il est à remarquer, d'ailleurs, que c'est au moment où les tracés d'appareils de la pierre furent le plus négligés qu'on commença à faire des livres de coupe de pierre, traitant des problèmes les moins intéressants et semblant étrangers à tous les principes de bonne construction. Les traités de stéréotomie modernes sont aussi faibles et il serait grand temps de les rajeunir par l'analyse des admirables méthodes que durent créer les maîtres de nos cathédrales, et qui pourraient encore aujourd'hui fournir d'admirables ressources pour la composition des édifices construits en pierre.

Il est assurément simple, à une époque d'engouement pour l'emploi de matériaux amorphes, tels que le ciment armé, de faire abstraction des appareils de la pierre et de résoudre les problèmes de construction à l'aide d'encaissements de béton dans lesquels sont noyées les armatures de fer travaillant à l'extension ou à la compression, mais en dehors des réservoirs et de certaines applications spéciales, je ne vois pas que le ciment armé ait donné, jusqu'à présent, la solution artistique d'un problème de construction et j'estime qu'il est incapable de

le donner, parce que les formes d'art sont étroitement liées aux
qualités de chaque matière et que des matériaux de liaisonne-
ment qui s'adaptent à toutes les formes, mais n'en ont aucune
par eux-mêmes, sont forcément dépourvus de caractère, quel
que soit leur emploi. Peut-être l'avenir du ciment armé est-il
de fournir une armature de support à d'autres matériaux servant
de revêtement, mais on peut affirmer qu'il ne remplacera pas
la pierre et c'est incontestablement la mise en œuvre des
matériaux lapidaires qui a contribué aux efforts de génie auxquels nous devons les chefs-d'œuvre de l'art français.

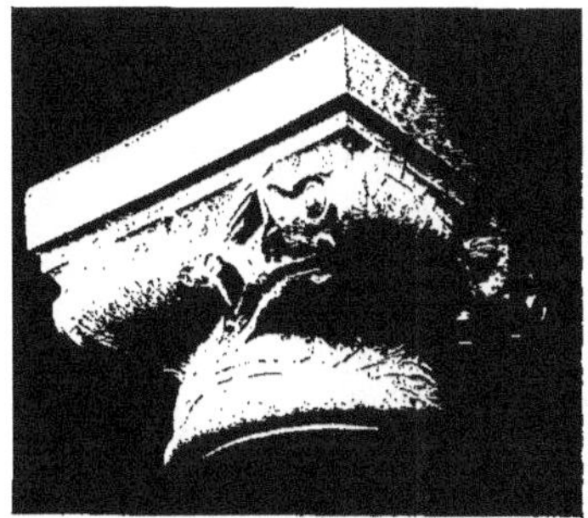

Chapiteau de la galerie intérieure du campanile de la Basilique
de Montmartre, par L. Magne et P. Seguin (poissons).

TABLE DES GRAVURES

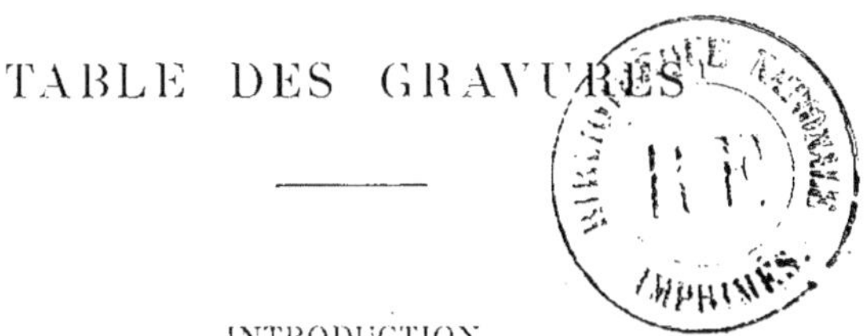

INTRODUCTION

1. Les gravures publiées dans ce volume ont été généralement exécutées d'après les photographies de l'auteur. Nous devons à l'obligeance de M. MARTIN-SABON les clichés des figures suivantes : 45, 51, 57, 63, 66, 69, 79, 81, 82, 84, 89, 100, 112, 116, 145, 147, 148, 151-153, 155-157.

DÉCOR DE LA PIERRE

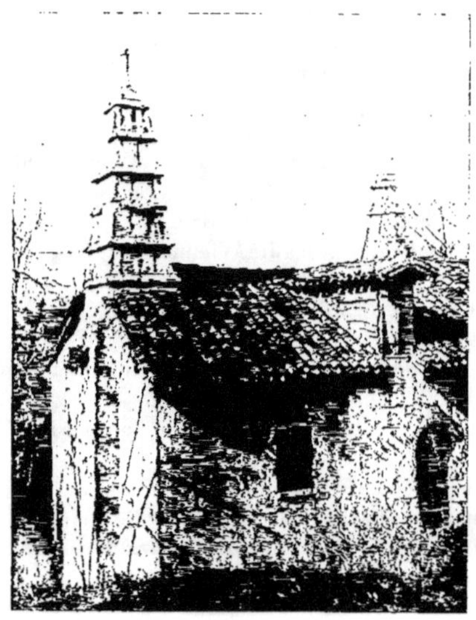

Souches de cheminées du XIIᵉ siècle,
à la Maladrerie de Couloumeix, près Périgueux.

TABLE DES MATIÈRES

INTRODUCTION

DÉCOR DE LA PIERRE

APPLICATION AUX ÉLÉMENTS DE CONSTRUCTION

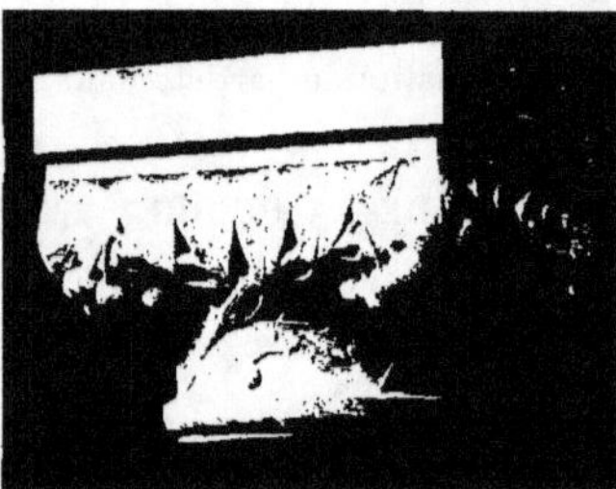

Chapiteau de la galerie intérieure du campanile
de la Basilique de Montmartre,
par L. Magne et P. Seguin (cerises).

MACON, PROTAT FRÈRES, IMPRIMEURS.

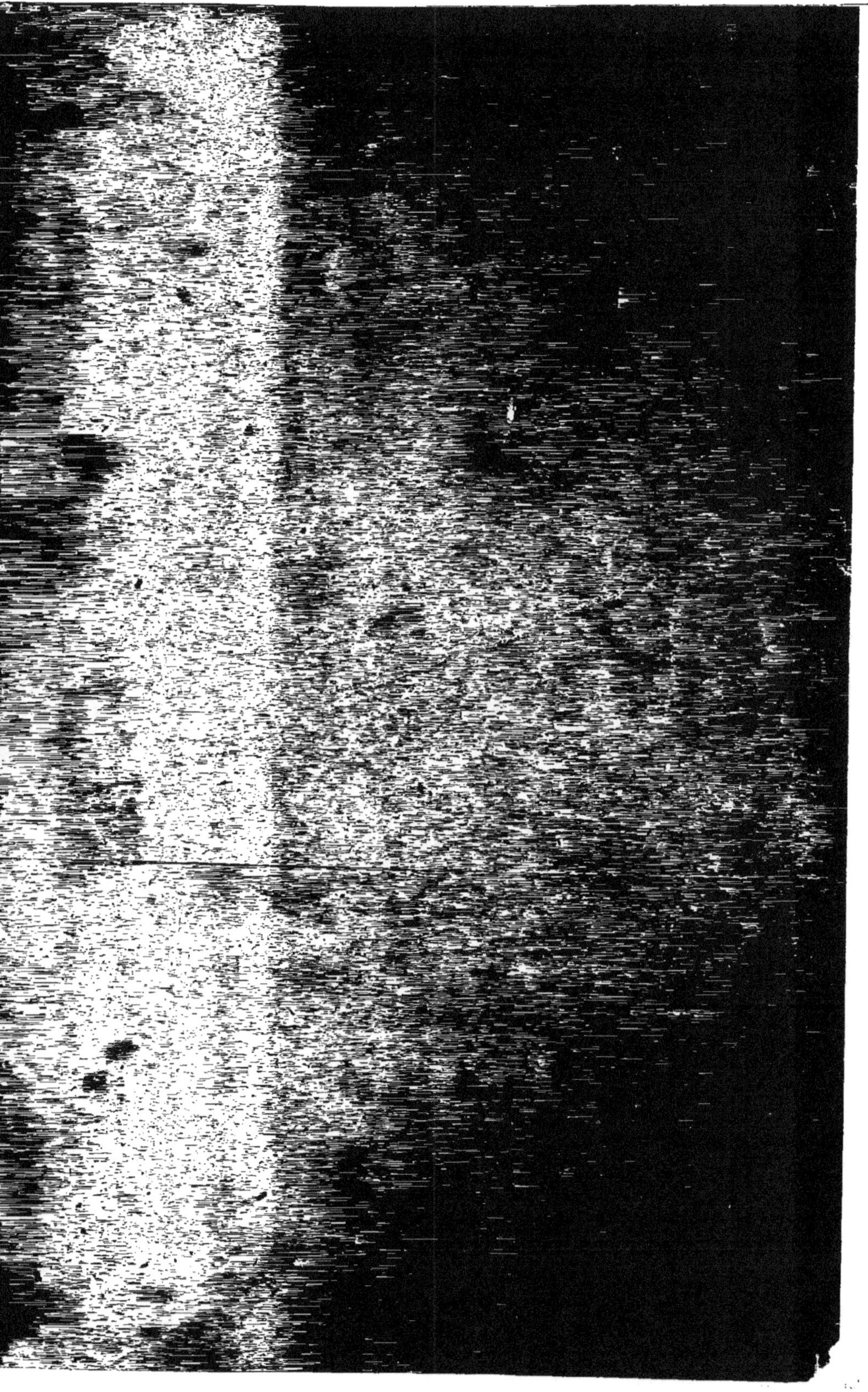

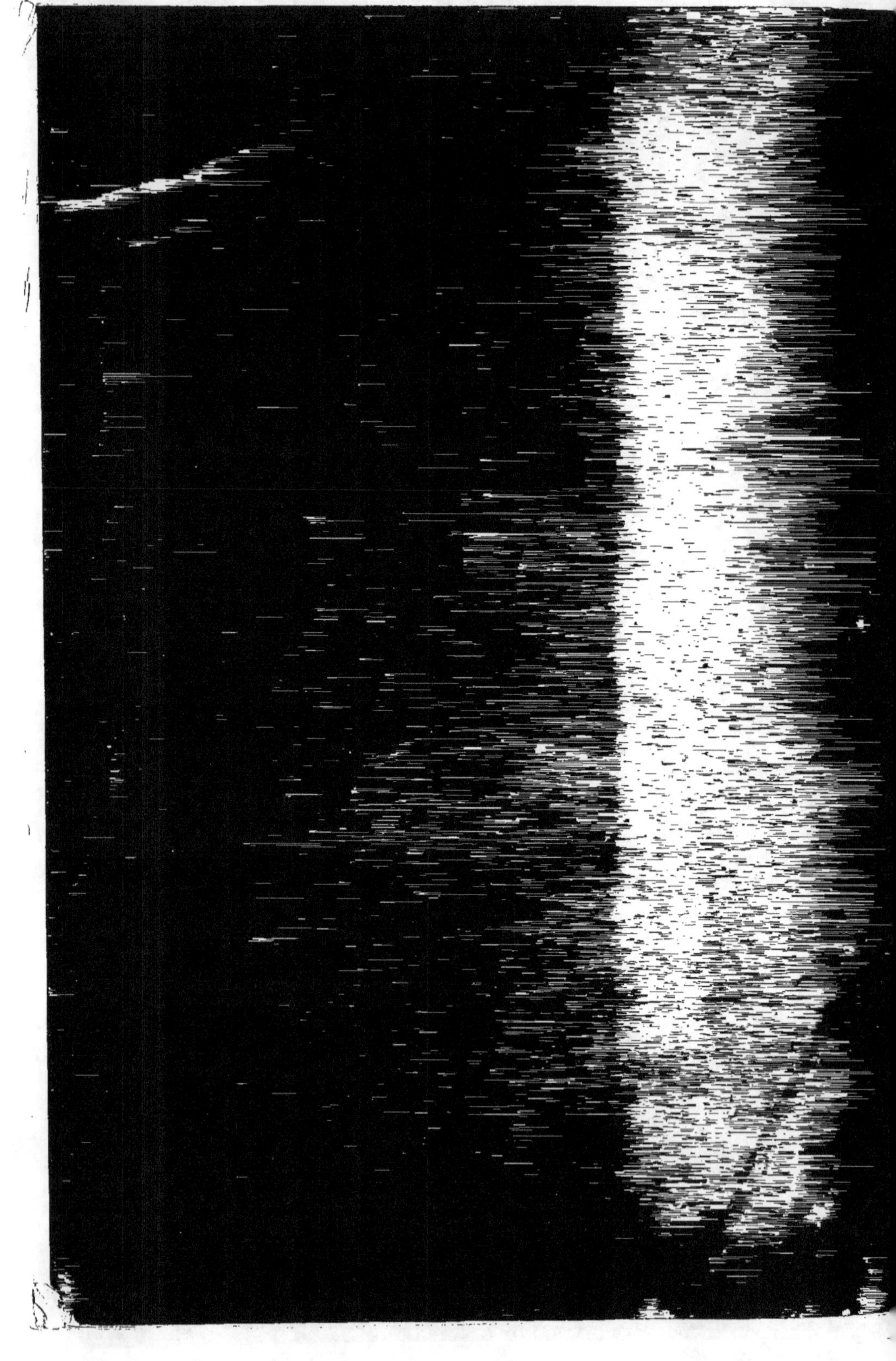

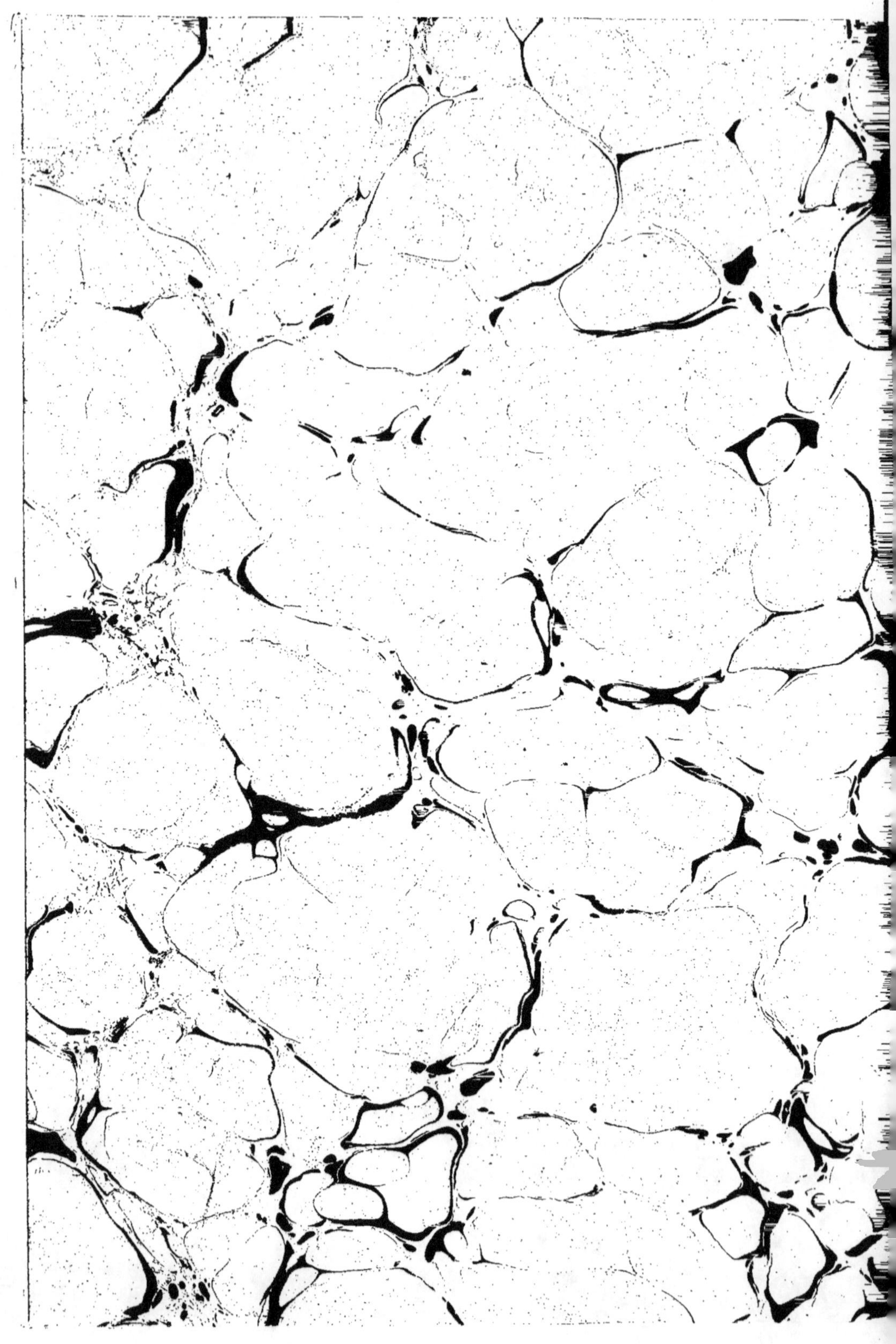

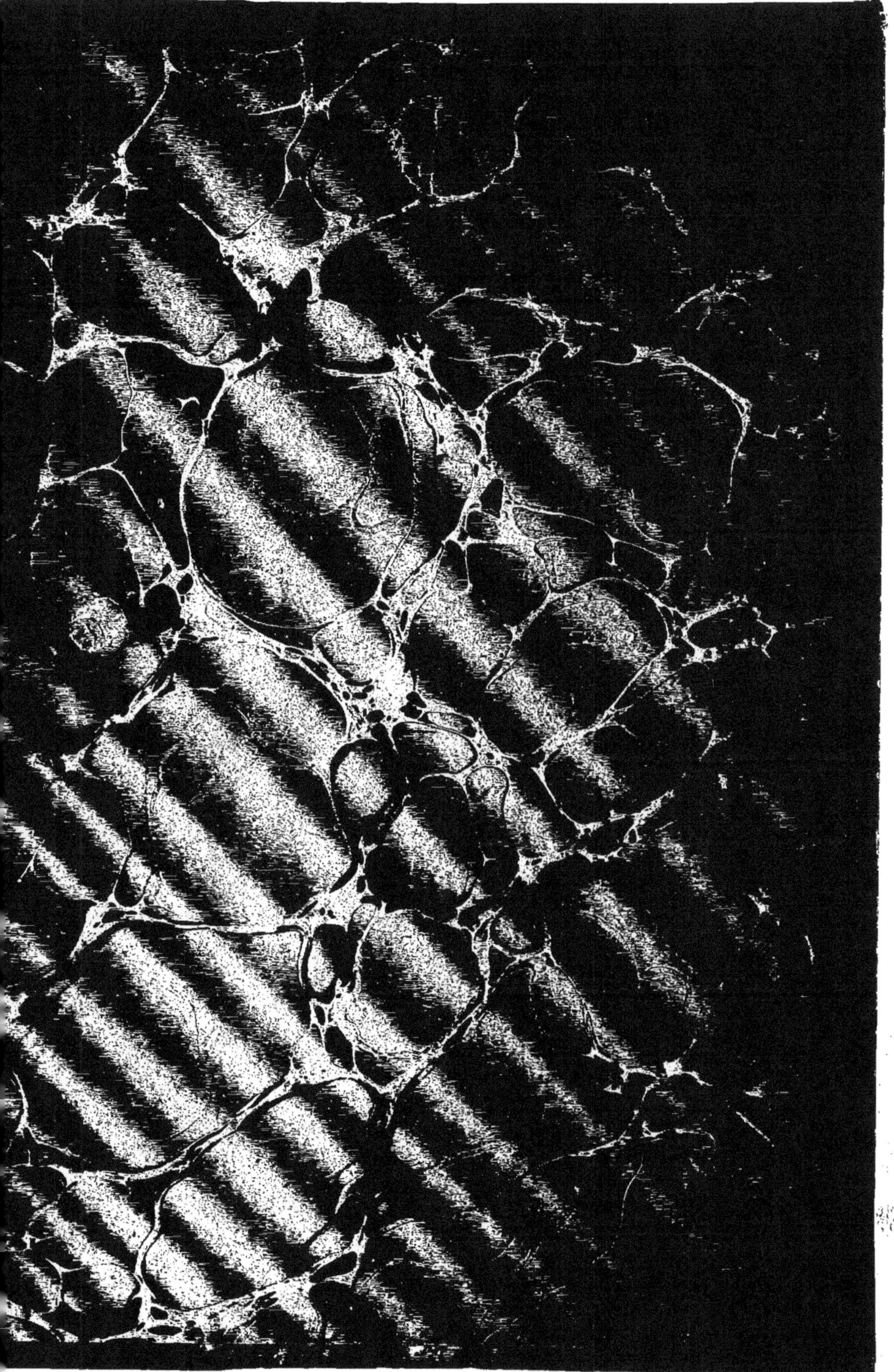

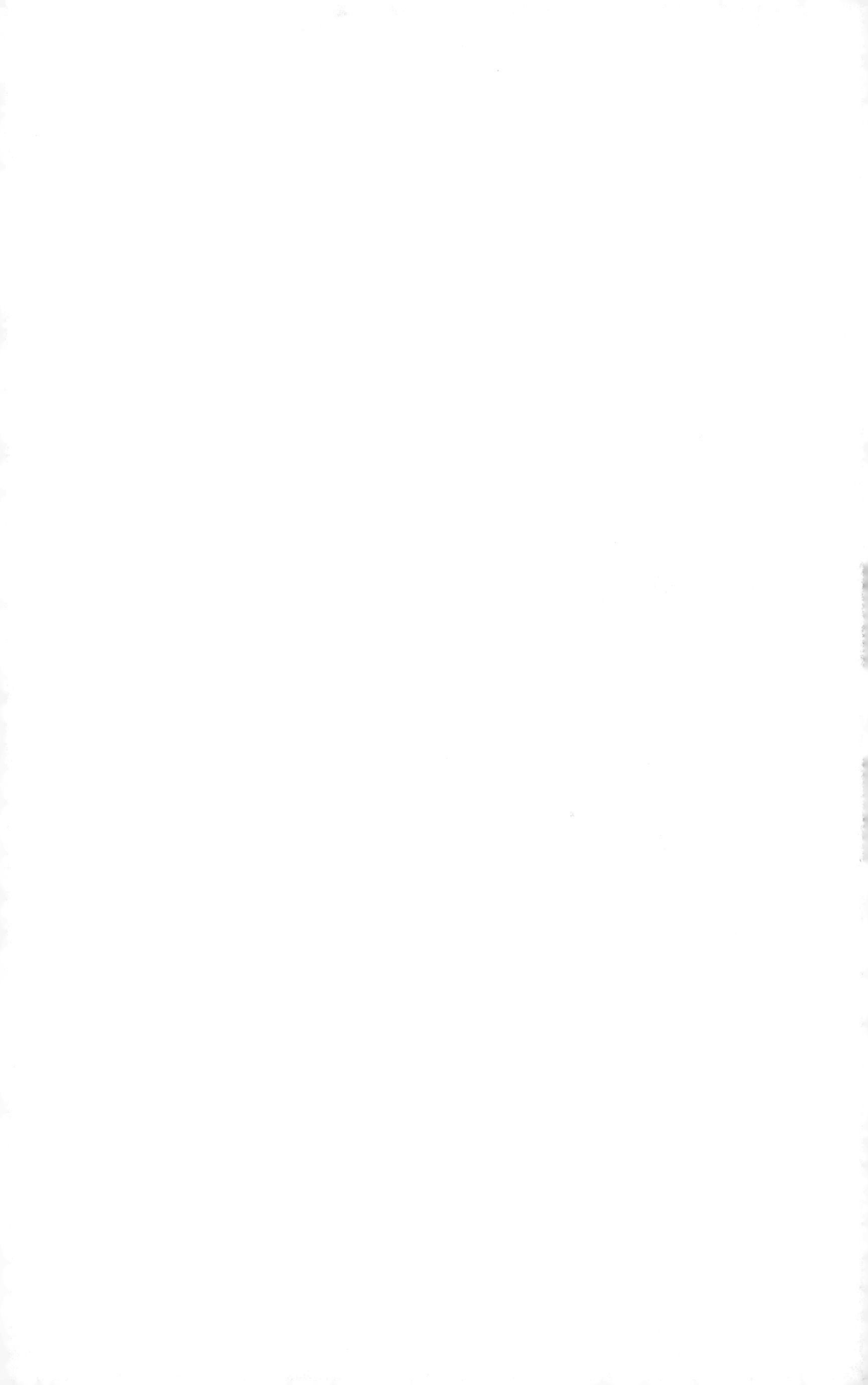

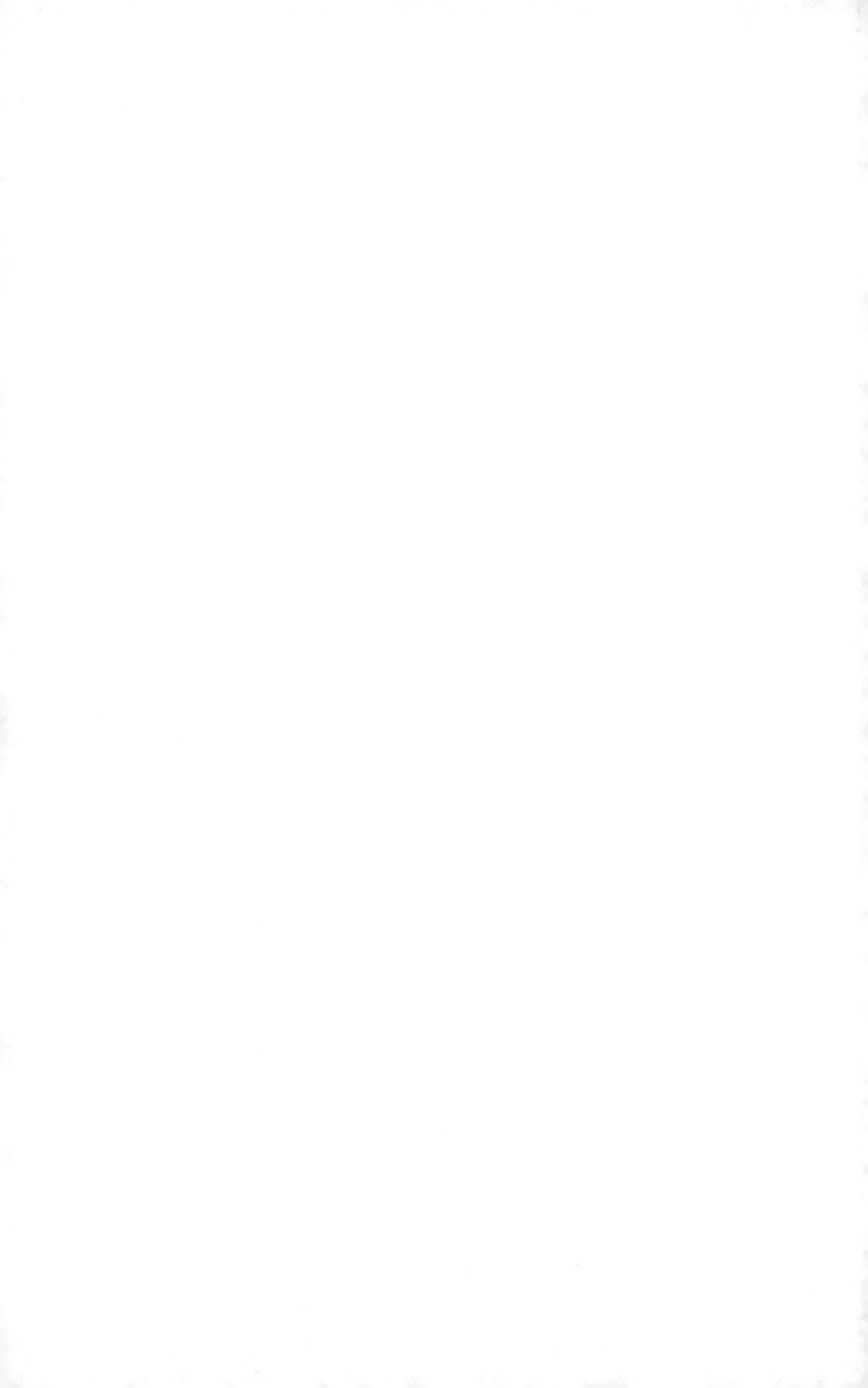